O SINDICATO DO CRIME

PCC

O SINDICATO DO CRIME

PCC

E OUTROS GRUPOS

PERCIVAL DE SOUZA

Ediouro

Supervisão editorial
Marcia Alves Batista

Revisão
Alexandra Costa da Fonseca e Ruy Cintra Paiva

Diagramação e Capa
Edinei Gonçalves

Dados Internacionais de Catalogação na Publicação (CIP)

(Câmara Brasileira do Livro, SP, Brasil)

Souza, Percival de
Sindicato do crime / Percival de Souza. — São Paulo: Ediouro, 2006.

ISBN 85-00-02083-0

1. Crime organizado: Brasil 2. Primeiro Comando da Capital — PCC (Facção ciminosa) I. Título.

06-7326 CDD-364.1060981

Índices para catálogo sistemático:
1. Brasil : Crime organizado : Patologia social
364.1060981

Ediouro

Ediouro Publicações S.A.
Rua Nova Jerusalém, 345 - CEP: 21042-235 - Rio de Janeiro - RJ
Tel.: (21) 3882-8200 - Fax: (21) 3882-8212 / 8313
E-mail: editorialsp@ediouro.com.br
Internet: www.ediouro.com.br

Para Murilo, neto-esperança.

Sumário

Cemitério de Teorias

A história deste livro começa no dia em que um assessor da presidência da Bolsa de Valores de São Paulo me pediu um encontro, no velho centro bancário da cidade, para dar conselhos ao chefe em situação de perigo. O PCC, que já havia planejado colocar uma bomba na frente da Bolsa, agora o ameaçava. Ele, que já havia adotado medidas extremas de segurança, queria saber se deveria pedir proteção ao secretário de Segurança Pública ou contentar-se com o encontro que já tivera com um promotor público e uma delegada de polícia, que o aconselharam a adotar segurança pessoal. Expliquei como estavam os bastidores das investigações sobre o crime organizado e os cuidados elementares que poderiam ser adotados.

Coisa nova. O crime agindo de forma ampla, não se contentando mais apenas em obter dinheiro a qualquer custo, começando a aparecer de forma não convencional, exibindo força, poder, organização. Várias autoridades não levaram nada disso a sério, por burocracia ou despreparo, e se arrependeriam depois, porque esse tipo de crime – uma grande novidade a partir de 2001 – foi ganhando cada vez mais corpo e espaço.

Depois, recebi de surpresa, em minha casa, a visita de um desembargador aposentado, que veio me comunicar pessoalmente o seu desligamento da Corregedoria Administrativa da Secretaria da Administração Penitenciária: como insistia em desvendar os meandros do PCC dentro dos estabelecimentos penais, passou a ser considerado incômodo pelo governo estadual. Os olhos do desembargador marejaram quando informou que estava se despedindo do cargo.

Coisa velha. Manter as aparências, fazer de conta que está tudo bem, não permitir que situações desagradáveis possam empanar o brilho de uma administração envolta em celofane cor-de-rosa, mantendo a antiga tradição do sistema penitenciário – que no fundo é um enorme cano de esgoto social, invisível porque corre sob a terra, despejando nos presídios os indesejáveis que desfilarão numa imaginária passarela dos mais variados tipos de comportamento humano.

De repente aparece o editor Marcos Torrigo e me pede um DNA sobre o desagradável assunto. O que ele queria mesmo era uma exumação de fatos, uma longa travessia pelo cemitério que já foi chamado de poesias, mas que é mesmo de teorias. As valas não acabam mais. Antes de colocar as luvas cirúrgicas, avaliei que sabia de muitos fatos, fui atrás de outros, viajei, conversei, entrevistei (em *on* e em *off*), identificando pessoas fundamentais para essa história surreal e oculta ser documentada. E essas pessoas foram presos e familiares, vítimas e parentes, agentes penitenciários, juízes, promotores, delegados, investigadores, diretores do sistema carcerário. Principalmente gente de São Paulo, capital e interior, Rio de Janeiro, Espírito Santo, Mato Grosso do Sul e Paraguai. Tive, ainda, acesso a depoimentos formais, informais, documentos públicos, confidenciais e secretos, sindicâncias, processos administrativos e processos criminais. Como nunca quis ser *laranja*, isto é, inocente útil, tomei as cautelas necessárias. Tentei aprender a arte do ofício: para escrever *A prisão*, passei um mês direto dentro da Casa de Detenção, inclusive dormindo em cela algumas noites. Para saber como era aquilo por dentro e não depender de ninguém para descrever aquele ambiente de cheiro inconfundível. Aliás, tive a agradável surpresa de encontrar um guarda de presídio lendo esse livro, num começo de madrugada, depois de fazer uma palestra na Faculdade de Direito de Taubaté, na Casa de Custódia da cidade, o futuro e temido *Piranhão*. Fui levado ao local por insistência do diretor, Tarcizio Leonce Pinheiro Cintra, professor de medicina legal. Busquei dramas e tormentos da prisão política para produzir *Autópsia do medo*, com as particularidades dos porões da ditadura do regime militar. Fui depositário de confidências e revelações inéditas, convencendo personagens a fazer catarse. A agonia do massacre físico, lento e torturante, foi reconstituída em *Narcoditadura* com profundo sofrimento, pelo fato de ser amigo da vítima – o jornalista Tim Lopes. Ele sucumbiu nas mãos de traficantes, do crime organizado, tentando servir à sociedade com o vigor das denúncias que caracterizavam seu trabalho investigativo. Com os criminosos inimputáveis, busquei os recônditos da mente humana e as internações no manicômio judiciário, o que resultou na *Revolução dos loucos*. Descrevi penitenciárias e cadeias com personagens para todos os cenários em *O prisioneiro da grade de ferro*. O poder da droga e seus meandros, retratei em *Society cocaína*. Quis entender o porquê da eterna matança na Baixada Fluminense em *A maior violência do mundo*. Não deixei os adolescentes infratores de lado, contando o que se tenta esconder da sociedade, nas ruas e nas instituições totais, em *Meninos bandidos atacam*.

Por que contar tudo isso? Porque não quero nem pretendo ser melhor do que ninguém. Mas pior... também não quero. Foi preciso misturar esse *know-how* para enfrentar o desafio de Torrigo. Nada de cabotinismo. É só isso que quero dizer. Espero, ainda, que a formação em criminologia ajude a entender tudo isso um pouco melhor.

O assunto prisão já produziu clássicos da literatura: *Memórias do cárcere* (Graciliano Ramos), *Recordações da casa dos mortos* (Fiódor *Dostoievski*), *Papillon* (Henry Charrière)... e muitos outros. Já tivemos penitenciaristas ilustres, como Flamínio Fávero, Noé de Azevedo, Manoel Pedro Pimentel, e de repente uma avalanche demolidora invadiu as prisões, destruindo por completo tudo aquilo que havia sido pacientemente construído durante décadas e que chegou a ser considerado modelo.

A Penitenciária do Estado, por exemplo, era chamada de Instituto de Regeneração. Havia perto dela uma Casa do Egresso, lugar onde os prisioneiros que haviam quitado suas contas com a sociedade podiam ficar durante algum tempo para reorganizar a nova vida. Essa casa simplesmente desapareceu. Liberdade é uma maravilha, e só quando ela é perdida é que se faz uma pequena idéia do seu valor. Aprendi isso dando uma carona para um ex-preso. Fazia frio, mas ele não fechava o vidro da janela do carro. Diante da minha surpresa, explicou, sorridente: "A liberdade tem o melhor cheiro que existe". As celas eram todas individuais. Não havia superlotação. Tudo mudou, e para pior.

A instalação do crime organizado dentro da prisão é a primeira grande novidade penitenciária do século XXI. Se o Primeiro Comando da Capital foi fundado em 1993, o fato é que sua primeira grande demonstração de organização aconteceu com rebeliões simultâneas em 2001. Até então, os presídios poderiam ser, no máximo, fontes de informação para o esclarecimento de determinados casos, fora das prisões. Comandar o crime, é a primeira vez. A verdade das ruas nem sempre está dentro dos processos, o que provoca ajustes de contas com resultados quase sempre fatais.

O PCC ocupou um espaço vago. Não é comum ver pessoas que trabalham no sistema penal circulando pelas prisões. Portanto, a sociedade castiga mandando para o cárcere, mas não sabe como é o lugar para onde se manda. Há quem se delicie com o sofrimento imposto, imaginando o que está acontecendo com os autores de certos tipos de crime. O representante máximo do Estado, paradoxalmente, acaba sendo o carcereiro. A formação intelectual dele não é a do doutor de gabinete, mas é ele o funcionário que mais conversa, dialoga, veta, permite, prestigia, faz de conta que não vê, não deixa passar nada, faz favores, cobra por favores. É outro mundo.

O crime organizado ou desorganizado sempre quis impor normas através de lideranças, o que provoca muitas brigas a pontas de faca, como se gladiadores presidiários pudessem ser admirados e considerados vencedores quando matam outro preso. Mas no moderno Coliseu, os mais variados tipos de vítimas vão para a arena: no universo em que a função de ressocializar é delegada ao próprio preso, as regras de convivência externa entre bandos foram levadas para dentro, onde fizeram uma ponte permanente, proporcionando aos mais organizados a oportunidade de montar uma estrutura sólida de empresa do crime.

Se os fins justificassem os meios, seria possível dizer, tranqüilamente, que caberia razão aos novos rebeldes, porque a estrutura prisional é indiscutivelmente massacrante, do mesmo modo que boa parte dos crimes considerados mais violentos é praticada por reincidentes – ou seja, presos que já cumpriram pena e saem às ruas como se estivessem em busca de vingança por tudo o que passaram na prisão. O que você lê agora sintetiza centenas de avaliações, análises, diagnósticos, congressos, seminários, conferências, aulas e palestras.

Vários exemplos, contudo, mostram que investimentos humanizados podem produzir resultados surpreendentes. Os ataques de maio de 2006 em São Paulo tiveram uma razão aparentemente singela, mas própria da ansiedade nos presídios: o cancelamento das visitas no domingo do Dia das Mães. Para alguns, desinformados, isso poderia parecer ridículo. Mas não é. Marcola, o líder do PCC, não tem mãe, mas lutou pelo direito dos companheiros enclausurados, seus subordinados, de vê-las. Os ataques poderiam ser evitados se houvesse um mínimo de bom senso no intransigente governo de São Paulo. Os líderes do PCC queriam ver a mamãe! Fora das muralhas, o motivo pode ser considerado banal. Os presos se rebelaram e "foram para cima", como se diz nos presídios. Atacaram. As mães representam uma grande força também no sistema. Diretor habilidoso cativa as mães e garante a disciplina através delas. Preso pode não respeitar ninguém, mas ouve o clamor da mãe, que cumpre a pena junto com o filho, de tanto acumular sofrimentos. Quem não sabe de nada disso, não faz a menor idéia do que se passa dentro da prisão. Não é ridículo. É verdade.

A história do crime organizado é a explosão anunciada do sistema carcerário. Os erros foram se acumulando, ajudando a incompetência a se instalar. Dentro das muralhas, o trânsito heterogêneo foi revelando pessoas que prejudicaram o preso em vez de ajudá-lo, quando passaram a prestigiar atos criminosos. Alguns, dolosamente. Outros, travestidos de vingadores sociais, usados como massa de manobra, embora se considerem conscientes, para combinar e executar determinadas ações.

O crime organizado não surgiu da noite para o dia. Ele tem adeptos dentro e fora das prisões. O crime organizado sente necessidade de mostrar um lado bom. A sociedade organizada tenta compreender, mas não tem como tolerar algumas situações.

Parte do crime estruturado conta com adeptos identificados ou nas sombras.

A sociedade revoltada quer ver todos os criminosos bem de longe, repudia a construção de novos presídios em suas cidades e sugere que eles sejam feitos em florestas distantes ou em ilhas inacessíveis, "no meio do mar".

O crime organizado construiu seu formato, estabeleceu seus códigos, criou uma nova linguagem, avançou sobre funcionários de presídios, sobre juízes, policiais, promotores, advogados e sobre jornalistas. Conseguiu atemorizar a todos, paralisar as cidades, causar a expectativa dos dias seguintes. Mostrou audácia e vigor, e em vários momentos as autoridades foram apanhadas de surpresa, tendo de mudar abruptamente métodos viciados de trabalho. No auge dos confrontos, a sociedade desorganizada ainda brigou politicamente, preocupada com eleições, e não com soluções, enquanto o crime organizado padronizava vozes de comando emitidas através de suas *Torres*, instaladas dentro das *Faculdades*, os presídios.

Esse é o mundo do crime moderno, que transforma presídio em escritório, líderes de facções em patrões, dominados em empregados, cemitérios em valas de teorias. A função da prisão nunca foi essa. Solução, ela deixou de ser. Estranho, enigmático mundo. É nele que vamos entrar.

P.S.

Capítulo I – O Estripador

O anfitrião recebeu os convidados, cuidadosamente selecionados, na sede de sua fazenda no Paraguai, para aquele que, prometia, seria um churrasco inesquecível. Todos traficantes, os convivas já tinham se reunido antes para discutir as desavenças dentro do grupo, principalmente de um membro que, rompendo as regras de comportamento impostas pelo grupo, havia firmado novas alianças e ainda permitido que informações preciosas sobre remessas de grandes quantidades de drogas chegassem ao conhecimento da polícia, provocando assim grandes prejuízos.

O bando havia concluído que raramente a polícia consegue chegar a uma descoberta desse tipo se não existir, para ajudá-la, alguém que fale demais – um traidor, um Judas do valioso pó ou da maconha com o mais acentuado grau de pureza, avidamente esperadas em cidades que disputam a chegada da mercadoria. Todos grandes investidores, capazes de cacifar muito dinheiro em remessas de muitos quilos e até toneladas, tinham decidido que, à semelhança do que se faz comumente no mundo dos negócios, passariam a adotar o sistema de seguro para garantir a indenização daquele que fosse eventualmente prejudicado em sua contabilidade. Mas o causador do estrago deveria ser identificado e punido.

A carne era de primeira; garrafas e copos de bebida para todos os gostos circulavam entre os contemplados com o convite, gente do comércio do pó que viajou da Colômbia, da Bolívia e do interior de São Paulo para o fechamento de mais um grande negócio. A fartura na distribuição não permitiria qualquer reparo na qualidade do churrasco oferecido. O convite mencionava uma surpresa, que seria revelada no meio da festa. Mas garantia-se que todos iriam gostar muito.

A tarde era bonita, a natureza oferecia o espetáculo de um vermelho no céu. Mas ali ninguém estava interessado no crepúsculo lentamente ensaiado com esplendor, mas em descobrir que surpresa seria aquela oferecida ao seleto grupo convidado. O anfitrião era muito bom nesse tipo de coisa, todos sabiam, e alguém ensaiou a idéia de fazerem um jogo, uma espécie de bolão de apostas, que seria ganho por quem conseguisse descobrir o conteúdo da anunciada surpresa. Mas desistiram por não conseguir imaginar o que poderia entusiasmar aquele grupo, acostumado com festas caras, carros novos, enfim, com tudo aquilo que o dinheiro ganho no mundo do crime pode proporcionar. Quando o entardecer parecia uma pintura no céu e já se começava a desconfiar que toda aquela provocação de ansiedade não passava de mais uma das brincadeiras do imprevisível anfitrião, eis que ele mesmo subiu os três degraus do alpendre e, como se fosse o animador de uma grande apresentação, anunciou em tom solene, com voz de festa de peão de boiadeiro precedida por potente toque de berrante: "Senhores...".

Não havia senhoras nem crianças, e tal detalhe aumentava a expectativa, pois tinha sido avisado, com a antecedência necessária, que naquela tarde mulher não teria vez.

Assim que o berrante parou de ser assoprado, um homem, com um saco de estopa enterrado na cabeça e que o cobria até a cintura surgiu dos fundos da casa, sendo conduzido aos empurrões até a entrada da propriedade, repleta de árvores de vários tamanhos. Os convidados foram informados de que poderiam se acomodar porque a surpresa, conforme o prometido, seria muito boa. A temperatura, escaldante durante a tarde, já estava mais amena. Não seria preciso preocupar-se em buscar uma sombra.

A surpresa estava ali. Seria um espetáculo.

Lentamente, o saco de estopa foi retirado da cabeça do tal homem, revelando – surpresa mesmo! – quem era aquela enigmática pessoa, identidade oculta durante longos sete minutos.

Ali estava, manietado no centro de uma platéia, o traidor do carregamento de uma tonelada de drogas que caíra nas mãos da polícia. O anfitrião conduziu um rápido interrogatório, durante o qual o homem amarrado, balançando afirmativamente a cabeça, confessava que se tornara ganancioso demais, que tentara ensaiar vôos próprios no mundo do tráfico, mesmo sabendo que isso implicaria passar antigos parceiros para trás. Tinha colocado o dinheiro acima das relações, que entre os traficantes devem ser sempre limpas. Não são eles que assinam contratos e fazem seus milionários negócios empenhando tão-somente a palavra, que vale ouro? Trair, portanto, é inadmissível.

– Merece morrer?

– Peço perdão. Uma chance. Não vai acontecer nunca mais.

A voz suplicante não sensibilizou o anfitrião, que balançou a cabeça negativamente e consultou a platéia.

– Ele merece uma chance?

Uma longa vaia marcou a posição dos convidados, que começaram a se aproximar mais, escolhendo uma boa posição para contemplar as cenas seguintes. A segunda parte da surpresa iria começar. A um gesto que o anfitrião fez com a mão direita foi chegando, a passos curtos, compondo uma coreografia aparentemente ensaiada, um homem vestindo um avental branco impecavelmente engomado, brandindo nas mãos um punhal reluzente. O homem do pedido negado, que já se sabia ser um condenado, foi colocado de joelhos, enquanto quatro troncos de madeira eram arrastados. O carrasco ficou de pé, do lado esquerdo, aguardando instruções, enquanto o anfitrião mandava servir uma nova porção de carne, que o indiferente churrasqueiro, virando-se rapidamente e por instantes, anunciava estar pronta. A surpresa excitava os convidados, que dispensaram pratos e talheres, apanhando a carne do espeto com as mãos e comendo animalescamente. O condenado foi amarrado com a barriga para cima, sem camisa, sobre os quatro troncos.

O anfitrião fez sinal de negativo, com o polegar direito, como se fosse um imperador poderoso no Coliseu do tráfico, o que bastou para o homem de avental branco dar um corte, em diagonal, mas sem profundidade, no peito do condenado. O carrasco, solene, como se preparado para demonstrar arte e perícia durante um pôr-do-sol de gala, vestia calças impecáveis, calçava botas engraxadas com esporas prateadas. A platéia aplaudiu quando o sangue correu.

O carrasco era mesmo habilidoso no manejo do punhal cintilante. Seus movimentos eram lentos, espaçados, para dar tempo de cada convidado pegar sem olhar uma nova porção de carne, não perdendo um só momento da execução, que prometia empolgação e detalhes nunca vistos. A punhalada seguinte foi mais forte, na altura do ombro, e a arma foi girando, penetrante, num vaivém circulante – o que provoca dores terríveis –, enquanto o condenado berrava e gemia, contorcendo-se, e o vermelho pingando na terra fazia contraponto com o vermelho do céu. O matador, então, livrou o mal-aventurado das amarras de couro nas mãos. A vítima, definitivamente indefesa, estava à mercê, entregue aos sofrimentos finais.

Um corte no pescoço. Uma punhalada nas pernas. A arma aproximou-se do umbigo e penetrou. Fortemente. Foi deixada ali por alguns minutos, tempo suficiente para cada convidado saborear uma nova dose de uísque e preparar-se para o que haveria de vir, enquanto o anfitrião sussurrava entre os convidados que aquela cerimônia tinha o nome de *estripamento*, embora o nome correto seja estripação. O condenado se esvaía em sangue, balbuciava por clemência, e sua dor provocava apenas gargalhadas. Nenhuma compaixão. Nada de misericórdia. Os intestinos foram sendo puxados pela ponta da faca, lentamente. O condenado assistia à sua própria agonia. Os convidados se perguntavam quanto tempo ele iria agüentar sem desmaiar. O carniceiro-executor, com concentrada expressão glacial no rosto, examinava sem pressa o corpo, escolhendo onde iria desferir, se necessário, o próximo golpe, sendo aplaudido a cada movimento em que seu punhal penetrava um pouco mais, girava e era retirado do corpo do homem soltando pingos vermelhos. A arma era limpa no avental, o executor era impecável e elegante, sem movimentos bruscos e nenhum gesto que pudesse ser interpretado como constrangimento e, menos ainda, piedade.

Foi aí, então, que o carrasco ensaiou o bote final. Passou a rodear o condenado, e seus passos foram sendo acompanhados por palmas e gritos ferozes ("*uh! vai morrer!, uh! vai morrer!*"). O matador segurou a vítima pelos cabelos, dando a impressão de que pretendia arrancar um escalpo. Segurou firme o punhal, olhou de perto para a barriga do condenado, já com as vísceras totalmente para fora, e nela foi colocando marcações a ponta de faca. Deu seis golpes sucessivos, com toda a força, sendo aplaudido de pé pelo bando ensandecido. Depois, ergueu-se e colocou as mãos para trás, segurando o punhal mais uma vez limpo no avental. Caminhou devagar até o patrão, como se pedisse permissão para retirar-se; ganhou um aperto de mão e um abraço, e entrou numa caminhonete importada, toda com peças cromadas, e arrancou deixando uma nuvem de poeira para trás, preservando o mistério da sua identidade. Aquilo era para ser visto e esquecido, com o objetivo pedagógico de servir de lição para os escalões superiores e intermediários do crime.

Voluntários carregaram o corpo com vísceras expostas para um lago atrás da casa. O anfitrião fez sinal com as mãos para todos acompanharem. Parecia, a princípio, um cortejo fúnebre. Mas não era. O corpo foi arremessado no lago, de onde emergiram jacarés até então imperceptíveis. Caudas e mandíbulas agitaram as águas, e ao menos dessa vez anfitrião e convidados não gargalharam, aplaudiram ou demonstraram a mais profunda das alegrias. Retiraram-se sem palavras, olhos no chão, sendo aguardados pelas últimas doses de *scotch* sem gelo. Aquilo era um recado. E a mensagem era para eles mesmos.

Sabiam que no circuito fechado deles esse era o novo detalhamento de uma antiga lei de poucos parágrafos, sem incisos ou previsão de circunstâncias atenuantes: que ali, naquele momento da história para a quadrilha, eles tinham sido espectadores, mas quem não seguisse as regras estabelecidas também poderia transformar-se, com algumas variações, em novo personagem e vítima.

Sem cobranças. Sem cartório de protesto. Sem inadimplência. Sem nova chance. Sem clemência. As desavenças são e seriam resolvidas sempre assim, reinando, absoluta, a punição implacável. Os traficantes eram a Suprema Corte. Os traficantes julgavam, condenavam e executavam. Juízes e carrascos. O poder imposto a sangue. A receita de matar estava pronta e, com muitas variantes, seria imposta entre criminosos organizados dentro e fora das prisões. Uma nova marca do crime, cheia de tantos significados que, dali em diante, o estilo de assassinar se transformaria numa espécie de assinatura para identificar pessoas, grupos e situações.

Aos poucos, os chefões do crime, transformados por eles mesmos em justiceiros e, ao mesmo tempo, em julgadores e carrascos, foram percebendo que se a opção preferencial de vida era essa, que se o mercado das drogas era um dos mais rentáveis do mundo – e que a este era possível incorporar o não menos lucrativo mercado de armas –, seria perfeitamente possível compor uma organização, ou organizações, com recrutamento, formação e legislação próprias, e aos poucos ir montando os alicerces das forças de um tipo de crime nunca visto antes no Brasil. A execução macabra arrancou as vísceras de um brasileiro. Os convidados eram brasileiros. A lição de morte e a nova vida no crime tinham endereço brasileiro. Assim foi, assim seria. Além do ímpeto e da disposição, tinham uma vantagem adicional: esse primado do real era ignorado pelo outro lado, as forças legais, e também por algumas pessoas que se dizem "especialistas" no assunto. Chamariam a tudo isso de "crime organizado", genericamente, e se perderiam em divagações pragmaticamente inúteis e estéreis no momento de ser avaliada a grande ameaça em potencial. Perceberam que, para enfrentá-los, seria preciso uma polícia com alto grau de treinamento e informações, e que acordar para a realidade iria demorar, diante da incompetência e da omissão associadas. Os criminosos fizeram um tipo de estudo ao contrário: analisaram cuidadosamente seus observadores enquanto estes lançavam sobre eles teses, palpites e opiniões, muitas das quais lhes provocaram sorrisos. Ajudados até por acadêmicos que por vezes fogem da academia, prestigiados por uma legislação anacrônica e colhendo os saborosos frutos do profundo ranço que tomou conta das organizações policiais depois dos estigmas não cicatrizados do período de trevas implantado pela ditadura militar, foram ganhando espaço. A compra de agentes do Estado, sem a qual jamais haveria nada do que se convencionou chamar de "crime organizado", abriu portas com a alavanca da corrupção, um *abre-te sésamo* dos tempos modernos. Os sintomas eram quase imperceptíveis, a princípio, mas foram se tornando ostensivos na organização emergente. Quando se começou a acordar, era tarde demais. Tarde porque a reação política foi negar a existência de um tipo de crime mais estruturado, o que – interpretou-se equivocadamente – seria considerado um fracasso de qualquer governo, prejudicando partidos políticos, derrubando planos de reeleição e minando as ambições e planos de novos candidatos. Era necessário camuflar, esconder, mentir, fazendo de conta que estava tudo em "paz" e em "ordem", e que governos eficazes não poderiam ser aniquilados em matéria de segurança pública pela criminalidade cada vez mais triunfante.

A *mis-en-scène* foi adquirindo uma configuração que ninguém poderia imaginar. O crime, como entidade, estruturou-se dentro das prisões, até aqui o último dos lugares para pensar numa formatação criminal, porque as pessoas estão na prisão e, em tese, privadas da liberdade, isoladas da sociedade, imobilizadas pelas celas e pulverizadas psicologicamente pelas grades. Pois foi exatamente nesse espaço da quebra dos movimentos e dos contatos que nasceu o crime em forma oficial de empresa, com voz própria de comando, chamada de *torre* nos códigos, com ordens regularmente emitidas (os *salves*) chegando às *faculdades* (incorporando ironicamente o conceito, fora das muralhas, que chama os presídios de escolas do crime). A organização montou uma hierarquia com postos propositadamente chamados de "soldados" e "generais". Origem paulista, era esse o Primeiro Comando da Capital, o PCC, a frente do crime formada por prisioneiros. No começo, tinha um código, o número 1533, porque 15 corresponde à décima quinta letra do alfabeto, *P*, seguida duas vezes pela terceira letra, *C*. Portanto, *PCC*. Com estatuto. Com batismo. Com rituais de entrada. Com pagamento de mensalidade. Com garantias de apoio para quem estivesse fora ou dentro dos cárceres. Com investimentos. Com compra de pessoas que atuam profissionalmente em vários níveis, inclusive o jurídico, providenciando a graduação daqueles que seriam os *doutores do crime*. Criou-se, aos poucos, uma irmandade, ao estilo mafioso, na qual todos passaram a ser tratados e compromissados como "irmãos".

Os embriões foram o Comando Vermelho, no Rio de Janeiro, e o Serpentes Negras, em São Paulo. O Comando teve no preso William da Silva Lima um dos seus artífices. Mas ele, ao se referir às origens, escreveu um livro para afirmar que não se tratava propriamente de uma organização, mas de um comportamento, "uma forma de sobreviver na adversidade". Segundo William, o Comando Vermelho recebeu esse nome da imprensa, não de um grupo que resolveu estruturá-lo. Tudo indica que possa ter acontecido exatamente isso. Frustra quem imaginava uma reunião secreta, com depoimentos e apartes, votação de propostas, ata e assinaturas. William sugere que tenha sido uma ficção alimentada para ser vista como realidade. Mas o crescimento do Comando não consta de processos, inquéritos ou sanções administrativas: a burocracia prisional costuma fazer de tudo para encobrir aquilo que ela sabe muito bem. Os presídios cheiram muito mal. É mais cômodo observá-los de bem longe.

O Serpentes nasceu na Casa de Detenção, mundialmente famosa pela morte de 111 presos em outubro de 1992. Um outro grupo tentou fazer concorrência, criando o Aranha da Meia-Noite, mas não deu certo. Não foi por falta de aviso: durante anos seguidos, o superlotado presídio, que chegou a ter a maior população carcerária da América Latina (mais de sete mil prisioneiros), foi chamado de "barril de pólvora"; avisou-se que ali dentro um "banho de sangue" seria iminente. O serpentário criminógeno foi crescendo, sob confirmação de autoridades do Poder Judiciário e negativas apaixonadas do Poder Executivo. Oficialmente atritados, Judiciário e Executivo promoveram uma queda de braço ao longo dos anos 1980, quando o governo pretendeu desenvolver uma política que chamava de "democratização das prisões", ignorando por completo a estrutura autoritária do sistema prisional, construído sobre o inseparável binômio segurança–disciplina. A rigor, as idéias bizantinas – enxertar a democracia dentro do autoritarismo – foram corroendo o sistema, que escaparia do controle quando, por falta de vagas, considerou-se necessário ocupar as celas dos distritos policiais. A utilização surpreendente desse espaço desviou policiais das funções e forçou a polícia de São Paulo a criar um inacreditável Departamento de Assistência Carcerária, o Dacar. Assim, aquilo que deveria ser considerado temporário, a polícia tomando conta de presos, foi oficializado como definitivo.

O governo passou e deixou o sistema penitenciário nos escombros. As autoridades judiciárias foram promovidas. Saíram de cena. Sacudido pela inércia, a rede dos presídios foi sendo dominada por regras nada convencionais. A presença do Estado se resumia, predominantemente, na presença física do carcereiro. E a decantada "ressocialização" dos presos passou a ser feita, paradoxalmente, pelos próprios presos, que determinavam regras, normas, concepções éticas, transformando armas improvisadas em passaportes para a vida ou para a morte. A prisão foi perdendo aos poucos e por completo a razão de ser. O domínio interno, que aparentemente nada significava, foi ficando em mãos da liderança dos presos – uma liderança formada pela *performance* em quadrilhas. Mas isso não interessava a ninguém, confirmando a teoria de que o principal papel das muralhas não é impedir as fugas, mas impedir que a sociedade consiga ver o que se passa por trás delas. Quanto mais isolado, melhor. Tanto que são comuns as idéias de mandar preso "abrir estradas", bem longe dos centros urbanos, ou de colocá-los numa ilha, "no meio do mar". O Estado perdeu o mínimo: impedir o contato com o mundo externo. Funcionários corruptos, advogados sem escrúpulos e pústulas de todas as categorias iniciaram a construção de uma ponte entre o proibido e o permitido, o impossível e o factível, a aparência e o concreto. Os telefones celulares passaram a fazer parte do universo prisional. Centrais telefônicas foram instaladas, com pessoas especialmente contratadas para intermediar as ligações de presídio para presídio. Quando alguns foram punidos disciplinarmente, com rigor, por causa disso, o Superior Tribunal de Justiça, ao ser acionado, decidiu, por meio de um de seus ministros, que nenhuma restrição poderia ser feita. Em resumo: verdade, sim, que os telefones podem se transformar em armas, tanto que presos recolhidos à penitenciária de segurança máxima da cidade de Dourados, no Mato Grosso do Sul, conseguiram instalar uma escuta telefônica na casa do juiz-corregedor da Vara das Execuções Penais da Comarca, Celso Schuch Santos. Os presos ouviam na prisão as conversas do juiz. Mas, argumentou Sua Excelência, a de Brasília: o telefone celular não existia quando entrou em vigor a Lei de Execução Penal, em 1984. Portanto, se não está na lei, não estaria no mundo.

Chegou a hora e a vez do Primeiro Comando da Capital. Documentos internos da Secretaria da Administração Penitenciária confirmavam a existência da organização. O governo insistiu na tese de que tudo se resumiria a uma grande fantasia, mesmo quando foram promovidas 27 rebeliões simultâneas em todo o Estado de São Paulo.

A corrupção implantou novos métodos. No passado, presos recém-chegados gastavam dias, semanas e até meses antes de se dirigir a um funcionário para pedir um favor especial, remunerado. No presente, funcionários, sabendo do significado financeiro do prisioneiro, principalmente se for um traficante de grande porte ou assaltante de categoria especial, tomam a iniciativa de apresentar-se para oferecer seus préstimos. O funcionário correto fica imediata e permanentemente sob a espada de Dâmocles: se denunciar o que sabe, é considerado dedo-duro pelos colegas. Pode ser torturado ou morto na primeira oportunidade que surgir. Recomenda-se, então, como regra de sobrevivência, que ele finja não enxergar o que está vendo nem escutar o que está ouvindo.

O sistema apodreceu. O crime estruturado ganhou oxigênio e poder. Em alguns lugares, o Executivo fez dele mesmo um Poder que não pode. As raízes do PCC criaram metástase, crescendo e multiplicando-se de São Paulo para outros Estados, e destes para outros países, como Paraguai, Bolívia e Colômbia, tornando-se internacional. O PCC federalizou-se com suas ramificações interestaduais. Poderoso, tornou-se. Arrogante, evoluiu para atrevido. Atrevido, não hesitou em explicitar ousadia. Ousado, deixou de lado os limites. E sem limites, chegou ao extremo de dar ordens terroristas e de executá-las, desafiando as leis e instituições do Estado, matando policiais e agentes prisionais, metralhando unidades policiais civis e militares, lançando as sementes do pânico entre a população. A polícia, outrora temida, passou a sentir medo. Policiais militares reforçaram a prática de andar sem uniforme, saindo ou voltando de casa, e a instruir seus filhos para não revelar, na escola, qual era a sua profissão. Policiais civis começaram a andar sem as identidades funcionais. Nos automóveis, o hábito de exibir nos vidros decalques de unidades policiais desapareceu completamente. Os policiais, que durante décadas gostavam de mostrar o que faziam, aderiram ao recato, à camuflagem, ao anonimato. Uniformizados, na rua, somente vestindo coletes à prova de balas.

Capítulo II – Os Sebosos

Em 1999, o traficante Luiz Fernando da Costa, que ficaria nacionalmente conhecido como Fernandinho Beira-Mar, colocaria em prática a lição aprendida na execução a sangue-frio em Capitán Bado, onde gostou de assistir ao suplício que "deixou o coitado com o bucho de fora", como comentaria antes de se retirar do país, passando a fazer investimentos internacionais dignos de Pablo Escobar, o antigo comandante do comércio de pó branco em Medellín. Estava justamente em Capitán Bado, monitorado pela Polícia Federal, quando mandou matar, da maneira mais perversa que entendia ser possível, o jovem Michel Anderson Nascimento dos Santos, de 20 anos. O rapaz, ou "rapá", como preferia dizer o traficante, foi morto porque Fernandinho tinha viajado e demorava para voltar, sem dar notícias para a namorada Joelma Carlos de Oliveira, preocupado apenas com os negócios que chegavam a toneladas de cocaína em remessas regulares. Mesmo assim, ele entendia que Joelma deveria aguardar um contato para formalizar um encerramento de compromisso. Esse conceito moderno de Penélope tornou-se fatal para o rapaz, capturado no Rio de Janeiro.

Primeiro, cortaram-lhe lentamente os dedos das mãos, um a um, que foram sendo pendurados num varal. Beira-Mar, acompanhando por telefone tudo o que acontecia dentro do cativeiro da morte, gostou de ouvir a descrição e sorriu satisfeito. Depois, foi a vez dos dedos dos pés. Michel tinha de sofrer com os cortes e assistir a tudo. A seguir, os próprios pés. Os assassinos, em câmera lenta, obrigaram o infeliz a andar sobre os tocos, dolorosamente, enquanto outras partes do corpo continuavam sendo cortadas. Pelo telefone, Beira-Mar perguntava: "Já tiraram os dois pés? E os dedinhos?". Extirpadas as orelhas, agonia terrível aproximando-se do fim, o traficante ordenou, pelo telefone, que encostassem o aparelho junto ao que restou do ouvido direito e perguntou com sarcasmo: "Tudo bem?". Ouviu apenas gemidos. Disse, então: "Isso é para você aprender a não sair com mulher de vagabundo".

Finalmente, os tiros que já não eram mais de misericórdia. O ritual da morte já havia cansado e angustiado os próprios encarregados de matar. Beira-Mar ouviu o barulho dos tiros disparados seguidamente e deu por cumpridas as suas ordens. A escola de Capitán Bado tinha funcionado. Seus aplicados alunos mostrariam em vários pontos do país como é que se faz. Tanto que, recolhido na Penitenciária de Bangu I, Beira-Mar comandou uma sessão de mortes, culminando com a invasão de uma galeria onde estava um desafeto seu, Ernaldo Pinto de Medeiros, o Uê, amarrado com pernas e braços esticados nas grades de uma cela e apunhalado violenta e seguidamente. Ficou ali, sangrando, para servir de exemplo para os presos poupados. Depois, o corpo foi retirado, envolto em colchões e queimado. Sobraram cinzas e uma massa disforme do carbonizado Uê. Em 2002 seria a vez do jornalista Tim Lopes. Capturado pelos traficantes na Favela do Cruzeiro, foi julgado por um tribunal da morte, comando pelo traficante Elias Maluco. O "maluco" ficava por conta das atrocidades capaz de cometer. As pernas foram seccionadas. O peito, aberto por uma adaga. O corpo, picotado e colocado com pneus para queimar num buraco de pedra que eles chamavam alegremente de "microondas". Ratinho, um dos algozes, acendeu um cigarro nas chamas que queimavam Tim e tragou prazerosamente. Tim foi identificado pelo pedaço de uma costela que sobrou, minúsculo mas suficiente para um exame do código genético, DNA.

Os bandidos da fronteira mostraram mais uma vez sua força matando a tiros, em Pedro Juan Caballero, o juiz estadual de Cuiabá, Leopoldino Marques do Amaral, autor de várias denúncias de corrupção dentro do Poder Judiciário do Estado. Antes de morrer, deixou um dossiê inútil em Brasília, no Superior Tribunal de Justiça, incriminando superiores. Alguns – acusava – seriam capazes de freqüentar festa de traficante em fazenda e depois sentenciar normalmente, como se a consciência pudesse ficar em paz mesmo quando as trevas camuflavam a luz. Na cidade de Mundo Novo, próxima à fronteira com Salto Guayrá, pistoleiros também mataram a prefeita Dorcelina Folador, eleita pelo PT, considerada uma pedra política no caminho.

O traficante Fernandinho Beira-Mar, já internacionalmente conhecido, foi preso numa região controlada pelas Forças Armadas Revolucionárias da Colômbia. A informação surpreendeu a polícia brasileira, que foi buscá-lo em Bogotá. Deputados de uma Comissão Parlamentar de Inquérito apressaram-se em convocá-lo para um depoimento, em 2002, imaginando que ele detalharia sua vida, cheia de detalhes perversos. Mas ele, claro, negou tudo, e ainda disse que pretendia obter dinheiro para distribuir cestas básicas nas favelas. Foi devidamente preparado, por advogados muito bem pagos, para apresentar-se como se fosse um Robin Hood do pó e transmudar-se de misantropo em filantropo. A candente CPI decepcionou-se, confundindo tomar depoimento com investigar. O depoente chegou a sorrir do próprio deboche.

Em 2005, as FARC colombianas deixaram de ser tão brasileiramente enigmáticas. Apareceu na fronteira Brasil–Paraguai um Quixote de toga, juiz federal que depois de clamar sozinho no deserto resolveu usar o peso da lei para atacar os traficantes e, pisando aos poucos em terreno minado, desferiu implacável ataque a um dos quartéis-generais do tráfico. Odilon de Oliveira, pernambucano de Exu, lavrador até os 17 anos de idade, sofreu muito na vida para conquistar o seu lugar na justiça federal brasileira. Aprendeu que cada "seboso", palavra que sempre gosta de usar para referir-se a pessoas sem escrúpulos nem caráter, que se dedicam ao crime, ostentava e desfrutava do poder de forma arrogante e impune. Os sebosos obrigaram-no a se hospedar nas dependências do quartel do 11º Regimento de Cavalaria Mecanizada do Exército, em Ponta Porã. Mesmo assim, pistoleiros escalaram muros para acertá-lo. Preocupado, passou a morar no Fórum da cidade, dormindo em colchonete estendido em sua sala de audiências e ficando sob a proteção ostensiva, dia e noite, de agentes federais. Um seboso, inconformado com a audiência que se estendia por toda a tarde, avançou na noite e chegou à madrugada, ameaçou cuspir-lhe no rosto. Os sebosos, acostumados a comprar tudo e a eliminar pedras no caminho, não se conformavam com a audácia do juiz, que condenou vários traficantes a penas pesadíssimas, colocando um ponto final em domínios, monopólios e crimes locais formatados em moldes de empresas. Os sebosos queriam o fim daquele, diziam ao telefone, "cearenzinho de merda". E chegaram a arquitetar a sua morte lenta, num desdobramento do currículo assassino da escola de Capitán Bado. O plano era capturá-lo e logo a seguir confiná-lo num chiqueiro de porcos. Tudo seria feito para o juiz pegar sarna e sofrer no chiqueiro, para aprender que diante de traficante barra-pesada juiz incorruptível não passa de um suíno. Ele ficaria se coçando na lama, a sarna aumentando, sem nada para comer ou beber. De vez em quando, ofereceriam um prato de comida podre. Morreria aos poucos, com fome, sarna e sede, enquanto uma platéia selecionada se deliciaria com seu aniquilamento físico e moral.

O juiz anti-sebosos, informado pelo serviço de inteligência da Polícia Federal, teria condições de dizer em 2005, e repetir em 2006, que a metástase do PCC poderia transformá-lo num poderoso grupo terrorista da América do Sul. Havia sinais claros, afirmou, de que as FARC já haviam conseguido infiltrar-se em territórios paraguaios e bolivianos. Fazendo as contas: as FARC possuindo 17 mil guerrilheiros ao longo de quarenta anos e o PCC contando com a filiação de considerável parte dos então 130 mil prisioneiros de São Paulo e multiplicando-se em contatos interestaduais. O juiz, que sente na pele e na família os efeitos desgastantes de uma proteção policial permanente, por causa da pressão permanente dos sebosos, definiu as FARC como expressão do terror implantado para reverter a ordem política, e o PCC como uma organização montada para reverter a ordem jurídica através de uma dominação do Estado repressor.

O sempre solitário juiz foi ao Comando Militar Oeste do Exército. Explicou a situação ao general comandante, protocolou um ofício relatando os problemas crônicos da região e ouviu, amargurado, que a Força Terrestre brasileira não tem recursos para fazer um patrulhamento eficiente na fronteira e, assim, fazer frente às gangues de sebosos. Por que "seboso"? Porque sebo, produto da secreção de glândulas, é inútil numa porção de carne. Precisa ser cortado. Mas também pode ser alguém metido a sebo, isto é, pedante, podendo ser considerado sujo ou até mesmo porcalhão, que pretendesse trancar o juiz num chiqueiro. O juiz odeia os sebosos da fronteira. Mas a União ficou devendo socorro. A estrutura militar da região, praticamente a mesma desde a guerra com o Paraguai, se mantém intacta. Mas o Exército fez a conta e viu que patrulhar a fronteira para valer exigiria mobilizar permanentemente quatro mil homens. Não há como fazer isso com um efetivo de 200 mil para todo o Brasil. Para piorar, o sistema policial é notoriamente deficiente. A fronteira seca é aberta, vulnerável, embora dela partam aqueles que serão os maiores problemas nas grandes cidades: drogas, armamento, munições.

O juiz se convenceu de que, nesse cenário, combater o tráfico como prisioneiro de gaiola forense seria uma tarefa vã. Não mostrou ortodoxia na busca de provas e colocou nos autos: "Se a Justiça Federal, em qualquer uma de suas circunstâncias, se comportar com exagerada soberba em matéria de provas quanto ao tráfico de entorpecentes, deixando de compreender as dificuldades que o Ministério Público e a Polícia Federal encontram para obtê-las, também pela natureza desse crime, complexidade das organizações e *modus operandi*, poucas vezes se conseguirá condenar grandes peixes". Também consta dos autos, num processo em que até então intocáveis do tráfico foram atingidos em cheio pela decisão implacável do juiz: "É utopia pretender que o Estado-repressor concorra ou supere, com eficiência, a engenharia empregada na traficância internacional". A cocaína lava mais branco o dinheiro sujo do tráfico. Em outras palavras: "Pior se dá em relação à lavagem dessa dinheirama suja, etapa em que o traficante tem a seu dispor a imensa estrutura das instituições financeiras do mundo inteiro". Para que ninguém tenha dúvidas: "A Polícia Federal está sujeita não só à soberania dos outros países como também a limites orçamentários. Não pode invadir território alheio à caça de traficantes e do produto do tráfico de drogas. Os traficantes fazem isso livremente. Vão e vêm quando querem". Também nos autos a questão dos limites legais: "Não quero dizer que o Estado-repressor deva, para competir com a complexidade do crime organizado, passar a agir também à revelia das normas legais. Apenas desejo mostrar ser utopia pretender que a repressão tenha a mesma eficiência da megatraficância e da megalavagem. O Judiciário não pode tornar-se insensível às dificuldades que a polícia encontra para conseguir provas em torno do tráfico e da lavagem". Segundo o juiz Odilon de Oliveira, "se o tráfico de drogas continuar sendo tratado com pajelança e a lavagem rastreada com tanta burocracia, este País, com certeza, irá se transformar num narcoBrasil, e o mundo, num narcomundo". Mais uma vez, nos autos: "Repito que o Judiciário deve compreender as dificuldades experimentadas pela Polícia Federal para encontrar provas da materialidade da autoria do crime de tráfico. Não pode condenar inocentes, mas também não deve se comportar como um verdadeiro *croupier*, atado à frieza da lei e indiferente ao que se passa à sua volta. Hipocrisia e ingenuidade são um bálsamo para a megatraficância".

O raciocínio do juiz se respalda no fato de que os agentes federais apreendem na região, em média, cerca de 60% de toda a droga retida no Brasil: "Mato Grosso do Sul mantém fronteira praticamente imaginária com o Paraguai e a Bolívia. Por isso mesmo, é líder nessa transnacionalidade deliqüencial. Se não fosse a ferrenha atuação da Polícia Federal, a traficância, que já produziu uma narcofronteira, já teria gerado um narcoEstado". A Justiça Federal deu a esse juiz jurisdição para atuar em todo o Mato Grosso do Sul em matéria de lavagem de dinheiro. É o único magistrado com toda essa esfera de competência. A experiência lhe confere autoridade para explicar: "A única maneira de se lavar não é através de conta corrente. Este é o meio menos empregado quando a conta corrente é propriedade do mesmo lavador. A regra geral, nessa fronteira, segunda região que mais lava dinheiro no País, é o emprego da conta corrente em nome de fantasma ou 'laranja', isto quando o delinqüente opte por uma instituição financeira. Outro expediente empregado é vaca-papel. São inúmeras as formas utilizadas. Sonega-se de tudo".

A vaca-papel é explicada assim pelo juiz especializado em lavagem de dinheiro: "É o depósito do dinheiro proveniente do tráfico e seu posterior emprego em compra de bens, voltando o produto dessa comercialização a ser depositado na conta corrente do autor do crime. A ocultação ou a dissimulação é apenas o objeto da conversão. A consumação se dá com a mera conversão ou transformação do valor ilícito em ativo lícito. A compra de gado com o dinheiro obtido do tráfico é um dos exemplos".

Tudo é perigoso para o juiz Oliveira. Sua tribuna são os autos, sua esperança está nas decisões que profere. Tudo envolto por um pesado silêncio e uma angustiante solidão. É triste e comovente. Mesmo quem o admira, sempre a uma prudente distância, acha que ele chega a ultrapassar os limites da razão. Mas ele só obedece a um limite: o da consciência. Que o obriga a dizer: "A hipocrisia e a ingenuidade conduzem à futilidade, primeiro degrau da impunidade. No crime de tráfico, o conceito de *conjunto probatório*, alicerce de qualquer condenação, deve ser mais aberto. Mais flexível, guardando proporção com o aumento da engenhosidade empregada pelos narcotraficantes. A ingenuidade do Estado-repressor leva a uma posição meramente contemplativa".

O discurso togado atingiu o homem que durante mais de três décadas foi uma poderosa espécie de rei da fronteira: Fahd Jamil Georges. O Turco. O juiz receberia um inesperado emissário, que pretendia uma conversa reservada para assoprar-lhe um pedido formulado pelo próprio Turco: que o implacável juiz "amolecesse seu coração". Ele sabia que um processo estava em curso e, pelos rumores e temores de personagens já convocados para depor, era de prever uma condenação em massa de antigos intocáveis. O emissário embutiu, ainda, um pedido feito por um dos filhos de Fahd, Fábio George: o velho, isto é, o Turco, não agüentaria, já entrando na velhice, as agruras de uma cadeia. Fahd chegou a recorrer pessoalmente ao governador do Departamento de Amambay para pedir um encontro pessoal com o juiz. Odilon de Oliveira, entretanto, afastou qualquer hipótese de recebê-lo. Em 2006, já condenado, nome e foto de Fahd apareciam em gigantescos *outdoors* espalhados por todo o país, repletos de fotos e com o pedido de ajuda à população para localizá-lo: *se busca*! Fahd entrava na lista dos homens mais procurados pelo governo norte-americano, ocupando o terceiro lugar numa lista dos mais procurados por narcotráfico e lavagem de dinheiro em todo o mundo.

Inimaginável para o ex-rei da fronteira tal situação. Durante anos a fio, ditou ordens na região com mãos de ferro, mandando matar os indesejáveis perante sua corte, expulsando os ladrões (era um dos orgulhos que sustentava: "Aqui na fronteira não tem ladrão!"), relacionando-se fortemente no planalto e na planície e firmando a marca, reconhecidamente registrada, de todo-poderoso na fronteira. De seu currículo não-oficial, secreto, mas conhecido por muitos e temido por todos, constava o poder em várias fases do contrabando, a pequena hesitação em mudar-se para o ramo do pó e as adaptações camaleônicas quando as regras do poder militar no Paraguai começaram a mudar. Avião particular, Cadillac Lincoln importado, blindado, e com pneus capazes de rodar alguns quilômetros mesmo depois de ser alvejado a tiros; gado, cavalos no Jóquei Clube de São Paulo, empresa de importação e exportação, tinha todos os requisitos para ser personagem do escritor Maio Puzo, tanto que muitos o chamavam de Padrinho, curvavam-se reverentemente diante dele e lhe pediam a generosa bênção em situações mais difíceis ou delicadas. A fachada legal de seus negócios era considerada perfeita.

Em muitos casos de roubos de carro, intermediários aflitos pediam que Fahd lhes concedesse um pouco do benefício de sua grande força. E assim muitos carros foram devolvidos em pontos predeterminados da fronteira, lavados, lubrificados, abastecidos e deixados com a chave no contato. Mas isso é o de menos: recorreram a ele para abastecer com bebidas importadas a posse do presidente da República João Batista Figueiredo, e um avião oficial foi buscar as centenas de garrafas em pleno aeroporto de Ponta Porã, Mato Grosso do Sul, controlado pelo governo. É certo que um delegado da Polícia Federal, de Campo Grande, conseguiu uma prisão preventiva contra ele em Curitiba, num processo por contrabando de café: prendeu-o no principal clube da cidade, algemou-o, tomou-lhe a arma que tinha na cintura e levou-o embora imediatamente, num pequeno avião, para a capital do Paraná. O fato humilhante foi sonegado da imprensa, que o omitiu por iniciativa própria, em alguns casos e, em outros, porque teve suas tiragens antecipadamente compradas. Normalmente, ninguém leria nada sobre a prisão de Fahd naquele fim de semana. Mas os assinantes da revista *Veja* escaparam do controle e, em suas casas, foram informados de tudo. Centenas de cópias xerox com a notícia sobre a prisão de Fahd circularam por todo o Estado de Mato Grosso do Sul. Na cadeia de Curitiba, misturado a presos comuns, instalando-se num beliche e tendo de demonstrar que também naquele espaço reduzido, infecto e lotado quem mandava era ele, Fahd recebeu ilustres visitas, entre elas a do governador Pedro Pedrossian. Em uma semana, um recorde no mundo jurídico brasileiro, permitiu-se que Fahd recuperasse a liberdade através de um superveloz *habeas-corpus*.

Fahd sentiu vergonha de voltar para Ponta Porã. Não conseguia ver ninguém, humilhado com a prisão perante a elite social de Campo Grande. Providências foram tomadas para reanimá-lo. Primeiro, seu *staff* mexeu nos azes das cartas do baralho do tráfico de influência e transferiu de Campo Grande para São Paulo o delegado que havia ousado prender Fahd. Maquiavélico: soou como promoção, mas na verdade foi uma punição. Segundo, foi organizado um gigantesco churrasco, em tom de desagravo, na fazenda de um de seus amigos, onde uma fila interminável de homens e mulheres aguardava a vez de apertar as mãos e abraçar Fahd, que agradecia comovido, como se o tributo quisesse dizer que um chefe de Estado havia sido profundamente ofendido. Até as mãos de Fahd chegaram a ser beijadas nesses momentos de profunda contrição.

Terceiro, Fahd viajou para Brasília e, sentado no banco de trás de um carro com placa do Senado da República, foi até o prédio da Polícia Federal. Segundo confidências do próprio Fahd, o então diretor, coronel Moacir Coelho, recebeu-o em seu gabinete, devolveu-lhe a arma apreendida em Campo Grande e o acompanhou, pedindo desculpas durante passos lentos, até o elevador na hora da despedida. Nas janelas, funcionários curiosos da Polícia Federal se espremiam para ver a cara do chefão da fronteira. Solenemente, Fahd entrou no carro do senador para mostrar poder na República e exigir retribuição por alguns favores, bateu a porta, abriu a janela e acenou, sorridente e vitorioso, para os funcionários, ávidos por conhecer o rosto de um dos homens mais influentes do país.

Toda essa pompa animaria Fahd, anos depois, a mandar espancar, numa surra degradante e exemplar, um dos donos de um jornal do Estado, que com o rosto marcado e inchado, e escoriações por todo o corpo, conseqüência de uma prolongada sessão de socos e pontapés, intercalada por golpes com pedaços de pau, buscaria refúgio durante um mês em São Paulo, para tratar-se, recuperar-se e esconder-se por uns tempos. Aos amigos, Fahd confidenciaria que o espancamento foi ordenado porque a vítima usava seus poderes para conseguir dólares acima do permitido em viagens particulares. Porque o jornal tinha passado por uma reforma do seu parque gráfico, e considerável parte desse equipamento teria sido contrabandeada por Fahd. Injustificável, portanto, no entendimento do homem que deu ordens para espancar, que justamente esse jornal publicasse uma matéria desabonadora contra ele. Todos, qualquer um poderia fazer isso. Menos aquele. Na ética de *bas-fonds*, o espancado não reagiu. Ficou em silêncio, com medo de o próximo passo da vingança ser a morte. O que não seria de duvidar, pois o assunto era grave como as lesões corporais sofridas. Mas por prudência, não foi considerado notícia pela covardia comprometida.

Um grande empresário paulista, que tinha planos de instalar uma usina de álcool na região de Miranda, cansou-se de peregrinar por gabinetes, contatar políticos, lobistas e gastar muito dinheiro em busca de uma informação segura que permitisse planejar forte investimento no projeto. Até que um dia alguém informou o empresário que só uma pessoa poderia lhe dizer, com segurança, sim ou não sobre o assunto ecologicamente controvertido. Conseguiu marcar um encontro de Fahd com dois de seus advogados em Ponta Porã e, após os rodeios de praxe, um diálogo curto e grosso colocou uma pá de cal sobre a questão. Não por causa dos efeitos do vinhoto na natureza e das decorrentes resistências ambientais dos ecologistas de Mato Grosso do Sul. Pode esquecer, assegurou Fahd. E assim foi.

Não foi por outra razão que, investigando a pedido do governo estadual dois crimes de grande repercussão em Campo Grande – os assassinatos de Ludinho Coelho, filho do senador Lúdio Coelho, e do funcionário graduado da Casa Civil, Levy Campanhã –, o delegado paulista Sérgio Paranhos Fleury, um dos ícones da repressão política brasileira no período da ditadura militar, recorreu a Fahd para obter informações preciosas na fronteira para definir os rumos de investigação. Era mais importante que o embaixador, mais que o cônsul, mais que policiais civis, militares e federais. Atrás de uma pista, Fleury chegou à fronteira na semana em que o contrabandista Nelson Rossati foi metralhado quando trafegava pela avenida que separa o Brasil do Paraguai. Ninguém entrava, ninguém saía, mas – autorizado por Fahd – Fleury entrou. Recebido em jantar num cassino, onde canos de armas pouco dissimuladas movimentavam-se entre as cortinas vermelhas de uma sala interditada, o delegado do DOPS – a polícia política de São Paulo – pediu ajuda para localizar um homem que seria um elo importante para o esclarecimento da morte de Campanhã, assassinado à porta de casa numa véspera de Natal, quando foi para a calçada para seu filho experimentar a bicicleta que havia acabado de ganhar de Papai Noel. Fahd olhou nos olhos de Fleury e fez apenas uma pergunta:

"O senhor quer ele de pé ou deitado?". Entre o caçado estar vivo ou morto, Fleury optou por ele ser entregue de pé. Vivo, portanto. "Se estiver em algum ponto do Paraguai, vou entregá-lo amarrado para o senhor", prometeu Fahd. No dia seguinte, conforme o combinado, Fleury e Fahd se encontraram ao meio-dia. "Não está aqui", garantiu Fahd. Fleury agradeceu, despediu-se com um aperto de mão e foi embora sem fazer nenhum tipo de questionamento, absolutamente convicto da precisão da informação de Fahd.

A fama de Fahd chegou a Anastácio Somoza, ditador deposto na Nicarágua. Ele foi se esconder no Paraguai, escolheu Assunção para viver confortavelmente e foi à fronteira de Pedro Juan Caballero propor uma sociedade em algum tipo de investimento. Fahd sugeriu o contrabando de café, explicou que também nesse negócio quem mandava era ele. Somoza não teve a menor dúvida e o chefão lhe apresentou o compadre Joaquinzinho para um negócio inicial no valor de um milhão de dólares. A sociedade foi firmada sem que fosse assinado um único papel. Só a palavra bastava. E melhor avalista que Fahd, impossível.

O que Joaquinzinho não poderia esperar é que Somoza fosse atingido, em seu carro, por um petardo de bazuca em pleno centro de Assunção. O ditador fugitivo foi reduzido a partículas. Joaquinzinho, com uma fortuna em caixa e subitamente sem compromisso algum, procurou Fahd para um conselho. Fahd ouviu, sorriu e falou de padrinho para afilhado: "O que fazer? Faça um churrasco!". O churrasco comemorativo de um milhão de dólares aconteceu no sábado seguinte, com um boi especialmente abatido para celebrar o dinheiro em caixa sem o menor esforço.

Como esse homem, poderoso e intocável, milionário e influente, morando numa mansão réplica da casa do cantor Elvis Presley, fortuna construída na repartição do bolo do contrabando com generais paraguaios corruptos liderados por Alfredo Stroessner poderia, de repente, entrar na alça de mira de um magistrado que parecia ser um incompreensível Quixote togado? Que juiz seria esse trabalhando na cidade que, no inverno, fica envolta por uma névoa densa e as pessoas se movimentam nas sombras, ponches ocultando armas dos mais variados calibres? Que chegou a viver trancado no Fórum, no incessante risco de ser abraçado pela morte, dormindo no chão num refúgio singular, o prédio-símbolo da justiça? Como se ali pudesse ficar numa trincheira de resistência, sem dar tiros e empunhando a lei. Quando foi removido da cidade pelos escalões superiores da magistratura, um abaixo-assinado de mais de duas mil pessoas pediu para ele continuar. Não conseguiam ver o juiz como personagem isolado de uma guerra particular e o resto do Brasil sem nada a ver com isso. As assinaturas expressavam à Sua Excelência reconhecimento, gratidão e respeito. Até lágrimas comovidas. O Quixote togado continuou, montado em seu cavalo esquálido. Mas a galope, saltando sobre temores, solitário em sua saga, visado, incompreendido. Só.

Capítulo III – Primer Comando de la Capital

Muitos lugares, na fronteira, são conhecidos como terra-de-ninguém. Os marcos brancos, num vaivém, mostram que estar no Brasil ou no Paraguai pode ser apenas uma questão de passos a mais ou a menos. Num dos episódios da Guerra do Paraguai, o tenente Antonio João tombou fuzilado para não se render a uma invasão das tropas de Solano López. Morreu, ensinou-se por muito tempo nas escolas, para defender o solo da pátria. A memória dele continua reverenciada no local de sua morte por uma guarda permanente do Exército. Agora, os invasores são outros. Chamam-se traficantes, contrabandistas, ladrões de carros, caminhões e tratores, e pistoleiros. Do lado paraguaio, Solano López é o herói, e ali os restos mortais dele e de outros mortos na guerra estão num mausoléu. Ao lado, uma pista de pouso, usada por autoridades que se deslocam de várias cidades em dias de solenidade. Nos intervalos, os traficantes não perdem a oportunidade de pousar seus aviões para fins nada patrióticos.

A fronteira dos dois países seria procurada por um grupo que particularizou o crime em torno de uma sigla, com chefes, artífices e ações. O PCC não chegou reinando, mas se aproximando, para conquistar espaços, propor conexões com traficantes. Chegar aos poucos, ao contrário de São Paulo, também com a massa carcerária das prisões. Também ao contrário de São Paulo, sem arrogância e intimidações, mas com bastante humildade, porque o crime na fronteira nunca foi terra sem dono.

Capitán Bado continuou dando lições de assassinatos cruéis e matança coletiva. As grandes plantações de maconha, princípio ativo – tetrahidrocanabinol – diferenciado, mais potente, possuem compradores ávidos pelas safras de cada ano. As principais ficam exatamente nessa região. Na época da colheita, lavradores são contratados para trabalhar duro nas plantações, sabendo de antemão que devem ser discretos, não mencionar em conversa alguma o que fazem, para quem trabalham, e jamais revelar a localização das fazendas de plantio.

O clã dos traficantes da poderosa família Morel inaugurou o método de exterminar trabalhadores após a colheita. Muitos – às vezes famílias inteiras, com mulheres e crianças – recebiam o pagamento pelo trabalho e a seguir, quando se retiravam do lugar, eram assassinados. Dez, quinze, vinte pessoas eram assassinadas de uma vez só, e essa prática continuou sendo adotada. Os corpos ficavam estirados, abandonados. A polícia, com o hábito de considerar indigente todo corpo encontrado sem documentos, prefere lavrar uma ata a instaurar um inquérito. Com uma pá de retroescavadeira, abrem-se covas improvisadas para sepultamentos coletivos. A matança é generalizada, permanente, absurda. É comum empurrar para o lado paraguaio os corpos encontrados no lado brasileiro da fronteira. Com reciprocidade paraguaia, na divisão apenas imaginária em vários pontos da chamada linha internacional. Mas dentro das fazendas de maconha também são aplicadas as punições para delatores ou a venda da droga para atravessadores concorrentes. Aqui, a metodologia difere. Condenada à morte, a vítima é supliciada de várias formas. Duas são preferidas. Amarrar o condenado com as mãos numa mula e os pés em outra. Os animais são espantados para correr em direções opostas. Apreciam, também, amarrar o sentenciado pelo pescoço num cabo de náilon na traseira de uma caminhonete e acelerar por cerca de trinta quilômetros, em média. Quando o veículo pára de puxar o esfolado vivo, pouco resta do que foi um ser humano.

Os métodos bárbaros agradaram ao emergente Primer Comando de la Capital.

A antropofagia foi uma das derivações do ódio acumulado com acertos de contas entre bandidos rivais ou disputa de lideranças. Tanto que nas rebeliões orquestradas passaram a ser vistas cabeças cortadas exibidas como se fossem troféus. Cabeça jogada sobre uma juíza de Direito na cidade de Taubaté, cuja presença num presídio conhecido como Piranhão era exigência dos rebeldes. A mulher ficou em estado de choque e precisou licenciar-se para tratamento médico. Cabeças espetadas em pontas de ferro nas lajes de presídio. Corações arrancados do peito, fritos e comidos pelos principais inimigos no interior de São

Paulo. Olhos extirpados, forçando-se o novo cego a comê-los para, em seguida, decepar-lhe a cabeça e atravessá-la por uma corda fina, entrando por um ouvido e saindo pelo outro, a fim de exibi-la para presos e reféns apavorados. O traficante Claudair Lopes de Faria, o CL, foi preso em Ypacaraí, lugar cheio de sapos e que já teve fama por causa de uma canção que falava de um lago azul. Tinha acabado de chegar de uma viagem à Colômbia para negócios de cocaína diretamente com as FARC. CL, preso e removido para São Paulo, não gostou de saber que uma mulher de seu bando fugiu com R$ 500 mil. O Departamento de Narcóticos, monitorando telefones, ouviu CL falando com outro bandido sobre ela: "Falo de coração aberto. Se me trouxerem essa mulher sem cabeça é 20. Se me trouxerem com vida, é 50 paus. Se eu encontrá-la, vou cortar os dedos, arrancar o olho e enfiar na boca dela. Vai ter de comer, mano". Descobriu-se que o traficante tinha mandado matar um casal que tinha como função transformar em dólar os lucros obtidos em reais: Osvaldo Pereira Lemos e Solange Greco descobriram qual era a origem do dinheiro e tentaram sair do esquema. Sumiram de repente. Dois dias depois, seus corpos carbonizados foram identificados na cidade paranaense de Santo Antônio da Platina.

O PCC foi intimidando, coagindo, apavorando, matando, ganhando força, conquistando adeptos.

No auge das conseqüências dos ataques do PCC à cidade de São Paulo no mês de maio de 2006, a fragilidade do Estado e as divergências entre autoridades tornou-se patente. Policiais mortos, unidades policiais metralhadas, carros da polícia atingidos por tiros, população amedrontada. A espantosa situação dava uma amostra do poderio do PCC quando, num encontro de autoridades numa unidade da Polícia Civil, cansado de promessas sobre fornecimento de mais recursos e mais armamento, o diretor de polícia que tem seu nome ligado à organização de combate ao crime organizado – DEIC –, Godofredo Bittencourt, mandou por três vezes um secretário de Estado "ir tomar no cu" e também "à puta que o pariu".

O "cu" teve um sonoro aumento de voz, e a "puta" ganhou uma entonação estridente. O secretário de Estado, que se mostrara valente em episódios corriqueiros, cedendo à tentação de usar a polícia para resolver casos particulares e não policiais, ficou rubro e nada mais. O diretor voltou para seu gabinete no primeiro andar da avenida Zacki Narchi, 152, e começou a retirar suas coisas da sala, certo de que seria demitido pela ousadia de remeter algo verbalmente penetrante no orifício do secretário, mas duas horas depois atendeu a uma ligação de seu chefe hierárquico, o delegado geral de polícia, informando-o de que o secretário, ofendido por não cumprir o que havia prometido ao diretor, principalmente em matéria de recursos bélicos adequados para enfrentar o PCC, havia pedido desculpas. Quer dizer: depois de receber determinações verbais para ir tomar no cu e ouvir pesadas referências sobre as supostas origens de seu nascimento, o secretário pediu desculpas ao chefe do diretor de polícia. Pelo telefone, o diretor foi novamente áspero e disse ao delegado geral: "Só aceito desculpas se ele telefonar para mim, e não para você. Se não for assim, vou mandá-lo novamente ir tomar no cu e a puta que o pariu". O delegado geral disse que o diretor estava nervoso demais. Bittencourt corrigiu dizendo que não estava nervoso, mas "muito puto".

A explosão de Bittencourt poderia ser mais bem compreendida pelas testemunhas perplexas diante dos palavrões se elas tivessem ouvido um depoimento que o diretor e um delegado seu braço direito em matéria de PCC tinham prestado na Comissão Parlamentar de Inquérito sobre tráfico de armas da Câmara dos Deputados.

Foi uma sessão reservada em Brasília, mas advogados que trabalhavam para o PCC conseguiram subornar um funcionário da própria Câmara e assim ter acesso aos depoimentos sigilosos dos policiais. O longo depoimento, que ocuparia 31 páginas de transcrição da gravação, foi tomado em tom claramente *top secret*, com todas as cautelas de praxe. No dia seguinte estava nas mãos dos caciques do PCC. As ordens para os ataques e mortes em São Paulo aconteceram exatamente depois que esse depoimento, com conteúdo sobre a estrutura e a organização do PCC, foi revelado ao bando criminoso por advogados mercenários. De repente, o PCC conseguiu descobrir o que a polícia sabia sobre ele. Uma coisa umbilicalmente ligada à outra, mas, para variar, as autoridades não souberam dimensionar a gravidade desse acréscimo substancioso ao problema já suficientemente grande.

Antes dos depoimentos, o presidente da CPI, Moroni Torgan, explicou que a sessão deveria ser reservada. Disse que deveria ser assim "para não vazar lá fora". E informou: "Inclusive, porque advogados do PCC estão aí fora". O deputado Raul Jungmann reagiu com espanto: "Ah, é?". E Torgan respondeu: "É. Então eles não podem, de jeito nenhum, ouvir o que está acontecendo aqui dentro. Eu até queria que alguém da nossa assessoria fosse lá fora para ver se tem condição de ouvir. E nos avise se alguém estiver ouvindo alguma coisa, porque aí nós vamos ter de tomar outra providência". O presidente da sessão determinou que a porta da sala não fosse aberta em momento algum. E caso isso acontecesse, todos parariam de falar imediatamente.

Tomadas todas as precauções, inclusive a interdição do corredor de acesso à sala de depoimento, o presidente da CPI esclareceu: "Antes, numa reunião preliminar, nós estávamos falando sobre a evolução do PCC. Os delegados estão preocupados com o corpo que está tomando o PCC, inclusive intimidando autoridades. Eu pedi a sessão reservada justamente para eles não serem responsabilizados por nada. Quero dizer aos deputados que o que sair daqui prejudicará várias investigações. Então, é responsabilidade de cada um aqui manter o sigilo sobre o que foi dito, não é? Eu até acho que algumas coisas muito peculiares de alguma investigação não precisam ser ditas. Pode ser de maneira genérica sobre o que está acontecendo, sem dizer que a investigação entrou em tal setor. É até melhor. Não fazemos questão de saber detalhes internos de investigação em andamento".

Depois dessa introdução, o presidente recebeu de um assessor fotografias de um homem e de uma mulher. "Esse é o cara." Era um advogado. "Eu tenho de saber depois o que essa mulher está fazendo aí também." Era uma advogada. O delegado Ruy Ferraz Fontes, que acompanhava Bittencourt, relacionou a dupla, até ali apenas exageradamente curiosa, com uma lista preliminar de 18 advogados suspeitos de manter relações mais que profissionais com o PCC. Os depoimentos, que depois seriam vendidos em cópia CD para o PCC, foram bastante reveladores. O diretor do DEIC começou dizendo que "nem sempre a polícia pode, em um lugar de responsabilidade como este aqui, colocar o que realmente está sofrendo no combate ao crime":

– Estamos, desde 2001, combatendo o que é mais conhecido como PCC. Na realidade, a arma que mais preocupa a polícia não é letal e se chama celular. O celular dentro da cadeia é mais perigoso do que dez fuzis na rua. Nós fizemos, recentemente, uma prisão em São Paulo de três pessoas especializadas em clonar telefone para bandido. Os telefones são danados: 30, 40, 50, 60, 100 telefones, e distribuídos nas cadeias. Estamos cansados de ver a imprensa do Estado mostrar bandidos fotografando – inclusive o senhor Marcola – com um celular. Tirando fotografia de dentro da cadeia. Estamos travando uma luta muito grande com as operadoras para que isso não venha a acontecer. Não estamos conseguindo êxito. Estamos reclamando. Enquanto existir essa facilidade de o celular entrar na cadeia, eles vão se comunicar, conversar e dar ordens. Para os senhores terem uma idéia, 70% das extorsões mediante seqüestro em São Paulo são comandadas de dentro da cadeia. O bandido tem o seu braço fora da cadeia. Ele faz... fica sabendo do que precisa aqui fora, dá ordens, conversa, faz e até orienta a negociação durante o seqüestro. Então, de tudo o que se comanda de dentro da cadeia, você não consegue chegar à identificação porque o celular é trocado em dois ou três dias. Mudam o *chip* dele. É uma necessidade, realmente, nós pararmos com o celular. Isso é um fato muito preocupante. Se conseguirmos fazer esse controle, vamos quebrar a perna de todo criminoso. Está certo?

Nesse ponto, as declarações do delegado Bittencourt mencionaram problemas sobre a entrada dos aparelhos celulares nos presídios:

– Há dificuldades, dentro da lei, até com as revistas pessoais que são feitas. E as famílias, e até advogadas, levam realmente celulares para os presos. O preso tem, na realidade, um comando lá dentro. Senhores, São Paulo tem 140 mil presos. Muitos deles são do PCC, envolvem os 140 mil dentro da cadeia e 500 mil ou mais familiares fora. Eles estão programando até a eleição de políticos, está certo? Isso nos preocupa muito. Seria muito importante que essa arma perigosa, o celular, não pudesse entrar ou funcionar, que a gente conseguisse fazer com que as operadoras os bloqueassem e eles não conseguissem entrar mais.

(O lendário Marcola passou a assumir, gradativamente, uma pose de supremo comandante do PCC. O apelido, segundo ele mesmo, nasceu nos tempos em que, ainda menino, freqüentava a praça da Sé como outros garotos cheiradores de cola. Mistura de Marco com cola: Marcola.)

Bittencourt disse mais:

– Você se reúne com as operadoras e a cada momento elas alegam problemas com legislação, tecnologia, dificuldades. Não estamos conseguindo impedir isso, na realidade. Eu acho que o governo, que dá a concessão, tem condições de fazer com que as operadoras cumpram isso. Pior do que isso: nós temos o envolvimento de pessoas de dentro das operadoras. Temos prendido o pessoal na rua que faz centrais telefônicas e se comunica. Sabemos que pessoas de dentro das operadoras fornecem números para serem clonados.

(Isso comprovadamente aconteceu. Entre casos conhecidos está o de uma investigação do Departamento de Narcóticos – Denarc, interceptada por traficantes que subornaram funcionários de uma operadora e ficaram sabendo quais deles estavam com telefone monitorado pela polícia. Numa contra-ofensiva surreal, os traficantes "grampearam" os policiais e ficaram sabendo o conteúdo das conversas daqueles que tinham sido selecionados para a escuta telefônica. Os policiais demoraram para descobrir a infiltração, desastrosa para uma investigação de grande porte, que seria um dos canais para a prisão do traficante conhecido como Naldinho e do filho de Pelé, o rei do futebol, Edinho, processado por associação ao tráfico.)

O presidente da CPI contou, nesse momento, que ele e seus pares fizeram uma reunião com as operadoras para "buscar soluções". Criticou:

– E o que nós estamos vendo é um faz-de-conta nos presídios: a gente faz de conta que há bloqueador e eles fazem de conta que não telefonam. E na realidade eles estão telefonando. Nós sabemos que os bloqueadores atuais pegam uma ou duas faixas de celular. Outras faixas são liberadas. Isso para os que têm bloqueadores, porque muitos ainda não têm. Acredito que as operadoras tenham competência técnica para bolar um sistema que não permita que qualquer faixa seja usada dentro da cadeia. Esse é o ponto, porque senão, não adianta. Se pegar nove faixas e deixar uma, aquela uma vai ser usada por todo mundo. Eu acho que isso é urgente.

O diretor do DEIC fez um *mea culpa*:

– Houve uma época em que o governo do Estado cometeu um erro: pegou a liderança do PCC e os bandidos mais perigosos e redistribuiu-os pelo Brasil, entre Brasília, Rio Grande do Sul e outros Estados, como Rio de Janeiro, Mato Grosso do Sul e Bahia. E isso, na realidade, acabou fazendo acasalamento, está certo? Todo Estado tem, de certa maneira ou de outra, alguma organização criminosa. Então, o Comando Vermelho, por exemplo, começou a ter muito contato com o PCC, a ponto de liberar situações do Rio para que o PCC pudesse até explorar em casos de briga por pontos-de-venda de drogas. Então, o PCC é forte na capital e apoiado em todo o Brasil, aonde vai. Virou realmente uma febre. Ser do PCC é bom negócio. Tamanha é a orientação em relação a isso que muitas pessoas vão cometer o crime sem, muitas vezes, saber o que fazer. Se não vai, morre. Nós prendemos um tesoureiro do PCC. Depois, na cadeia, mataram-no em questão de dez ou quinze dias. Mataram porque ele não interessava mais. Já virou. Poderia falar coisas a mais. A força do mando é muito forte. E obviamente cada um, regionalmente, por Estado, tem seus interesses.

O deputado Luiz Couto informou que, durante uma audiência da CPI, "uma pessoa" tinha declarado que o PCC possui um "código de conduta", no qual "quem bate com a língua nos dentes é morto". Haveria, segundo essa testemunha, "um esquema que decide; chegando ao nível maior de comando, o que for decidido será cumprido pelos 'soldados' que estão dentro e fora do presídio". O deputado quis saber de Bittencourt se seria possível anular o bloqueio dos celulares com a instalação de uma espécie de antena. Se eles conseguem fazer isso. O diretor do DEIC confirmou:

– Veja bem... a tecnologia avança para nós e para eles. A grande verdade é essa. É que nem uma antenazinha de FM. O senhor, se a sua antena estragar, arruma um aramezinho, acerta e pega. Eles fazem as mesmas jogadinhas. Pegam um pedaço de bambu, esticam o arame e conseguem, de uma certa forma, falar. É por isso que ninguém levou a sério a posição das operadoras. Dizem que não têm condições de fazer. E é preciso fazer alguma coisa, realmente. Deu para entender?

O deputado Couto se convenceu:

– Também há vários seqüestros. Eles telefonam para a pessoa dizendo que vai acontecer um seqüestro, que ela tem de pagar para evitá-lo. E muita gente cai nessa e inclusive paga – são pessoas que agem dentro dos presídios também usando o celular.

O diretor do DEIC admitiu essa situação:

– Eles criam uma sensação de insegurança. Pela dinâmica do próprio crime, eles vão inventando uma coisa. O senhor veja: cerca de cem ligações desse tipo chegam a São Paulo quase que todos os dias.

Nesse momento, o deputado Paulo Pimenta revelou que a polícia do Distrito Federal, juntamente com a Polícia Federal, tinha descoberto uma quadrilha especializada em fraude de concursos públicos:

– Ficou absolutamente claro que um concurso tinha o objetivo de fazer com que pessoas ligadas ao PCC tivessem acesso prévio ao gabarito. Foram mais de 90 prisões em cinco Estados. Nesse caso do concurso, eu não tenho dúvida de que eles tinham a intenção de garantir a presença de um número significativo de pessoas que seriam aprovadas num concurso para o cargo de agente penitenciário federal, uma carreira nova que está sendo criada.

Ou seja: os presídios federais ficariam sob o controle do PCC.

O delegado Ruy Fontes acrescentou, neste ponto do depoimento, que chegou a interceptar uma conversa simultânea entre 12 prisioneiros, "que na ocasião pertenciam à alta hierarquia do PCC". Esse grupo, revelou o delegado, organizou uma conversa-conferência, com debate entre 12 presos, para decidir sobre a vida de um preso que foi colocado na companhia de outros detentos num prédio da cidade de São Vicente, litoral paulista. "Eles julgaram, através da conferência de chamada e votos conferidos, esse sujeito à morte. Ouviram pelo telefone os tiros que mataram esse sujeito. Isso está gravado para demonstrar a arma eficiente que é o celular." Depois de fornecer a informação, o delegado desabafou: "Eu quero demonstrar o quão é difícil para a gente acompanhar essa situação. A gente enfrenta duas crises: a primeira, porque tem gente em conferência de chamada decidindo sobre a vida de alguém, ainda que seja um criminoso. A segunda: a operadora não nos dá condições de identificar o local de onde está partindo a chamada. Não conseguimos! O cidadão foi efetivamente morto. O corpo dele desapareceu no mangue de São Vicente e até hoje nós não encontramos o cadáver. Esse fato faz parte de uma investigação sobre o PCC. Isso foi gravado e juntado num dos 12 inquéritos sobre o PCC. Fizemos isso para demonstrar o quanto é fatal a presença do telefone celular dentro da cadeia. E nós não pudemos fazer nada. A gente ouvia aquilo e não conseguia, não tinha o que fazer, não tinha como interferir no caso. Faço uma sugestão: exigir da operadora – e isso já passou da hora – que ela agregue tecnologia ao seu sistema para que forneça à polícia, no telefone interceptado, a localização desse telefone. O seqüestrador, com a vítima no cativeiro, diz assim: 'Olhe, ele está aqui na área da rádio-base Q 10', que agrega cinco quilômetros de distância. Como é que nós vamos achá-la dentro de São Paulo, com uma população de 15 milhões de habitantes, num raio de cinco quilômetros? Estamos sendo malservidos quando precisamos de um serviço da operadora. Por lei, ela é obrigada a prestar. Mas ela presta com muito desdém, muito desdém. Fora o fato de que nós pegamos três celulares cadastrados com o nome de Itamar Franco! Isso é uma gozação".

O delegado Ruy chefia a Delegacia de Roubos a Banco do DEIC e é, operacionalmente, o principal homem da polícia de São Paulo na repressão sistematizada ao crime organizado. Deveria ser considerado o inimigo número 1 do PCC. E é. Mas o PCC o respeita e nunca o listou como alvo preferencial. Tudo porque Ruy foi com uma equipe de investigadores à casa de Cesinha, então graduada figura na hierarquia do PCC, para prender a mulher dele. Essa mulher atendeu à porta vestida apenas de camisola. Ruy mandou que seus policiais virassem de costas para não vê-la assim, e ele mesmo, ficando de lado, deu-lhe tempo para que se vestisse antes de ser levada presa. Para os bandidos, essa foi uma "cana na moral", com o maior respeito. Rendeu pontos para o delegado, o que é raríssimo. A notícia correu entre os quadrilheiros. Ruy, mesmo inimigo, perseguidor implacável, um inspetor Javert sem inspiração em Victor Hugo, passou a merecer "consideração de homem", coisa que muito poucos conseguem perante a organização criminosa. Ruy persegue, eles se articulam e sempre procuram fugir – e vivem tramando coisas novas. São gato e rato, cada um consciente do seu papel e de seus limites.

Ruy, uma enciclopédia viva sobre o PCC, foi um trunfo para a CPI. Na sala fechada, foi respondendo às perguntas dos deputados, sem imaginar que suas preciosas declarações seriam vendidas justamente para o PCC:

– No ano passado (2005) nós desencadeamos uma operação em cima do PCC e descobrimos que eles tinham um tesoureiro central. Hoje, eles mudaram a tática. Conseguimos interceptar o número do tesoureiro. Ele fazia toda a arrecadação, escriturava tudo num livro, com entradas e saídas. Nós achamos o livro. Ele está apreendido. Achamos R$ 157 mil que faziam parte do movimento daquele dia em que desencadeamos a ação. Também apreendemos um arsenal do PCC que estava discriminado no mesmo livro. Tudo manuscrito. O exame grafotécnico deu resultado positivo para o tesoureiro. A organização da entrada e saída de dinheiro deles é uma coisa absurda! Eles arrecadam do tráfico, têm diversos pontos-de-venda de entorpecentes. Também arrecadam R$ 550 mensais dos associados que estão na rua e R$ 50 de quem está dentro da cadeia. Todo esse dinheiro, na época da prisão, gerava uma receita bruta mensal, setorial, de R$ 750 mil. O que eles faziam? Parte do dinheiro eles destinavam a empreendimentos de grupos que pertenciam ao PCC, para que investissem na prática do crime. No livro estava lançado assim: "fulano vai fazer um roubo, ele precisa de R$ 20 mil". Então eles faziam um empréstimo para o cara de R$ 20 mil. Aí ele fazia o roubo e devolvia com juros e correção monetária para o caixa do PCC. Esses valores também eram lançados na devolução. Eram registrados o pagamento do aluguel dos ônibus para os dias de visita, a compra de armas. Tudo lançado no livro, inclusive a compra de armas: quanto foi pago, onde a arma está custodiada e assim por diante. Eles centralizaram tudo nesse camarada. A apreensão foi gigantesca. Quem foi presa, na época, junto? A mulher de Marcola, a Cíntia. Por que é que ela foi presa? Porque ela usava muito o telefone. Ela falava com os presos, os principais líderes do PCC, transmitindo recados do Marcola: "Olhem, ele mandou dizer para vocês ficarem tranqüilos, eu estive com ele, está tudo bem por lá". Alguns perguntavam: "Ah, mas o que ele acha da minha posição aqui dentro?". "Ah, com você está tudo bem, ele gosta de você, etc. e tal." "Sabe, estou precisando de dinheiro." Aí o pessoal da cadeia determinava que se fizessem depósitos na conta dela, no valor de 90 mil reais, durante seis meses. Para que ela gastasse com quê? Com as viagens que ela fazia para visitar o Marcola. Os R$ 90 mil vinham de depósitos não identificados, em dinheiro, ou de contas que, descobrimos depois, eram de *laranjas*. O dinheiro também ia para a conta da irmã dela, que ele usava. Isso foi gravado. As contas foram monitoradas e o processo devidamente instruído. Todos estão presos até hoje, menos Cíntia. E nós não conseguimos entender até agora: se a prova que foi feita contra todo mundo é a mesma que foi feita contra a Cíntia, por que surpreendentemente não valeu contra ela? Hoje, ela se encontra morando na cidade de Avaré e ajudou nessa operação que quase culminou com a libertação do Marcola. Nós estamos tentando fazer essa prova. Então, é isso que o PCC é hoje: uma organização extremamente estruturada, que faz a sua arrecadação com cinco ou seis tesoureiros. Assim é feito para que a polícia, na hora em que pegar, não pegar tudo. Eles se dividiram por área de influência em São Paulo. Cada um deles tem responsabilidade com parte das armas do PCC.

O deputado Paulo Pimenta quis saber:

– Essa experiência de organização do PCC não teria uma inteligência externa que a organiza? Por que ela é típica de organização política, não é? É quase uma organização leninista, não? Eles trabalham com células, com responsáveis pelas células, e as células não se comunicam entre si, com tesouraria descentralizada, possuindo um comando central, com força e capacidade de decisão, não é? Em outra oportunidade, aqui nós tivemos a informação de que eles teriam uma dificuldade grande e falta de preparo para a utilização de material como, por exemplo, muitos fuzis. E a utilização desse armamento exige um certo treinamento militar. E estariam buscando pessoas para oferecer esse treinamento, inclusive recrutando pessoas de fora do país. O senhor tem alguma informação nesse sentido?

O delegado Ruy Fontes respondeu:

– É assim, para responder ao primeiro questionamento. O principal responsável político pelo PCC é o próprio Marcola. É um camarada que se dedica à leitura de todo o aparato leninista. Todos os livros relacionados a Lênin e Trotsky ele leu e fazem parte da biblioteca dele. O livro de cabeceira dele é *A arte da guerra*. Eu tenho a dedicatória que a namorada fez para ele no livro que deu de presente. Eu tenho a cópia da dedicatória, xerocopiei dele mesmo. Foi ele quem bolou toda essa estrutura de descentralização da tesouraria para evitar que a polícia pudesse atingi-lo. Foi ele que fez, foi ele que bolou, essa estrutura; foi ele que bolou. E ele pretende, agora, uma atividade com ofensiva política. Ele está, digamos assim, trazendo gente que se interesse pela política, trazendo gente que se interesse pela candidatura a um cargo eletivo e apostando, investindo nessa gente para, evidentemente, tentar sua eleição. Nós estamos tentando identificar quem são essas pessoas. Ele fez contatos e sugeriu a questão dos concursos públicos. Eles formam, pagam pela formatura de pessoas nas escolas. As despesas estão sendo lançadas, foram escrituradas em livro que apreendemos. Então, a organização é muito séria mesmo, e a tendência dela é crescer. A gente acaba não tendo como, não conseguindo atingir o principal objetivo, que é desmontá-la, porque está muito difícil desmontar essa estrutura.

Ainda Paulo Pimenta:

– Nós ouvimos aqui que há um esquema muito forte de distribuição de material. Por exemplo, eles usam muito o Sedex, usam muito a distribuição pelos Correios. Numa oportunidade, ouvi aqui uma pessoa que chegou a dizer que havia cerca de 11 mil itens, desde materiais como sabonete até as coisas mais sofisticadas. O correio seria uma forma de ramificação. Pode ser verdade isso?

De novo o delegado Ruy Fontes:

– Não pode ser, não. É verdade. Eles tentaram fazer o ingresso de armas pesadas em unidades presidiárias, e fizeram a tentativa através do Correio. Eles depositaram as armas no Sedex, em grandes caixas. O plano foi descoberto por acaso: o Sedex chegou a entrar na cadeia, mas um fuzil muito pesado rompeu o fundo da caixa e foi assim que a segurança do presídio percebeu que o conteúdo das caixas eram armas. Eles compraram recentemente sessenta televisores, que foram adquiridos em Avaré, provavelmente com dinheiro do partido, do PCC, e o Comando se encarregou de introduzir no presídio os televisores. Para o pessoal assistir aos jogos da Copa do Mundo.

Acréscimo do delegado Bittencourt:

– Trocaram até as cores do uniforme. Não estavam contentes com as cores, então eles pediram a troca do uniforme laranja. Passaram agora para cinza.

Esclarecimento do delegado Ruy:

– Eles achavam que a cor laranja era muito rotuladora, expunha muito. Os aparelhos de TV foram colocados dentro do Presídio de Avaré. Foram depositados no correio local, para que ninguém se responsabilizasse pela entrega dos sessenta televisores, não entregar qual seria a origem desses televisores.

Reação do deputado Paulo Pimenta:

– É quase inacreditável!

Reação do deputado Neucimar Fraga:

– Nós vamos convocar quem deixou entrar, porque parece que uma...

O delegado Bittencourt interrompeu:

– Entra. Entra, deputado.

Os olhos interessados dos deputados fizeram brotar informações minuciosas: a história das armas aconteceu na penitenciária da cidade de Iaras; o caso dos televisores, em Avaré. O deputado Neucimar Braga acha que sessenta televisores entregues ao mesmo tempo era uma coisa estranha. O delegado Ruy Fontes o corrigiu:

– Não, não. Desculpe. Não foram ao mesmo tempo, foram em lotes de vinte.

O delegado Bittencourt comentou:

– Salvo melhor juízo, a administração...

O delegado Ruy completou:

– Cumpre a regra, não é?

O delegado Bittencourt:

– Cumpre a regra, não é escondido, dá para entender? Vamos trocar os uniformes? Vamos trocar os uniformes. Vamos permitir que entre? Vamos permitir que entre. Uma política talvez até de... uma política de...

O deputado Paulo Pimenta:

– Seria uma política para não causar um conflito maior, de modo a garantir...

Bittencourt:

– Para não dar um mal maior, para não criar... Entende? Não é alguma coisa pontual, desonesta.

Pimenta:

– Doutor, já que estamos entrando nesta discussão, veja bem, numa oportunidade ouvimos aqui uma pessoa, no ano passado, quando houve aquela passeata, uma caminhada do pessoal do PCC. Fundamentalmente, qual foi a informação que nós recebemos aqui? Que eles apresentaram uma pauta de questões para o governo, entre elas a de não perder a possibilidade de contato das lideranças com pelo menos algumas pessoas. Queriam a volta para São Paulo de alguns presos transferidos. Eles garantiriam a disciplina interna em troca de um conjunto, não vamos dizer de regalias, mas de situações nos presídios que não impedissem que eles continuassem minimamente operando. E durante um bom tempo, inclusive, eles "seguraram" as rebeliões dentro dos presídios em troca desse procedimento, digamos assim, mais liberalizante na relação com eles. É razoável essa teoria? O que eles queriam com aquela passeata?

Ruy:

– Em tese, eles queriam garantir algumas... não seriam regalias, mas algumas coisas que diziam ser direito deles. Por exemplo, aumentar o horário de visitas. Era uma hora, passar para três ou quatro, como o número de visitantes. Essa era a pauta formal naquela ocasião.

Pimenta:

– E esse caso da Cíntia, doutor? Por que ela está solta?

Ruy:

– Não sei informar. Para mim foi uma surpresa. Uma surpresa.

Pimenta:

– Houve relaxamento da prisão?

Ruy:

– Houve um relaxamento da prisão na fase do processo.

Pimenta:

– Na esfera judicial?

Ruy:

– Na esfera judicial.

Pimenta:

– Tínhamos é de ouvir o juiz que relaxou essa prisão. Este, sim, vale a pena convocar.

Ruy:

– Eu não sei. Eu não analisei questões técnicas. A única coisa que sei é que politicamente foi uma vitória para Marcola, porque a mulher dele foi solta.

Pimenta:

– E as demais pessoas estão presas?

Ruy:

– As demais pessoas estão presas.

Moroni Torgan:

– E ela foi libertada sob que alegação?

Ruy:

– Eu não vi. Está sob sigilo, não tive acesso.

Os deputados foram, progressivamente, tomando conta dos detalhes das investigações. Um plano de resgate em Presidente Bernardes. Várias pessoas foram presas, fuzis apreendidos e descoberta uma base lançadora de foguetes explosivos, confeccionada de forma caseira. Pretendiam atingir a muralha do presídio. Depois, a Secretaria da Administração Penitenciária ficou sabendo que Marcola, no momento planejado para o ataque, estava numa cela que não era a sua. As grades estavam serradas. O plano de fuga fora arquitetado para ele. Na cidade de Avaré mora uma mulher ligada a Marcola. Ela possui um Audi blindado. Na mesma cidade, um advogado mora em hotel só para tomar conta dele e saber de tudo o que acontece em tempo real. O advogado vive em regime de 24 horas de plantão. Torgan quis saber se haveria alguma disputa entre as organizações criminosas PCC e Comando Vermelho. Ruy esclareceu que não, "pelo contrário", pois "existe um código de ética entre eles, de aceitabilidade". Assim, "as pessoas que são cariocas e pertencem ao Comando Vermelho e estejam presas em São Paulo são bem recebidas nos presídios paulistas. E os que são presos no Rio são bem recebidos nos presídios de lá".

Torgan:

– Então, existe um acordo?

Ruy:

– Existe.

Bittencourt:

– Vou contar uma história para o senhor: durante três ou quatro anos, a polícia do Rio de Janeiro vem procurando Robinho Pinga, famoso traficante.

Torgan:

– É verdade.

Bittencourt:

– Ele ficou dois ou três anos em São Paulo, de uma certa forma acobertado pelo PCC, de uma maneira ou de outra. Nós o prendemos. Quando ele entrou na minha sala, tinha uma pistola num canto e ele disse: "Os senhores ainda estão usando essa pistolinha? No Rio de Janeiro só usamos fuzil, não existe mais pistolinha". Ele tinha visto uma ponto 40, que é a arma oficial nossa. Ele riu na cara de todo mundo e disse: "Isso aí a gente não usa mais lá. Só usa fuzil". E ele ficou dois anos escondido! Nós tivemos de desenvolver um grande trabalho para pegá-lo.

Torgan:

– Quer dizer que PCC e Comando Vermelho agora estão trabalhando juntos?

Ruy:

– Não "institucionalmente", entre aspas, mas eles se respeitam. Há um respeito mútuo.

– Eu ouvi falar também que o PCC está se organizando para entrar na política. É verdade isso?

Bittencourt:

– Houve um, no passado, que nós prendemos a dois meses da eleição. O nome dele era Anselmo...

Ruy:

– É um advogado chamado Anselmo. Era candidato a deputado federal.

– E possivelmente será outro advogado?

Ruy:

– É provável, é provável. Nós estamos investigando justamente para identificar as pessoas.

– Para identificar? Quer dizer, o PCC hoje controla o quê? Cento e quarenta mil presos? É isso?

Ruy:

– Com toda a certeza. Ou é do PCC ou morre.

Bittencourt:

– Cento e quarenta mil dentro da cadeia e 500 mil do lado de fora. Para o senhor ter uma idéia: eles vão à cidade de Avaré fazer um assalto. Na hora de vir embora, acionam a família todinha: todos os cunhados, parentes. Eles vão de carro, com crianças, buscar os caras, que ficam escondidos no meio do mato. Porque houve um "pega" nosso, então eles, para poderem fazer, levam a família. Pegam os caras, põem no carro e vêm embora. Quer dizer, o braço é forte.

Ruy:

– Para dissimular. Então, com criança e a mulher, ninguém vai achar que no carro tem bandido. Então ele passa pela barreira da polícia, dissimulando. Eles faziam isso. Eles atuam assim.

Torgan:

– Isso tem intimidado. É opinião, lógico, eu não estou pedindo provas, mas pelo que tenho visto, essas ações, isso tem intimidado até o Ministério Público e o Judiciário também.

Ruy:

– Eles registraram um fato gravíssimo no ano passado: mataram um juiz. Nós prendemos os executores e obtivemos provas sobre como isso aconteceu, tanto que o Marcola foi indiciado pelo homicídio do juiz. Ele está indiciado por isso. Foi uma demonstração muito séria, muito forte, muito marcante no meio.

Bittencourt:

– Há um juiz que desclassificou o crime organizado, com Marcola e outros...

Ruy:

– Não, esse é um outro caso, mas houve também. Recentemente, de forma equivocada, um juiz que estava julgando Marcola como participante do crime organizado, do PCC, o absolveu, argumentando que nos autos não havia prova suficiente de que ele participava. Mas ele fez isso de forma equivocada, porque o Ministério Público apontou onde estavam os equívocos que o juiz tinha cometido na sentença. Está em grau de recurso. Mas ele absolveu assim, desconsiderando todas as provas que existiam nos autos. O juiz dizia, por exemplo, que um dos acusadores de Marcola era o líder principal do PCC, que havia se tornado um "arrependido". Então ele veio para os autos e denunciou Marcola. Aí o juiz dizia: "Mas por que não denunciaram o Geleião junto? O Geleião foi ouvido aqui, e foi ele quem denunciou Marcola. Ele não foi denunciado junto, neste processo, porque Geleião já estava condenado, num outro processo, como integrante do PCC". O juiz desconsidera isso, diz que existiria esse vínculo e absolve Marcola! E aí o Ministério Público recorreu com vigor da sentença prolatada, apresentando esses equívocos que eventualmente o juiz teria cometido. Eu não sei se cometeu ou não os equívocos, mas...

Ruy:

– Para os senhores terem uma idéia, surpreendemos um advogado dentro do parlatório da Penitenciária de Avaré traçando, com Marcola, um plano de morte para diversas pessoas. Eles foram filmados. Isso fez parte da prova contra o advogado. Só que não pude indiciar Marcola, porque ele já estava indiciado num processo anterior. E Marcola foi absolvido no caso porque surgiu uma discrepância. O advogado posteriormente conversou com ele. Está condenado. E Marcola, porque estava indiciado no caso anterior, foi absolvido! O advogado adota esse tipo de postura que os senhores viram agora. Ele acha que pode mandar.

Raul Jungman:

– Fale-me um pouco sobre esse Marcola. Que idade ele tem? Qual a formação dele? Como se iniciou?

Ruy:

– Marcola tem hoje 35 anos de idade. O nome dele é Marco Willian Herbas Camacho. Ele vem de uma família criada no bairro do Glicério, entre Glicério e Mooca, em São Paulo. Aos 18 anos ele já foi preso por roubo a banco. Voltou para a rua e se especializou no crime a ponto de praticar um roubo contra a Transbank, uma empresa transportadora de valores. Ele seqüestrou a família de um gerente da Transbank, conseguindo ingressar na empresa e na época, 1996, subtraiu R$ 9 milhões. A quadrilha era formada por ele, o irmão, Júnior, e algumas outras pessoas que também foram presas. Ele mudou-se para o Paraguai, onde morou durante um ano. Conseguimos provas contra ele e a decretação da sua prisão preventiva. Ele voltou do Paraguai em 1997, mais ou menos, num carro do sócio, cuja alcunha era essa mesma, "Sócio". Por um incidente, passávamos pela Marginal Tietê e vimos o carro, muito estranho à época, um Dodge Stratus. Era incomum, e nós percebemos que era Marcola quem estava dirigindo. Estava acabando de chegar do Paraguai e conseguimos prendê-lo. Desde então ele se encontra preso. No começo da carreira criminosa, Marcola esteve preso no Piranhão, na cidade de Taubaté, e conseguiu agregar-se à ideologia daquelas pessoas que estavam recolhidas a esse presídio. Simpatizou-se com essa ideologia. A partir de então, ele começou a estudar questões políticas, sejam do Brasil, sejam do exterior, e se tornou um letrado na área. Leu muitos livros que ingressaram nesses últimos sete anos no presídio. E os livros, naturalmente, eram uns livros de esquerda, principalmente Lênin, Trotsky, Marx. O livro de cabeceira dele é aquele que eu falei: *A arte da guerra*, de Sun Tzu.

Bittencourt:

– Nós tivemos situações em que estavam invadindo delegacias e tudo mais. Eu mandei buscá-lo para a gente conversar. Ele estava dentro do DEIC. Marcola tinha de ser indiciado e eu quis ter uma conversa de homem para homem. Eu disse para ele que já tinham morrido dez pessoas do lado dele e da polícia morrido só dois. Até quando jovens iriam morrer para satisfazer essa liderança dele? Ele falou: "O senhor, quando aparece na televisão, representa o governo. Eu sou o líder do PCC. Pô, então somos duas lideranças, entende? E o que está acontecendo?". Aí ele tinha umas reclamações. Disse que teria ido injustamente para um regime especial, coisa e tal, pá, pá, pá, entendeu? Aí ele falou: "Eu só gostaria de dar um depoimento meu, neste caso: eu sou contra essas invasões". Aí nós tomamos o depoimento dele e...

Ruy:

– As invasões pararam imediatamente.

Bittencourt:

– Parou. Naquela hora ele falou: "Como é que faz? Eu não quero mais esse troço. Tudo bem, chama o advogado". Naquele dia não teve mais nenhuma invasão, em cadeia alguma, nem nada, ao longo de um certo período.

Ruy:

– Uma palavra dele.

Bittencourt:

– Uma palavra dele. Somente. Ele te encara. Ele fala. É realmente uma liderança.

Ruy:

– Os senhores vão tê-lo aqui. Os senhores vão conhecer a personalidade psicopática do moço, extremamente inteligente. Se ele tem uma falha é de afetividade, não tem de inteligência. Tanto que o roubo da Transbank foi completamente articulado por ele. Funciona assim: ele é o principal líder e elegeu um representante em cada região de São Paulo. E dentro da capital, ele dividiu a cidade em quatro áreas de influência: sul, norte, leste e oeste. O representante de cada área determina tudo o que será feito ali, como, por exemplo, a forma de comercialização dos entorpecentes. Quando o crime é cometido, tem de ser entregue uma parte que cabe ao PCC. E cada um deles é encarregado de fazer a tesouraria, a arrecadação. Antigamente, era um tesoureiro central. Hoje, são quatro tesoureiros. Isso para que não se consiga atingir a tesouraria de uma vez só, se for centralizada. Ele descentralizou tudo e passa as ordens através de quem faz visitas ou por intermédio do advogado. Nunca por telefone celular. Nunca. Se ele for pego falando ao telefone, sempre estará falando bobagem, coisas triviais.

Torgan:

– Hoje existem quantos advogados, mais ou menos, trabalhando para o PCC?

Bittencourt:

– Identificados, 18.

Jungmann:

– Aproveito para fazer uma pergunta aqui, uma curiosidade. Em todo esse relato dos senhores, sobra evidente, como diria o ilustre relator, que o elo em que as coisas não funcionam é o Judiciário. Ou funcionam a contento dos criminosos. Porque os senhores falaram aqui – vamos lá – da Cíntia e do relaxamento da sua prisão. Esse caso do advogado que ficou preso e várias situações evidenciam que você teria possivelmente uma penetração da organização criminosa dentro de alguns setores do Judiciário. Então, seria possível ter uma relação de quais juízes são. Por exemplo, seria possível o seguinte: onde tem gente do PCC do nível intermediário para alto você teria sentenças, sem querer prejulgar, e quem daria essas sentenças que favoreceriam o PCC? É possível fazer isso? Porque se for, ninguém vai recorrer a um juiz e obter uma sentença uma única vez. Concorda comigo? Não vale o preço.

Pimenta:

– Quem poderia fiscalizar isso? Será que não seria o Conselho Nacional de Justiça?

Jungmann:

– Talvez. Isso aqui é uma CPI, um instrumento de investigação. Se ele passar para a gente quem é a liderança intermediária e superior do PCC e, ao mesmo tempo, a gente pegar, ou a gente pedir, onde você tem sentenças, em tese, porque evidentemente é interpretação da lei e não dá para dizer, *grosso modo*, que o sujeito foi contra ou a favor. Mas levanta. E vê se você encontra alguma co-relação positiva entre o que seria favorecimento de lideranças intermediárias ou superiores de determinados segmentos do Judiciário. E pega isso aqui e entrega ao Conselho da Magistratura: "Olha, nós encontramos uma co-relação complicada, e a gente quer saber o que é isso".

Neucimar Fraga:

– Eu quero chamar a atenção sobre essa legislação sobre a presença de advogados em presídios brasileiros. Tem preso com 10, 15, 20 advogados, e nós sabemos que tem advogado pombo-correio, que leva ordem e contra-ordem. Na verdade, não são advogados coisa nenhuma. São agentes do crime, advogado que está a serviço da bandidagem mesmo. Recebem dinheiro dos criminosos. Esse bandido que está preso há não sei quantos anos, como é que ele paga 15 advogados? Os advogados estão recebendo dinheiro da morte, de tráfico de armas, de tráfico de drogas. Então, eu acredito que o Congresso Nacional e nós, Senhor Presidente, que somos parlamentares na área de segurança, temos de começar a fazer um estudo sobre essa questão muito séria. Hoje, o advogado é o único profissional que recebe dinheiro do crime e lava o dinheiro no Brasil. Se o criminoso paga um milhão ao advogado, depois que o dinheiro entrar na conta dele estará legalizado. O advogado pode devolver 900 para o cliente novamente e comprar um imóvel, pois o dinheiro foi legalizado. Entrou na conta do advogado, todo dinheiro sujo fica limpo no Brasil.

O perfil de Marcola levou oito deputados dessa CPI sobre o tráfico de armas para outra conversa reservada, dentro da Penitenciária de Presidente Bernardes. O encontro não foi amistoso. Marcola, voz grossa, frases que não combinam com a fama de devorador de livros, expressão fechada, bochechas estufadas mostrando permanente contrariedade e olhar de quem parece pretender fuzilar o interlocutor, sempre negou formalmente qualquer vínculo com o PCC. Mas agradece aos livros: "A gente começa a questionar esse poder do Estado, entendeu? Porque a gente é vítima dele. A partir de então a gente vai criando uma consciência um tanto revoltada, uma consciência que até então não tinha". Não particulariza nada do que teria aprendido com o filósofo chinês Sun Tzu. Curioso que entre os livros lidos por Marcola citados pelo delegado Ruy Fontes no depoimento da CPI estejam obras de ex-presidiários como Leon Trotsky, que fez nascer na prisão a teoria da Revolução Permanente: o comunismo não poderia ser sistema de apenas um país. Marcola gostou: o PCC não poderia ficar restrito a um único Estado. Stálin, desafeto político de Trostsky, também foi preso por oito vezes. Fiódor Dostoievsky teve inspiração em quatro anos de cadeia para escrever *Recordações da casa dos mortos*. Na lista das obras lidas por Marcola também está *O pequeno príncipe*, de Saint-Exupéry. O arsenal literário que teria lido ensinou-o a amar o poder. Desconhecem-se motivações ideológicas para a estruturação do PCC.

Para os deputados da CPI, Marcola disse que a fama de líder faz com que rivais com poder para comandar 5% dos presos no Estado de São Paulo pretendam matá-lo. "Não eu, Marco Willian Camacho, mas esse símbolo. Símbolo dessa organização da qual dizem que eu sou o líder." Os deputados fizeram perguntas inúteis, pretendendo obter confissões como respostas. Claro que ele não quis responder nada sobre esquemas de tráfico de drogas e contrabando de armas. Preferiu fazer o papel de bom moço, falando até de solidariedade no cárcere: "O cara chega ali pelado, com fome e frio. Eu tenho duas blusas, dou uma para ele. Se tenho dois pães, dou um pra ele. Não precisa ser de organização nenhuma nisso aí". Até os advogados corruptos tiveram o comportamento suavizado no depoimento: "Geralmente o advogado ganha dinheiro quando ele vai levar dinheiro para a polícia, um acerto, não é? Aí ele vai tirar uma porcentagem". A CPI descobriu, pelas informações fornecidas pela Secretaria da Administração Penitenciária, que somente Marcola recebeu, de janeiro de 2003 a junho de 2006, 135 visitas de 29 advogados. E os poderosos chefões? "Não existe um ditador. Embora a imprensa fantasie, romanticamente, que exista esse cara, o líder do crime. Existem pessoas esclarecidas dentro da prisão, que com isso angariam a confiança de outros presos. Por quê? O preso vem com um problema, você dá uma solução para ele, mostra uma lógica, mostra a forma como ele está sendo tratado ou qual a forma que ele deveria ser". E quem financia essa organização? "Os próprios marginais que estão juntos lá fora." E a conexão PCC-Comando Vermelho? Marcola preferiu não falar em nomes de organizações: "O carioca já vem do tráfico há muito tempo, até pelo morro. O paulista, não. O paulista começou a pegar pesado em tráfico de drogas de dez anos para cá".

Apenas concordou em falar, assim mesmo superficialmente, sobre bandidos que já morreram ou desafetos como José Márcio Felício, o Geleião, "que pretendia explodir a Bolsa de Valores de São Paulo". Disse que "foram feitos contatos com autoridades do governo" para serem encerrados os ataques durante o mês de maio de 2006 na cidade de São Paulo. O governo procurou negociar uma trégua, negou a existência de qualquer acordo, mas promoveu o encontro, dentro da Penitenciária de Presidente Bernardes, levando uma comitiva, que viajou em avião da Polícia Militar para uma espécie de diálogo diplomático com o chefe do PCC. Revelou que telefonou de Bernardes para um parceiro de facção, Luiz Henrique, o LH, para dar o *salve* – no caso, uma ordem de cessar-fogo. Mas insistiu que a única organização dentro dos presídios é aquela que nasceu em 1993 e firmou-se no mundo das grades depois de dois anos, com o objetivo específico de coibir os estupros entre prisioneiros e conter uma epidemia de dependência do *crack*, a cocaína sintética que ocupava cada vez mais espaço dentro dos presídios. "A degradação tomava conta dos presos. Não tinha como controlar o *crack* dentro da prisão. Então, foi simplesmente abolido. Como se abole uma droga que faz o cara roubar a mãe, matar a mãe e tudo mais? É difícil. Então, tem de mostrar a violência e falar: 'Ó, cara, se você usar isso, pode te acontecer'."

O presidente da CPI, Moroni Torgan, foi perdendo a paciência e elevando o tom de voz para interrogar Marcola, que pediu para ele falar mais baixo. O deputado disse que ele poderia ser indiciado por desacato. Ridículo considerar a hipótese de mais um processo como ameaça. Marcola não deu a mínima importância para isso. E disse candidamente que gosta de ler, que é contra a violência. Torgan afirmou que ele seria mesmo o chefe do PCC, organização "que achaca os presos". Segundo o deputado, "os coitados dos presos têm de sair para as ruas e trabalhar para a facção. Têm de ser criminosos". Marcola não se intimidou e foi ferino na reação: "E o que os deputados fazem? Não roubam também? Não acho um traficante melhor do que um deputado e nem um deputado melhor do que um traficante".

Depois de exteriorizada a animosidade recíproca, Marcola disse que na sua última remoção chegou a Presidente Bernardes "com fome, frio e revoltado", e bastante revoltado com o fato, como outros presos, de não poder receber visitas no domingo seguinte, Dia das Mães. "Não tinha cometido falta disciplinar nenhuma que justificasse um regime mais rigoroso para a gente naquele momento." Para ele, essa transferência em massa da liderança do PCC significou "uma incompetência, no mínimo". Estava convencido de que "foi mais do que isso" porque houve "uma provocação". Para Marcola, "isso foi feito de uma forma muito contundente, no sentido de nos fazer sofrer. E como vários líderes estavam ali, era natural que houvesse uma reação". Mas negou ter dado ordens para os ataques: "Minha imagem foi vinculada a esses fatos que ocorreram em São Paulo por uma distorção da própria polícia e da justiça, porque precisavam de um culpado e eu era alvo fácil". Marcola, capaz de descrever fragmentos biográficos de Ernesto "Che" Guevara e Fidel Castro, acabou mencionado exaustivamente numa falsa entrevista pela Internet e entrou para o *site* de relacionamentos Orkut. Surgiram na rede mundial de computadores comunidades como "Marcola para presidente" (frase que também ganhou faixas esticadas ao longo da Marginal do Tietê em São Paulo), "Marcola para governador" e "Marcola na seleção" (antes da Copa do Mundo). Das brincadeiras lançando o chefe do PCC como candidato ao governo paulista, dizia-se que o nome da organização deveria mudar para Partido que Comanda a Capital. Mais: "Na terça-feira (da semana dos ataques na cidade) reduziu-se sensivelmente o tráfego em São Paulo, o congestionamento foi mínimo mesmo sem o sistema de rodízio"; "conseguiu fazer com que os policiais fizessem jus ao seu salário, com patrulhamento ostensivo, atendimento rápido e força máxima"; "muitos puderam reunir a família e jantar junto. Há quanto tempo isso não era possível? A correria do dia-a-dia, a faculdade, o trabalho, enfim, inúmeros afazeres. Foi diferente. Todo mundo junto! Graças ao nosso candidato Marcola!"; "ladrão por ladrão, vote no mais sincero. Afinal, esse assume seus atos sem precisar de CPI!". Marcola também ganhou uma entrevista fictícia na Internet, na qual o personagem real era enaltecido como filósofo, profundo conhecedor do sistema penal e destemido. Totalmente desconectada com a realidade, a "entrevista", um vaivém de perguntas e respostas, apresentava o chefe do PCC como se ele fosse uma nova espécie de justiceiro social. Sério ou brincadeira, os ataques mostraram que havia simpatizantes conscientes ou inconscientes pró-PCC e estado de pânico. Tanto que ainda na semana dos ataques houve uma panfletagem em pontos de ônibus, dentro de coletivos e em estações do metrô. Como se fosse uma ação política contra o que se convencionou chamar "sistema". O PCC se apresentava num texto intitulado "Gritos dos oprimidos encarcerados" contra a sociedade inteira. Dizia:

Sociedade Brasileira, donos da opinião pública, vocês sabem criticar os já oprimidos, mas não procuram saber as razões pelas quais eles se rebelam contra seus algozes. Muitos de nós somos recuperáveis, esquecidos pelo Judiciário, por tudo e por todos, pagamos caro o preço do descaso. A única palavra que escutam é a dos governantes, que usam a máquina pública para bens (sic) pessoais, que manipulam a sociedade paulista, por meio da imprensa e todos os órgãos de comunicação para divulgar somente o que é de seu interesse.

Somos presos oprimidos pagando por algum tipo de erro cometido perante a sociedade. Alguns nem mesmo erraram, sofreram as injustiças do ser humano. Mas, pior do que nossos erros, é ver diversos homens públicos do nosso Brasil, em que milhões de vocês votam, roubando a Nação. Perante a mídia, assumem claramente a todos (sic), seus roubos, suas mentiras e suas verdadeiras personalidades. Então, tanto de um lado como de outro existem erros, mas o mais fraco paga pelo mais forte. O partido PSDB, pensando na sua trilha política, só tem uma direção: passar por cima de tudo para alcançar a sua meta, que é o poder do Governo de São Paulo, sempre nos usando de alguma forma e assim forçando os presos do sistema carcerário a soltarem seus gritos de oprimidos que saem sem direito a defesa (sic).

O povo tem memória curta. Em 2003, o partido do PSDB (sic) usou das mesmas formas para alcançar o governo de São Paulo, criando dentro dos cárceres paulistas todos os tipos de injustiças e abusos, e em seguida usando o seu plano de segurança. Vejam que 2006 será da mesma forma! Para aqueles que não sabem, o sistema carcerário paulista é uma máquina de dinheiro para o governo estadual! Fica uma pergunta a toda sociedade paulista: será que é verdade tudo o que os governantes estaduais de São Paulo falam dos presos, das regalias, dos gastos? Foram construídas diversas penitenciárias no Estado, todas sem condições mínimas possíveis de sobrevivência. Nada existe, nada funciona.

O Estado tem uma dívida com a sociedade paulista, que é a readaptação e ressocialização do interno: entregar à sociedade o preso recuperado. Mas isso não ocorre e da forma como o sistema carcerário paulista vem sendo administrado está impossível de sobreviver. Somos jogados dentro dos presídios sem direito algum ou acompanhamentos que nos dêem perspectivas de vida. Completamente abandonados ao descaso e entregues às injustiças e violências com que somos tratados.

A imprensa paulista está deduzindo quais foram nossos motivos para acontecerem os ocorridos de 11 e 12 de maio, mas não vão (sic) aos presídios saber quais os verdadeiros motivos. Existem vários fatos, como por exemplo a superlotação, o descaso judiciário, omissão de socorro, espancamentos graves e freqüentes, perseguições constantes, abusos de poder, enfim, vários fatores que, se não forem vistos com atenção, não preservam os direitos mínimos do ser humano. E um ser humano sem expectativa se torna um animal irracional.

Tudo o que ocorreu não foram rebeliões, nem baderna e sim uma rebelião de todos os presos, para que sejam revistos nossos direitos de internos e seres humanos. Se houve erros, assumimos e pagaremos por eles! Mas tem sido assim a única forma de sermos vistos ou causar debates referentes a nós. Muitos não sabem o que dizem e nem imaginam o que o Estado tem feito conosco. Não queremos ser tratados com regalias, e sim com dignidade. Hoje estamos sem condições mínimas de sobrevivência neste sistema falido e arcaico, que é o sistema paulista. Está aqui o Grito dos Oprimidos, que busca mostrar à sociedade paulista a realidade do cárcere no Estado de São Paulo, a opressão insuportável que extrapola e muito os erros por nós cometidos. Embora excluídos, somos parte das conseqüências de um sistema desumano que está sendo sedimentado por governantes como estes nas mais várias áreas da sociedade.

Mas a semana dos ataques foi além das ironias. Não se reparou, mas a Penitenciária de Presidente Bernardes leva o nome de Maurício Henrique Guimarães

Pereira. Um delegado de polícia que antigamente se chamava de linha dura: corretíssimo, honesto, chegou ao cargo de delegado geral, no qual não ficou muito tempo. Foi considerado intransigente por um governo titubeante em matéria de segurança pública. Deveria ter o nome em outro lugar que não fosse um presídio que passou a abrigar as altas esferas do PCC. Maurício não merecia a ofensa póstuma.

Efeitos correlatos foram sentidos de maneira quase imperceptível. Por causa da semana de ataques, um dos bares mais conhecidos e antigos da cidade, o Pandoro, terminou sua história após 53 anos de vida. O número de freqüentadores caiu drasticamente depois dos ataques de maio, como se vários tiros tivessem atingido o bar da avenida Cidade Jardim. O antigo reduto romântico de resistência à ditadura militar não resistiu à debandada do público cativo.

A Sociedade Bíblica do Brasil, por causa desses ataques, decidiu fazer uma campanha para distribuir novos 75 mil exemplares da Bíblia nos presídios. Chamou a isso de "Compromisso com a Paz". O diretor executivo da entidade, reverendo Rudi Zimmer, disse que "levar a palavra de Deus à população carcerária não é apenas um desafio missionário, mas também uma necessidade das mais urgentes". O vice-coordenador nacional da Pastoral Carcerária, padre Valdir João Silveira, argumentou que um dos pontos positivos desse trabalho é levar o preso a descobrir que ele "é maior do que seu crime e pode escolher ter outra vida".

Capítulo IV – Falta de Inteligência

Mãe, na cadeia, é um poder paralelo.

Diretor esperto cativa as mães para ter a massa carcerária mais disciplinada na semana seguinte. Mãe sofre nas filas do dia de visita. Mãe sofre esperando o ônibus sair da capital e rodar de madrugada para chegar até o presídio do interior. Mãe chora pelo filho encarcerado. Mãe é capaz de ajoelhar-se diante do juiz e pedir para prendê-la no lugar do filho.

Marcola não mentiu quando falou sobre a dor do Dia das Mães sem visita, embora tenha perdido a sua aos 9 anos de idade. O órfão convenceu Bittencourt disso durante o diálogo sobre o que se poderia fazer para não acontecerem mais ataques na cidade. Pode parecer risível para quem está de fora – um diretor do DEIC, que cultiva o apelido de "Doutor Fudêncio", ou seja, procura foder todos que puder com as suas investigações, é o mesmo que diante do seu inimigo número 1 foi capaz de deixar amolecer o coração. E no caso, tratava-se mesmo de uma rigidez burocrática: transferido para um presídio que tem rígido regime disciplinar, teria de ficar sem visitas como qualquer recém-chegado. Ele e mais 765 presos mandados abruptamente para Presidente Wenceslau. Bem que Bittencourt tentou interferir, falou com a Secretaria de Segurança, mas nada conseguiu. Chegou a considerar certo que conseguiria, tal a lógica da argumentação, falando com o secretário adjunto. O irredutível, desta vez, foi o secretário que cuidava dos presídios, Nagashi Furukawa, que sempre vestia uma capa humanista. O mesmo que anos antes tinha ido à Casa de Detenção, que seria implodida, pedir trégua após rebeliões simultâneas, num diálogo fraterno com o então porta-voz do PCC na prisão, o Sombra, apelido de Idemir Carlos Ambrósio. Sombra tinha tatuado nas costas uma grande águia, que batia as asas quando ele fazia musculação. Todos admiravam a tatuagem. Foi morto a facadas, como é de praxe na prisão, onde a força carismática individual costuma ser efêmera.

Bittencourt alimentou Marcola com comida vinda de fora, num gesto de armistício e diplomacia, fugindo do cardápio horrível do prisioneiro comum. Afinal, bandido também é humano e isso não pode ser considerado admirável para quem observar que, próximo à porta de entrada do DEIC, existe um viveiro onde, diariamente, pela manhã, é renovado o estoque de água e frutas para os pássaros da região. O DEIC manda para a cadeia, implacavelmente. Mas o DEIC alimenta pássaros não engaiolados. Quer vê-los voando e bem alimentados. Por que não, uma vez só, uma comidinha melhor para Marcola?

A carreira de Marcola poderia ter sido parcialmente interrompida em 1999, quando ele foi preso em Cuiabá, Mato Grosso, após assalto ao posto do Banco Central, instalado no subsolo de uma agência do Banco do Brasil. Marcola tinha 27 anos de idade e chefiou a quadrilha que roubou R$ 6,6 milhões. Mas ele fugiu misteriosamente da prisão, a cadeia pública de Carumbé. Marcola simplesmente deixou o presídio pela porta da frente, aproveitando-se de um misterioso e providencial blecaute.

O plano do roubo ao banco começou às 10 horas da manhã de 1º de abril de 1999. Os assaltantes tomaram como reféns famílias do gerente e do ex-tesoureiro do banco, mantendo-as em cativeiro numa chácara do Coxipó. Às 19h30, Marcola chegou ao banco, vestindo terno e gravata e, dizendo-se "inspetor de segurança", marcou uma reunião com todos os vigilantes do prédio. Aí anunciou o assalto e sua quadrilha – pelo menos nove pessoas bem armadas – rendeu e desarmou os vigias. Aí o gerente e o ex-tesoureiro foram usados para abrir portas e abrir um grande cofre. Foram levados R$ 6,6 milhões do cofre principal e deixados para trás outros R$ 7 milhões, trancados em outro cofre, ignorado pelo bando. A fuga foi num carro Vectra, do gerente, e num Pálio, seguidos por um furgão Sprinter. A Polícia, tendo a descrição dos assaltantes, interceptou quatro deles que haviam embarcado num vôo para Manaus, com escala em Rondônia. Os quatro foram presos em Porto Velho. Os quatro tinham comprado passagens para destinos diferentes, mas voltaram juntos ao aeroporto para mudar o roteiro e viajar num mesmo vôo. Um deles era Marcola, que não ficou preso por muito tempo: no dia 5 de junho, entre 4 e 5 horas, a cadeia ficou toda escura, em circunstâncias que nunca seriam apuradas. Ele escapou na companhia do traficante Jefferson Nunes de Andrade. O traficante morreria tempos depois em tiroteio com a Polícia, na região nordeste do país.

No jogo de xadrez comportamental da antítese repressão–crime organizado, a Ordem dos Advogados, em São Paulo, decidiu suspender do exercício das funções os advogados – um homem e uma mulher – acusados de passar para o PCC a íntegra dos depoimentos secretos dos delegados do DEIC à CPI do Tráfico de Armas.

Depois, por causa de ligações ostensivas com a organização criminosa, advogados e advogadas foram presos. Uma delas, Libânia Catarina Fernandes Costa, foi interrogada pela polícia da região de Presidente Prudente vestindo macacão de prisioneira. O surpreendente depoimento que ela prestou teve cópia encaminhada à CPI. Consta dos autos: "A declarante foi orientada a escrever mensagens de papel e colocá-las sobre o seio, de frente para o preso, no parlatório, e de costas para supostas câmeras ali existentes". Consta do depoimento, ainda, que um dos seus visitados, Orlando Mota Junior, transmitiu para ela a ordem de mandar "virar" presídios nas cidades de Araraquara e Itirapina. A ordem significa promover rebeliões e destruição. Também se recomendou aos rebelados exigir sempre a presença de magistrados durante os tumultos. Missão cumprida, ordens cumpridas à risca e pagamento pelos serviços prestados feito em conta corrente, aconteceram programadas rebeliões nos presídios das cidades de Junqueirópolis e Mirandópolis. Outros honorários, segundo ela mesma, foram recebidos por introduzir aparelhos celulares, baterias e outros objetos para dentro dos presídios.

A nova modalidade de comunicação foi uma exigência do PCC para os casos de recados que deveriam ser passados com maiores cuidados de segurança. Tanto que no caso das advogadas pombos-correio, o método da escrita de bilhetes colocados sobre os seios evoluiu para o recado ser escrito à tinta sobre a própria pele. O destinatário somente lia a mensagem quando a advogada, sem sutiã, abria a blusa. Homens advogados também desempenham esse triste papel, levando mensagens escritas nos ombros, à altura do pescoço. Fingem que estão se coçando para o interlocutor poder ler.

O estilo inovador de comunicação teve precedentes entre advogados e já tinha custado a vida de Ana Maria Olivatto, ex-companheira oficial de Marcola, nos tempos em que o comando do PCC estava em outras mãos, principalmente nas de José Márcio Felício, o Geleião, e de César Augusto Roriz da Silva, o Cesinha. Felício mandou colocar uma bomba dentro de um carro estacionado no pátio do Fórum Criminal da Barra Funda, em São Paulo. Depois, a organização planejou um atentado, deixando um carro carregado com explosivos parado num trecho de rodovia de acesso à capital. O carro seria levado para São Paulo, mas alguém denunciou o plano. A polícia localizou o carro e detonou os artefatos. A advogada Olivatto foi considerada a informante e morta dias depois, quando saía de casa, com dois tiros na nuca. Na prisão, Marcola decretou luto oficial pela morte de Ana, com quem havia se relacionado por longos 11 anos. Em sinal de respeito, não se podia ouvir barulho algum dentro do presídio. Geleião considerou o assassinato uma traição, até porque a advogada também visitava Marcola na prisão enquanto este galgava os degraus da hierarquia da *torre*, o comando do PCC. Sentindo-se atingido, fez como o mafioso Tomaso Buscetta na Itália: rompidas as regras de respeito, denunciou esquemas do PCC à polícia. Foi jurado de morte. O matador de Ana foi identificado, localizado e morto. Nos bastidores do PCC havia uma rivalidade entre mulheres de chefões. Geleião tinha como emissária Maria Petronilha Felício. Cesinha confiava em Aurinete Félix da Silva, a Netinha. As duas competiam como se medissem forças para saber quem mandava mais. A vaidade feminina foi a surpreendente causa de rupturas paralelas. Ana Olivatto separou-se de Marcola, com quem tinha se casado na prisão e acrescentado a seu nome o sobrenome Camacho, de Marcola. Alguns dizem que quem mandou matar Ana foi Aurinete. O assassino foi o irmão dela, Lauro Carlos Gabriel, conhecido como Ceará. O PCC mandou matá-lo rapidamente. Mesmo já separada, Ana continuou a servir Marcola como advogada. Marcola decidiu romper suas ligações com Geleião e Cesinha e, rapidamente, ocupou o espaço de ambos dentro do PCC, colocando-os numa lista de condenados à morte. Entendeu que Cesinha tinha relação direta com o assassinato de Ana. E que Geleião havia mudado de lado, agindo como Judas ao revelar detalhes sobre a estrutura do PCC à polícia. De fato, Geleião passou, pelo menos subitamente, a adquirir regalias suspeitas, como passar o fim de semana em casa, como se descobriria mais tarde. Os filósofos da prisão dizem que mulher pode ser chave de cadeia. Para o PCC, mulher pode ser também um símbolo de pé na cova.

O ajuste de contas com Cesinha demorou, mas chegou. Mesmo amigo de infância de Marcola e parceiro de alguns de seus primeiros crimes no bairro do Cambuci, foi morto em agosto de 2006 dentro da cela 152 da Penitenciária de Avaré. Tinha chegado um mês antes, removido da Penitenciária de Sorocaba. Ali, desde abril de 2006 oito presos foram executados. Teriam sido infiltrados na prisão para matá-lo. Cesinha foi mais rápido. Dois ele mesmo encarregou-se de matar. Em todas as mortes ele obrigou outros presos a assumir a autoria dos crimes. Seu estilo de matar era degolador. Na Casa de Custódia de Taubaté, durante um jogo de futebol, dois presos foram imobilizados de repente pelos próprios companheiros. Cesinha aproximou-se e cortou-lhes o pescoço com lâminas de barbear. O presídio é dominado pelo PCC e não se conseguiu descobrir por que, mesmo assim, um dos fundadores do PCC ficasse na companhia de desafetos, embora trancado a maior parte do tempo em regime disciplinar diferenciado.

Cesinha ocupava a cela 170, mas morreu na 152. Foi vítima de seu estilo cruel. Atraído para uma armadilha montada por outros presos em dia de visita, deixou a mulher, Netinha, na sua cela, e antes dos esperados momentos da visita íntima, vítima do próprio estilo recheado de crueldade, foi trucidado com golpes de estacas de madeira, improvisadas com cabos de vassoura e cravadas em seu peito e no pescoço. Um preso apresentou-se como autor do crime: Paulo Henrique Bispo da Silva. Mas o serviço de disciplina apreendeu sete pares de tênis de outros presos. Estavam salpicados de sangue. Segundo Bispo, o motivo da execução teria sido o fato de Cesinha pretender liderar o TCC, Terceiro Comando da Capital, facção montada para rivalizar-se com o PCC.

"Vítimas excelentes" são sempre buscadas para aumentar o prestígio de organizações criminosas. Pode ser um preso famoso. Ou uma autoridade. Uma personalidade. No caso do PCC, uma dessas vítimas foi o juiz da Vara das Execuções Penais de Presidente Prudente, Antônio José Machado Dias. Esse órgão do Poder Judiciário acompanha e fiscaliza o cumprimento de penas na região, inclusive em Presidente Bernardes. Em março de 2003, a magistratura foi colocada pelo PCC na vala comum aberta pelo signo do medo. Todos os limites foram ultrapassados. Diante da realidade, as palavras pareciam tão vãs quanto os jargões jurídicos dentro dos autos.

O juiz saiu do Fórum, após encerrar o expediente, sem saber que um pistoleiro do PCC havia entrado no prédio, usando terno e gravata, e estava examinando os gabinetes, pasta preta nas mãos, como se fosse um cidadão acima de suspeitas, um advogado talvez, só para saber quem era o alvo que ele não conhecia. Viu o juiz, conhecido como Machadinho, de longe. Examinava processos em sua mesa de trabalho. Os presos diziam que ele era rígido. O pistoleiro contemplou o juiz durante alguns segundos, tempo suficiente para o caçador memorizar a fisionomia do caçado. Primeiro, um tiro no juiz, que dirigia o carro na volta para casa. Desgovernado, o veículo bateu numa árvore. Gélido, o pistoleiro que armou a emboscada desceu do carro que ocupava e fez mais disparos, os tiros de misericórdia. Digitais das mãos apoiadas no carro para atirar de perto, sem chance para a vítima, permitiriam a identificação do matador do PCC: Reinaldo Teixeira dos Santos.

O juiz morreu sentado ao volante, estirado para trás. Um bilhete comemorativo seria interceptado numa das penitenciárias da região, circulando de cela em cela preso a um pedaço de barbante. Dizia: "O paciente foi operado". O relatório do inquérito policial 012/2003, do Departamento de Homicídios e Proteção à Pessoa – DHPP, detalhou: "Na noite de 14 de março do ano de 2003, Antônio Machado Dias, então juiz de Direito corregedor dos Presídios da Região de Presidente Prudente, foi alvejado por disparos de arma de fogo calibre 9 mm quando teve seu veículo interceptado por dois autos, sendo um deles um Fiat Uno de cor branca, produto de roubo. Nessa mesma noite, para lá embarcaram 11 policiais do DHPP, delegados, investigadores e papiloscopistas, onde permaneceram por vinte dias em assessoramento técnico à Polícia Civil local. Concomitantemente, nesta Capital, desenvolviam-se esforços conjugados entre o DEIC e o DHPP, na trilha dos assassinos do magistrado. Foi assim então que, investigando o roubo do veículo Fiat Uno, empregado pelos facínoras, esta Especializada descobriu que Cristian Ângelo Bortolotti mentira ao noticiar a subtração ilícita de seu automóvel. Na realidade, o veículo não fora roubado, mas sim vendido por 500 reais ao traficante João Carlos Rangel Luisi, o *Joni*, localizado e preso por policiais do DHPP. Joni admitiu ter sido incumbido, pelos executores do homicídio, da aquisição do veículo Fiat e forneceu elementos informativos que propiciaram a identificação dos algozes do juiz Antônio Machado Dias: Reinaldo Teixeira dos Santos, o *Funchal*, Adilson da Guia, o *Di*, e Ronaldo Dias, o *Chocolate*. *Funchal* e *Chocolate* acabaram presos pelo DEIC, em diligências realizadas inclusive em outros Estados, sendo que quando de seus interrogatórios não lhes restou outra opção senão a confissão, diante da robustez do conjunto probatório carreado aos autos, mormente no tocante ao confronto das impressões digitopapilares que resultou positivo. O apurado autoriza concluir que a ordem de fuzilamento do juiz Antônio Machado Dias partiu dos líderes do PCC – Primeiro Comando da Capital, pelo duro regime disciplinar por ele imposto no Presídio de Presidente Bernardes, onde estão recolhidos boa parte dos integrantes da dita facção criminosa".

Dias depois, no mais pesado e solitário dos silêncios, a esposa do magistrado, Cristina Escher, também juíza, casada há poucos meses com Machadinho, foi ao local do crime para rezar uma prece no mesmo lugar do assassinato. A morte do juiz fez reaparecer a idéia de que juiz que conduza processos com réus de alta periculosidade deveriam ter identidade preservada, serem juízes sem rosto, sem identidade, nem nada transparecer sobre quem decide em nome da justiça. A viúva preferiu mostrar seu rosto na televisão, declarar que não poderia deixar-se intimidar e lamentar que não havia recebido uma só palavra de consolo por parte das entidades que proclamam respeito aos direitos humanos. Ajoelhada na cena do crime, proferiu uma declaração de amor póstuma: "Perdi minha jóia". Nada mais disse nem lhe perguntaram.

O velório foi no Tribunal de Justiça, em São Paulo. Naquela noite, uma multidão lotava o estádio do Morumbi para assistir ao primeiro jogo entre São Paulo e Corinthians, pela decisão do título paulista de futebol. Aos dez minutos de jogo, a partida foi interrompida e a ruidosa multidão recolheu-se em silêncio por um minuto em homenagem a Machadinho. Sete dias depois, uma missa *in memoriam* foi celebrada no prédio do Tribunal de Justiça. O espaço escolhido foi o Salão dos Passos Perdidos, que evoca rituais maçônicos, mas ali evidenciava que diante das circunstâncias do crime e das intenções litúrgicas pela alma do juiz, os passos realmente estavam perdidos na busca de uma solução, ou de proteção, ou de garantias na inglória luta contra o crime cada vez mais organizado. Em outro ato fúnebre, no Fórum da Barra Funda, juízes, promotores e advogados vestiram-se de preto em sinal coletivo de luto. O presidente do Tribunal, desembargador Sérgio Nigro Conceição, criticou o governo por ter anunciado prematuramente, um ano antes, a desarticulação da organização criminosa PCC. Logo em seguida, porém, ladrões entraram no Fórum de Ubatuba, litoral norte de São Paulo, e apropriaram-se de todas as armas apreendidas. A Polícia Militar mobilizou 758 homens em todo o Estado, o efetivo de um batalhão, somente para realizar a proteção de juízes e fazer segurança de fóruns. O medo passou a fazer parte do dia-a-dia das atividades forenses.

Os processos de execução penal na região de Presidente Prudente, onde ficam vários presídios, inclusive o de Presidente Bernardes, no qual estão os presos considerados mais perigosos ligados ao PCC, foram transferidos para a capital. O assassinato de Machadinho provocou uma reação paliativa, em tom de medida de segurança, para os magistrados da região onde ficam cabeças da organização criminosa: as decisões sobre o andamento dos processos deles seriam todas tomadas na Vara das Execuções Penais da Capital, a 556 quilômetros de distância. Era o crime acontecendo cada vez mais perto de todos e a justiça decidindo de longe.

Depois, juízes do hoje extinto Tribunal de Alçada Criminal e da Associação Paulista de Magistrados pediram para o diretor do DEIC ir conversar com eles. O delegado Bittencourt foi. E disse: "Sinto-me como um gladiador numa arena cercada por leões. Só que os leões estão bem armados e eu não. Na platéia, ficam pessoas protegidas por uma redoma de vidro. Só que os leões arrebentaram os vidros e o sangue também atingiu as senhoras e os senhores depois que um magistrado foi assassinado".

Na fábula policial, o diretor do Departamento de Polícia que combate o crime organizado disse que é obrigado a enfrentar os bandidos modernos com armas ultrapassadas e desiguais. Como se o Coliseu contemporâneo prestigiasse as feras e abandonasse os homens. Feras atacando cada vez mais violentamente. Sociedade cada vez mais acuada. Polícia, promotores, juízes e autoridades do sistema prisional precisariam se unir em vez de discutir firulas. "Antes que seja tarde demais." O tom rude da conversa deixou os magistrados intrigados e mergulhados em novas discussões sobre Estado de Direito e fatores endógenos e exógenos, a saga do crime, a instrumentação legal disponível, a interpretação das leis como dogma. Discussões que jamais terão fim, enquanto a sociedade clama por justiça e sua distribuição preferencialmente rápida.

O "Gritos dos oprimidos encarcerados" foi discutido numa reunião do Conselho da Polícia Civil. Reunidos todas as quartas-feiras, os diretores de departamentos, conhecidos como *cardeais da polícia*, trataram do assunto PCC. Demorou para que os *cardeais*, conjuntamente, dessem à organização criminosa a importância que ela merecia para a polícia, cuja missão constitucional mais relevante é investigar. Foi então que se começou a usar muito o substantivo feminino *inteligência*, no sentido de serviço de informações.

O que ninguém disse, ou pensou em dizer, é que a *intelligentsia*, como elite política e social, havia destruído dolosamente a inteligência policial. O que poderia ser passível de ser considerado *intelijumência*, que em nosso idioma define a pessoa bronca, estúpida, curta de inteligência, ou seja, o *intelijumento*.

A imprensa começou a bater nessa tecla. Políticos também. Candidatos nas eleições que se aproximavam, idem. De repente, inteligência soterrada por um terremoto político-ideológico virou a palavra da moda. A inteligência sabe que nenhum governo pode prescindir de informações. E estas, durante o período da ditadura militar, concentravam-se num departamento cuja sigla passou a ser considerada maldita, DOPS, e que queria dizer Departamento de Ordem Política e Social. O governo federal tinha um serviço de informações sob sigla que também seria estigmatizada, SNI, o Serviço Nacional de Informações.

Inteligência, por causa dos desvios da época da ditadura militar, passou a querer dizer, na prática, bisbilhotar, e seus agentes passaram a ser ridicularizados como *arapongas*.

Em São Paulo, o DOPS foi extinto. Para o seu lugar, no início do governo Franco Montoro, a Polícia Civil tentou em 1983 uma saída eufemística e camuflada, criando o Departamento de Comunicação Social, o DCS, que também sucumbiria. Depois, diante da avalanche da criminalidade cada vez mais galopante, surgiu o caçula de todos os departamentos da polícia. E que se chama Departamento de Inteligência.

O contra-senso não importa aos curiosos de plantão. O fato é que a utilização de informações é vital para ações preventivas e, se for o caso, repressivas. A inteligência serve ao governo, qualquer que seja ele. Mas confundiu-se combater a criminalidade com combater a polícia. E esta, minada moral e institucionalmente, viu-se sem condições de combater o PCC – que, pelo contrário, tinha uma estrutura de informações a princípio razoável e depois excelente. Além disso, se o PCC galgava as muralhas sem fugir dos presídios, e colocava sob suas ordens o mais variado tipo de pessoas e profissionais, a polícia passou muito tempo em descompasso. Com uma agravante: o governo do Estado insistia em dizer que não existia PCC algum dentro dos presídios.

Além disso, o sistema que cuida dos presos fica vinculado, em São Paulo, a uma Secretaria de Estado que nasceu exclusivamente para aliviar o impacto mundial sobre a invasão da Casa de Detenção de São Paulo pela Tropa de Choque da Polícia Militar. O episódio terminou com 111 mortes. Mas descobrir coisas do PCC deveria ser uma função inicial da Secretaria da Administração Penitenciária. Até que ela tentou fazer isso, ocupando o lugar que durante anos e anos foi da Secretaria da Justiça. Mas quando o corregedor administrativo descobriu que o nascente PCC crescia rapidamente – o cargo era ocupado pelo desembargador aposentado Renato Laércio Talli –, o governo, mais uma vez, preferiu abafar tudo e persistir na negativa. Assim, se saber para prevenir e reprimir dependia de informações, não havia, a rigor, o que fazer. Segundo o governo, nada estava acontecendo. E inteligência, sabe-se em qualquer tempo, consiste em disfarçar agentes em território adversário, acompanhar passos, conversas, encontros, atividades, visitas, colecionar inconfidências, estimular romances. No caso dos presos, cooptar prisioneiros, ter acesso sutil às celas, viajar nos ônibus em dia de visita, promover encontros casuais nos horários de banho de sol, estar dentro da prisão sem ficar preso, ser indiscreto na leitura de cartas, monitorar os explosivos casos de amor entre presos e mulheres de fora, sejam quais forem – desde advogadas, passando por funcionárias públicas, mulheres que se fascinam pelo amor bandido, e até a ex-cantora infantil que, mais ingênua na juventude do que quando criança, teve caso com um assaltante de bancos e em dia de rebelião estendeu, entre alegres sorrisos e acenos, uma longa faixa do PCC, captada pelas câmeras de televisão a bordo de helicópteros. Não se pode prescindir, ainda, de alguém treinado para se comportar como preso sem ser preso – falsas fichas e falsos currículos criminais proporcionando livre trânsito em circuito normalmente fechado. Certas condescendências em momentos críticos de comportamento também caem bem: em vez da punição, a tolerância isolada. As revelações gratificadas. Tudo seria inteligência na área prisional. Quem quer que se disponha a fazê-la tem de levar tudo isso em consideração, tendo como principal fonte o sistema penitenciário e seus satélites não convencionais de informação. Portanto, "oferecer" ajuda na área de inteligência sem ser desse ramo é absolutamente inútil, mero jogo político em que a questão, preocupante, acabou se transformando num duelo de vaidades sob olhares desinformados, complacentes e incompetentes.

A reação seria tardia. Cabeças seriam cortadas. O PCC assistia e aplaudia a postura omissa, mentirosa até, do governo.

Existem provas. A sindicância 260/96 da Coordenadoria dos Estabelecimentos Penitenciários do Estado – Coespe, criada para descobrir infrações que teriam sido cometidas internamente por agentes penitenciários, informava em 20 de fevereiro de 1997 ao coordenador Lourival Gomes: "No decorrer dos trabalhos relativos à sindicância em epígrafe, vêm surgindo, com freqüência, alusões ao PCC, Primeiro Comando da Capital, suposta organização dos sentenciados. O advogado defensor dos agentes de segurança penitenciária foi o primeiro a levantar a tese da existência do citado Comando. Alguns prisioneiros mencionaram o PCC, mas foi o sentenciado Manuel Messias Santos de Oliveira, matrícula 76.192, na Penitenciária do Estado, quem informou estar muito amedrontado pelas ameaças de morte que vem recebendo do PCC, não obstante já tenha sido posto no "seguro" (regime especial de proteção). Ele foi o primeiro a confirmar, com ênfase, a existência do PCC, e a confessar o medo de que se acha possuído". Assinava esse documento a presidente sindicante Maria Alice dos Reis Candelária.

Um documento distribuído pela organização, nessa ocasião, tinha o mesmo tom do "Gritos dos oprimidos encarcerados" de 2006. Dizia, como "nota à imprensa", que "o braço armado do Primeiro Comando da Capital é longo e implacável". Que os membros do grupo estavam "decididos e determinados a combater de forma radical aquele campo de concentração, de extermínio lento e sistemático, que é usado como instrumento de vingança da sociedade, visando à desintegração moral e física do preso". Ameaçavam: "A nossa vingança será também dura e cruel, mas será justa contra os verdadeiros culpados daquele massacre histórico contra 111 presos na Casa de Detenção, e também contra todos aqueles que dão respaldo financeiro, militar (*sic*) e político a esse sistema policial, judicial e penitenciário falido, arcaico, injusto, corrupto, incompetente, cruel e desumano". O alvo do PCC era o chamado "Anexo de Taubaté", a antiga Casa de Custódia e Tratamento de Taubaté, conhecida como Piranhão e tão visada pelos presos como seria, anos adiante, a Penitenciária de Presidente Bernardes. O comunicado apresentava uma lista de 45 anos de pessoas "condenadas à morte" – um blefe evidente, até porque constavam da relação nomes como Roberto Marinho, das Organizações Globo, e o senador Antonio Carlos Magalhães. O 42º nome da lista era José Ismael Pedrosa, diretor da Casa de Detenção no dia dos 111 mortos e nesse documento apontado como "diretor carrasco da Custódia". Pedrosa seria executado a tiros anos depois, na cidade de Taubaté. Emboscado, tentou escapar da morte dirigindo quase um quarteirão em marcha à ré. Não conseguiu. Uma mulher misteriosa desceu do carro e saiu correndo. No caso, o PCC demorou, mas cumpriu a ameaça, acusando Pedrosa de maldades na prisão. Entre elas, segundo disseram, colocar preso rebelde numa cela onde estava um forte estuprador, e ficar assistindo ao abuso sexual, para deixar claro ali que ele mandava e podia tudo. Era o que eles chamavam de "Operação Caça aos Tubarões do Poder". Davam uma pista sobre os dias que haveriam de vir: "A agenda da morte já está montada e os soldados do PCC, em conexão com os soldados do Comando Vermelho (CV), já estão preparados para entrar em ação em vários Estados do País". Adiante, saber-se-ia que isso era a mais pura verdade.

No final de 2000, o desembargador Renato Talli informava à Comissão Parlamentar de Inquérito sobre Narcotráfico que cinco organizações criminosas disputavam a liderança nos presídios, cadeias públicas e delegacias de São Paulo. "Não se pode admitir que as lideranças de presos extrapolem os limites, passando a controlar penitenciárias, corromper funcionários e exercer domínio entre detentos. Anote-se que a maioria das muitas mortes de presos registradas nas prisões de São Paulo, nos últimos anos, foram provocadas entre as diversas facções". O corregedor foi convidado a retirar-se do cargo porque sabia demais e enumerou os cinco grupos criminosos que estavam tentando, "cada um à sua moda, a desestabilização do sistema penitenciário": eram, além do PCC, o "Comando Revolucionário Brasileiro da Criminalidade", "Comissão Democrática de Liberdade", "Seita Satânica" e "Comando Jovem Vermelho da Criminalidade". Segundo o magistrado narrava, "possuem armas, planejam roubos e resgates de presos, controlam o tráfico de entorpecentes, patrocinam mortes, financiam fugas e promovem rebeliões". Talli declarou ainda que "uma minoria de presos se organizou, passando a dominar o restante da massa carcerária", e que "as lideranças extrapolaram os limites, passaram a exercer o poder paralelo em algumas penitenciárias, corromperam funcionários". As informações do magistrado, que se referiu a "denúncias que merecem investigação profunda":

1. "As fugas do regime prisional, com a participação de funcionários, seus principais articuladores, passaram a acontecer com freqüência. No ano de 1999, 552 presos empreenderam fugas e, de janeiro a junho de 2000, mais 503 sentenciados conseguiram o mesmo feito, todos com algum rastro a apontá-los com pessoas endinheiradas, por força da participação em crimes que renderam muito. Tantas fugas, acrescentadas as evasões e resgates, atormentavam os distritos policiais e cadeias públicas quase todos os dias";

2. "A rota de fuga: Presídios de Guarulhos, Marília, Franco da Rocha, entre outras. O valor pago pela fuga é variável, em média R$ 130 mil, valor aufe-

rido ao *quantum* obtido pelo preso em suas andanças no mundo do crime (roubos, latrocínios, seqüestro, tráfico de entorpecentes, dentre outros";

3. "Consta que a morte de um dos líderes do PCC, Gildemar Agripino da Silva, vulgo Seqüestro, ocorrida na Casa de Detenção na terceira semana de novembro de 2000, foi motivada porque um preso de Marília pagou pela fuga e morreu na tentativa, o que não deveria ter acontecido. Por isso, foi julgado e morto pelos colegas de cela";

4. "Na Casa de Detenção, a corrupção campeia. Funcionários têm em cada pavilhão verdadeiros minimercados, onde os presos são obrigados a fazer compras pelos preços que exigirem. Existe um verdadeiro esquema de levar produtos para dentro do complexo, sendo que no meio dos produtos alimentícios levados por funcionários entram drogas, bebidas alcoólicas e tudo quanto necessário para o comércio em referência";

5. "O que vem acontecendo muito no sistema é o seqüestro de presos, e quem comanda é o PCC. Se os familiares não pagarem o preço exigido, o detento acaba morto";

6. "Quem não tiver condições de 'comprar' o xadrez, tem de pagar aluguel ao PCC. O preso que não tiver dinheiro tem de trabalhar para o grupo, fabricando pinga (improvisada com arroz e casca de laranja, a *Maria louca*), assumindo a autoria de homicídios, assinando a culpa pelas apreensões de drogas, armas etc., bem como todas as responsabilidades administrativas que surgirem no pavilhão. É o verdadeiro *laranja* (inocente útil) a serviço do PCC";

7. "Na Casa de Detenção, como também na casa de funcionários da direção envolvidos com a corrupção, autoridades do sistema penitenciário participam de verdadeiras festas nababescas, todas financiadas pelo preso, hoje foragido, Milton Alves Figueiredo, traficante da pesada. A segurança do local era normalmente exercida por um preso de nome Carlos, que fazia o serviço armado";

8. "O preso W.I.K., matrícula 143.847, teria comprado por R$ 1,5 milhão a transferência para o regime semi-aberto. Não reunia nenhuma condição para tanto, com subseqüente abandono. Um juiz de Direito teria ganho nessa transação um veículo de marca BMW";

9. "Existe um traficante do sul, de nome Wanderlei, que vinha para São Paulo com a família e ficava hospedado na casa de um diretor penitenciário enquanto fazia os acertos sobre drogas";

10. "Existem presos, condenados por crimes hediondos, com penas que variam até 15 anos de reclusão, que saem normalmente nos fins de semana. Isto, como eles dizem, 'são ordens de alguém importante na concessão de benefícios'. É uma verdadeira brincadeira! Os líderes do PCC recebem total cobertura e conseguem as transferências dos funcionários que não concordarem com as exigências estabelecidas";

11. "Quem indica os diretores de presídio é pessoa do sistema prisional, respeitadas as opiniões dos líderes do PCC. Quem não quiser participar do esquema simplesmente não é nomeado. Existe agente penitenciário com parentesco próximo de diretor que bate no peito de qualquer pessoa e diz que é do PCC";

12. "Certo diretor e esposa viajaram para Miami, tudo gentilmente pago pelo preso foragido Milton Alves Figueiredo. Nos diversos xadrezes, atuam nada menos do que 16 líderes do PCC".

O desembargador despediu-se da CPI com um desabafo: "Já não interessa descobrir a quem cabe a culpa pelas injustiças sociais. Todos nós somos um pouco culpados. Cabe-nos a missão de não permitir que isto continue. Tal situação implica a criação de enormes possibilidades para aqueles que buscam soluções extremas e violentas e a desorganização social. Vamos mudar. O passado é irrecuperável, o presente é que vale e o futuro será o que tivermos a coragem e o destemor de fazer hoje sem procrastinações". Sobre sua saída da Secretaria da Administração Penitenciária, disse apenas: "Nos afastamos com o sentimento de missão ainda por cumprir, decepcionados em ver que persistem mentalidades imbuídas de propósitos individualistas e vaidosos, que colocam o ter acima do ser e o interesse da coletividade aquém daquele pessoal. Isso não pode e não deve continuar, tem de ser mudado, pelo bem de São Paulo, do Brasil, pelo bem de todos nós".

O depoimento não mereceu maiores considerações da CPI, que demonstrou nem saber o que esse magistrado amargurado fazia no sistema penitenciário paulista. Embora fatos graves fossem elencados, nenhuma providência foi tomada. O PCC não existia, segundo o governo, e as palavras do corregedor vítima de defenestração soavam como uma espécie de delírio.

No Dia dos Pais de 2000, o prisioneiro de matrícula 27.334, conhecido como Edinho, escrevia de um presídio de Campinas para uma autoridade do sistema penitenciário. A carta era profundamente reveladora. Indicava com precisão fatos presentes e futuramente presumíveis. De novo, o governo prevaricou. Edinho, muitos anos de prisão pela frente, escreveu do próprio punho: "Estou cansado, vendo coisas inacreditáveis acontecendo e outras que estão para acontecer dentro e fora do sistema. Aquelas coisas que se o mal não for cortado pela raiz, o quanto antes, estaremos vivendo. Não uma guerra fria, mas sim uma guerra de carnificina, porque os comandos dentro do sistema estão se expandindo. Já estão montando suas sedes em bairros da periferia de São Paulo e se fortalecendo fora das prisões, com vários planos a serem cumpridos à risca. Exemplo: metralhar diretores e funcionários e depois conseguir os resgates de seus companheiros através do terror. Estas idéias estão sendo levadas através de advogadas que são amantes de ladrões que fazem parte do PCC e outros comandos. V.Sª jamais vai conseguir combater e, da maneira que o senhor vem fazendo, os comandos estão se expandindo. Hoje estamos sabendo que em várias prisões em que foram espalhados, o Comando vem crescendo, através do tal batismo, e isso está acontecendo com os comandos mais fortes, como o PCC. Eles estão se organizando no silêncio. Em breve haverá uma paralisação do sistema, através do PCC. Os contatos estão sendo feitos através de advogados. Eles são contatados em todo o sistema. Presídios estão se organizando para parar no mesmo dia. Além dos advogados, estão nessa missão as mulheres do Sombra e do Geleião, do PCC. Os organizadores de tudo isso são o Seqüestro, o Mãozinha e Magrão da Cruz, de dentro da Detenção, com celulares e ex-funcionários que estão agora infiltrados nas quadrilhas e nas sedes do PCC, nas periferias".

Edinho, escrevendo como profeta, visionário ou pitonisa, explicou na carta por que tomou essa atitude de revelar fatos relevantes do mundo criminal instalado dentro dos cárceres: "Se eu não morri, tomando 22 facadas na Penitenciária do Estado em 1998, é porque o nosso Deus tem uma missão para mim, e quem sabe não seja esta. Vou tentar ajudar da melhor forma para acabar com os comandos dentro das prisões. Estou enojado, é muito triste, não quero nada em troca. Só não quero é que aconteçam matanças de inocentes e até de familiares de presos".

Só uma coisa Edinho não contou nessa carta: também era um dos líderes da facção concorrente do PCC, o Comando Revolucionário Brasileiro da Criminalidade, o CRBC. Mas três anos e dois meses antes, dois membros da Corregedoria da Secretaria da Administração Penitenciária, Souvenir Assumpção Sobrinho e Flavio Módena, informavam que o prisioneiro Eduardo "informalmente declinou que contará tudo a respeito do PCC em sendo fora das dependências da Penitenciária do Estado". O coordenador Lourival Gomes transmitiria ao secretário que dois diretores da Penitenciária do Estado informaram que "desde meados de 1993 surgiram rumores de que alguns elementos estariam formando um grupo cuja meta, dentre outras, seria a desativação do Centro de Readaptação Penitenciária" (presídio de Taubaté com rigidez disciplinar). Segundo o próprio coordenador escreveu, "uma sigla veio à tona, qual seja, PCC, o que significa Primeiro Comando da Capital". Ele mencionou tentativa de ascensão na disputa pelo poder interno e mencionou uma carta nesse sentido do sentenciado Jurandir Marques da Silva, endereçada a outro preso: "Hoje vivo em guerra com aqueles facínoras (PCC), portanto um olho no defunto e o outro no coveiro. É assim que funciona". O coordenador sugeriu que alguns dos líderes, mencionados nominalmente, fossem transferidos para outros Estados, "através do instituto da permuta". Assim, "certamente os maus presos perderão o seu 'comando'" e o grupo "praticamente será extinto, gerando total desestímulo para que outros tentem aderir a esse tipo de movimento".

Todas essas informações foram confirmadas posteriormente perante corregedores administrativos da Secretaria que cuida exclusivamente dos presídios. O sentenciado de matrícula 23.503 revelou que antes do PCC ganhar força teve de enfrentar a concorrência de um Comando Paulista Revolucionário, que, segundo seus próprios membros, era sucessor da organização Serpentes Negras. O líder Baianinho da Ede chegou a ter sob suas ordens, na Penitenciária do Estado, 120 presos armados com facas. Surgiram informações seguras sobre o PCC matando a punhaladas os presos Calói, Araquém e Baianinho. Segundo Paulo Perereca, matrícula 38.338, ele "não participou da ocorrência, porque não achava justa a atitude desta facção, denominada PCC". O presidiário contou que na conquista de espaço o PCC condenava desafetos de outras quadrilhas à morte: "Não adiantava os sentenciados de morte irem para qualquer outro presídio do sistema, pois em todos eles existiam *robôs*, que são condenados que prestam serviços ao Comando, ou seja, são os executores das mortes. Se não cumprirem à risca as ordens deste Comando, os *robôs* são mortos por outros *robôs*". O sentenciado Paulo Perereca citou nomes e apelidos de presos que sentiam prazer em matar os inimigos. "Todas as mortes ordenadas foram bárbaras. Numa das últimas, o sentenciado conhecido como Di Arame, matrícula 34.734, teve o pescoço cortado por gilete e puxada sua jugular, veia que bomba sangue para o coração, arrancada com os dedos pelo sentenciado Nego Edu, matrícula 38.048."

Esses são alguns dos fatos insofismáveis. Mas por que diante de tudo isso o governo insistia em negar a existência, já macabra, do PCC? A explicação é que ele não queria ver empanado o falso brilho na área de segurança, a qual, além de reduzir as informações sobre a organização emergente a zero, com medo de que isso fosse interpretado como capitular e ter de adotar métodos que seriam considerados incompatíveis com o regime democrático, também se planejou, dentro do Quartel do Comando Geral da Polícia Militar, a extinção de todo o Comando de Policiamento de Choque. Nas listas daquelas que seriam maldições democráticas, seria imposto a todo o aparato de segurança estadual não investigar e fazer relatórios sobre atividades de grupos ou pessoas, pois isso seria sempre entendido como bisbilhotar a vida alheia; não interceptar veículos em bloqueios policiais porque essa atitude estaria ferindo princípios constitucionais; não deter pessoas para averiguações porque esse era o estilo da ditadura; e, se possível, extinguir a Polícia Militar, com proposta oficial de emenda constitucional. Esse devaneio final, cultivado na jaula dos dogmas, foi explicitado por um secretário da Segurança Pública que impôs essa postura da polícia de maneira inflexível. Assim foi até que um grupo de policiais militares espancou violentamente freqüentadores de um ponto-de-venda de drogas em Diadema. Um homem também foi morto. As cenas, filmadas por um cinegrafista amador, foram parar na TV. O episódio provocou revolta nacional e um mal-estar terrível dentro da própria PM. As cenas eram brutais, chocantes, desumanas. Familiares de policiais militares sentiram-se envergonhados. Em busca de uma resposta que não tinha para oferecer, o mesmo governo que havia impedido a Tropa de Choque de sair dos seus três quartéis decidiu substituir o comandante geral da corporação. Como queria o que considerava o melhor disponível, optou pelo até então abominado coronel comandante do Policiamento de Choque. Com nota dez para a incoerência, o governo prosseguiu na sua política que abriu cada vez mais as comportas do sistema penitenciário. Era preciso negar que houvesse organização criminosa porque ficaria muito mal confessar um novo fracasso. A separação entre realidade e prática era real, palpável, mas o *iceberg* visível da segurança pública ficava cuidadosamente envolto num papel celofane cor-de-rosa chamado democracia. A parte invisível, muito maior, ficava submersa, oculta, disfarçada. Como se permitir, aceitar e tolerar o domínio cada vez mais latente da criminalidade fosse apenas rejeitar os odiosos tempos da ditadura. O discurso até que parecia bom. Mas sempre foi falso.

Assim respaldado, Baianão, assinando carta como sendo "um dos fundadores do PCC", mandou-a para alguns contatos externos, entre eles Juruna, Cemitério e Ernandes. Foi nessa ocasião a origem dos *salve*, como chamariam futuramente as ordens de dentro dos presídios. Porque cada destinatário nominado era saudado com um *Salve, irmão*. O PCC começava a deixar de ser um embrião. Tinha se multiplicado e ensaiava os passos no mundo externo. Houve um vacilo de segurança numa das prisões e uma cópia da carta, remetida via *fax*, permitiu que o serviço de disciplina prisional soubesse da existência da mensagem. Um zeloso funcionário encaminhou-a para os canais incompetentes. Para variar, nada foi feito. Estava escrito:

Saúde, paz, esperança e muitas realizações. Fico contente de saber que vocês estão aí fora com bastante disposição e estrutura, que é o mais importante. Quanto a mim, estou firme e forte, com a mesma força de vontade e disposição de sempre para conquistar a liberdade, mas não tenho as condições bélicas e materiais para conseguir objetivo tão sonhado.

Nós aqui estamos precisando de alguém aí fora para somar as forças externas com outras que já estão aí fora com a mesma finalidade. Para melhores detalhes, é melhor vocês arrumar (sic) uma pessoa para mim (sic) registrar no meu rol de visitas, para eu poder instruir essa pessoa para que ela passe as instruções para vocês. É bom que seja uma pessoa entendida, mas que não tenha antecedentes criminal (sic), para ela poder ter acesso aqui aos sábados e domingos sem levantar suspeita das autoridades internas.

Esse fax está chegando através do seu mano, o J, e através dele vocês poderão me dar resposta se vocês estão na finalidade de entrar em ação de fora para dentro assim que nós terminarmos o trabalho interno. Já tem pessoas trabalhando nesse sentido do lado de fora, mas não é o suficiente porque será preciso mais gente fortemente...

A gente já conversou bastante em Guarulhos sobre aquela fita que falhou aqui muitos anos e é idêntica externamente com algumas variantes internas. É simples e objetivo e lhe garanto que é 10 vezes mais fácil do que assaltar um banco e 100 vezes mais fácil do que assaltar um carro blindado.

No tocante aquele (sic) Biscoito que você ficou de levar para a mana é melhor deixar quieto porque em primeiro lugar não vai ser possível chegar o Biscoito até aqui dentro e em segundo vai ser um problema a mais para ela, além dos que ela já tem para resolver.

Eu liguei o seu irmão aqui sobre esse Biscoito, mas estive pensando melhor e achei por bem deixar no gelo. Qualquer hora vai chegar o Estatuto do PCC em suas mãos para vocês avaliarem e refletirem. Fico por aqui enviando a todos vocês um forte abraço, cheio de energia positiva e otimismo. Todos aqui da irmandade do PCC – Primeiro Comando da Capital, lhes enviam um forte abraço com saudades.

Que Deus ajude vocês e não nos desampare.

Ass.: Baianão, um dos fundadores do PCC – cujo lema é Liberdade, Justiça, Paz, União e Solidariedade. Unidos venceremos. Unidos para vencer. Unidos Venceremos. PS: precisamos dar um exemplo de luta e união que até hoje ninguém nunca deu no crime paulista.

Baianão era Agnaldo Santos. Nas dissidências sem-fim, foi assassinado. Os alicerces do PCC sempre foram estruturados com sangue.

Como se tivesse seu próprio serviço de inteligência, o PCC começava a se comunicar com alguns códigos, protegendo identidades com palavras cifradas, empregadas também para introduzir no presídio objetos de desejo ou instrumentais. Um "biscoito", por exemplo, era uma arma de fogo.

Impossível ignorar o significado da carta e fazer de conta que tudo transcorria na mais absoluta normalidade dentro do sistema penitenciário. Tanto que, ao responder a uma sindicância disciplinar (autos 014/96), acusado de omitir-se e de espancar presos durante uma longa rebelião na Penitenciária I de Tremembé, o funcionário Célio Moreira Leite apresentou defesa prévia, elaborada pelo advogado Valdemirson do Amaral. Consta dos autos: "Atualmente notamos que no sistema penitenciário existe um grupo formado por diversos detentos, denominado Primeiro Comando da Capital – PCC, que podemos comparar com o Comando Vermelho e Falange Vermelha, existentes no Rio de Janeiro. Estão tentando a desestabilização do sistema penitenciário do Estado de São Paulo, sendo que alguns dos seus integrantes fazem parte da população carcerária do C.R.P. (Centro de Reabilitação Penitenciária), e a maioria consta da lista de acusação contra funcionários que trabalham corretamente, honestamente, não se envolvendo em corrupção ou permitindo que os readaptandos obtenham regalias senão aquelas amparadas por Lei".

Não havia mais nenhuma dúvida. O PCC, que por algum tempo também foi chamado de "Brima", conseguiu alcançar os objetivos pessoais de sua liderança e avançou, conforme relatório oficial engavetado na Secretaria da Administração Penitenciária, no qual se informava: "É triste constatar que desde a sua fundação, em 1993, o PCC transformou-se em poder paralelo e já conseguiu a desativação de unidades prisionais – como o Centro de Readaptação Penitenciária, o anexo de segurança máxima da Casa de Custódia de Taubaté (uma das razões, senão a principal, da criação da entidade criminosa), a eliminação de grupos rivais que disputavam o controle dos presídios e a libertação de internos por meio de ações ousadas de resgates e seqüestros (inclusive de familiares de diretor da Penitenciária de Araraquara). De modo geral, tal facção criminosa tem levado vantagem no embate com as autoridades carcerárias, porque demonstra dispor de melhor organização hierárquica, rigor de conduta (em que qualquer desobediência, nos termos de norma estatutária, implica condenação à morte e execução imediata) e, acima de tudo, eficientíssimo sistema de comunicação, via celulares, já que a corrupção alia-se a tudo o mais". Ainda segundo esse relatório oficialmente ignorado, "o PCC praticamente passou a dirigir as grandes quadrilhas de assaltos a bancos, a condomínios de luxo e cargas valiosas, bem como o tráfico de entorpecentes dentro das prisões e fora delas, auferindo lucros que em parte servem para subsidiar as despesas com advogados e corrupção de funcionários do sistema, proporcionando às lideranças e adeptos boa assistência judiciária". Esse mesmo relatório informa: "Os métodos de atuação do movimento se sofisticaram a ponto de estar financiando os estudos de jovens de menor poder aquisitivo, proporcionando-lhes Faculdade de Direito e subsistência, mediante o compromisso de futura atuação nos Tribunais, em defesa dos integrantes daquela facção criminosa. Informações existem também no sentido da facção, que é considerada como partido, estruturar-se para lançamento de possíveis candidatos a cargos públicos. Multiplicam-se as denúncias do envolvimento direto de funcionários do sistema prisional com o movimento".

A referência aos advogados mostrava que eles estavam sendo escolhidos a dedo para desempenhar o papel específico de *doutores do crime*. O PCC passou a chamá-los de "gravatas". Os atuais, com o correr do tempo, poderão ser substituídos por outros, mais jovens, em regime de dedicação exclusiva ao crime. Uma mensagem interceptada diz que "esses *gravatas* são para manter a sintonia e a comunicação, aconteça o que acontecer". A recomendação foi feita depois que o sinal de telefonia celular foi bloqueado, por determinação judicial temporária, em seis cidades onde existem presídios com representantes do PCC. "Muitas *quebradas* ficaram perdidas sem saber o que fazer."

A enigmática indiferença diante dos fatos permitiu que na Penitenciária do Estado surgisse a figura do preso conhecido como "professor". O PCC começou a dar cursos, dentro do presídio, para o manuseio de armas de calibre exclusivo das Forças Armadas. Depois, novo curso para ensinar como atacar um carro-forte. Armamentos foram desenhados em folhas de papel sulfite. Algumas folhas chegaram a ser apreendidas e nelas se viam os detalhes de revólveres, fuzis AR-15, espingardas, granadas de mão, lança-granadas, metralhadoras, submetralhadoras e lança-rojões. A escola do crime, posteriormente chamada de "faculdade", permitiu o planejamento de um assalto ao prédio do Banco do Estado de São Paulo, Banespa, no centro da cidade, de onde foram roubados R$ 32,5 milhões em julho de 1999. E mais assaltos a avião-pagador, blindados, postos de pedágio e condomínios de luxo. A organização cresceu tanto que um preso recolhido à Penitenciária de Assis conseguiu esconder na casa da amante uma bazuca antitanque. Esse mesmo artefato foi encontrado com visita regular de preso em Marília.

O assalto ao Banespa teve desdobramentos restritos aos subterrâneos do crime. De maneira inesperada, dois policiais, trabalhando numa obscura delegacia da zona sul da Capital, descobriram quem tinha sido um dos assaltantes. Resolveram agir por conta própria para roubar a parte dele no dinheiro, cerca de R$ 5 milhões. Ignoraram a polícia e agiram em dupla particular. Deduziram que mais cedo ou mais tarde o ladrão apareceria na casa da família. Os familiares foram todos algemados e ficaram em cárcere privado dentro da própria casa. Os *tiras* esperaram com paciência durante dias, alimentados pela cobiça.

Quando o ladrão finalmente apareceu, um dos familiares, arma apontada contra a cabeça, teve de abrir a porta. Puxado abruptamente para dentro da sala, o surpreso ladrão foi severamente interrogado. Tentou resistir, mas agüentou só dentro dos limites. Foi informado de que só interessava o dinheiro, a autoria do assalto que se danasse. Constrangido ao ver a família dominada, refém e apavorada, o ladrão conduziu um dos *tiras* ao lugar onde a parte dele estava escondida dentro de um saco enterrado. A idéia foi inspirada no cativeiro do empresário Abílio Diniz. Seu seqüestro terminou com o cerco a uma casa no bairro do Jabaquara, de onde ele saiu num gigante comboio policial. Um investigador continuou lá, a pretexto de aprofundar as investigações. Seus superiores acharam isso muito louvável. Sabia que havia uma pequena fortuna enterrada dentro de um saco no quintal. Ficou com o dinheiro para ele, permitindo que outros policiais desfrutassem da glória de ter resgatado o empresário.

As algemas foram retiradas, o ladrão ignorado, os *tiras* foram embora. Um mês depois, um advogado foi à Corregedoria da Polícia denunciar o que havia acontecido. Apareceria morto, misteriosamente, algum tempo depois. O filho, também advogado, insistiu na apuração dos fatos. Foi assassinado. Não se falou mais no assunto. Caso encerrado.

Assim como esse, outros casos que não vêm à tona oficialmente são resolvidos no mundo do crime sem que nada seja descoberto. Os processos costumam ser uma versão dos fatos. Entre autos e atos, a farsa consegue bom espaço. Esse manto da impunidade é estendido por todo o país, detentor de uma das mais altas taxas de homicídios do mundo. Em 2005, a Secretaria Nacional de Segurança Pública, ligada ao Ministério da Justiça, fez uma pesquisa para preparar um estudo de âmbito nacional em 2007 e descobriu oficialmente: no Rio de Janeiro, 90% dos autores de assassinatos não são punidos. Em São Paulo, vinte em cada cem homicídios são esclarecidos e punidos. Os dados foram obtidos por meio da análise de inquéritos e processos no período 2000-2004. O secretário nacional, delegado federal Luiz Fernando Corrêa, admitindo precariedades materiais, comentou que esse é um dos preços que se paga pelo fato de "termos saído do regime militar". Disse: "As instituições de segurança pública ficaram estigmatizadas como órgãos de repressão". Em outras palavras: é preciso entender que existe a repressão legítima, dentro das balizas da lei.

O PCC mostrou-se ostensiva e explicitamente. O governo fez de conta que não viu. A omissão ajudou a organização criminosa a crescer. Deu no que deu.

Capítulo V – Das Origens

O PCC nasceu durante um jogo de futebol no Piranhão, na tarde de 31 de agosto de 1993. Eram oito presos, transferidos da capital por problemas disciplinares, para ficar em Taubaté – até então, o mais temido dos presídios pela massa carcerária. Ali, a permanência na cela era de 23 horas ininterruptas por dia. Os sessenta minutos disponíveis eram reservados para banho de sol, andar no pátio, mexer-se, esticar as pernas, amaldiçoar a prisão. Os oito estavam sendo punidos por péssimo comportamento. Porque veio de São Paulo, o time passou a ser chamado de Comando da Capital. Estavam no time Misa, Cara Gorda, Paixão, Esquisito, Dafé, Bicho Feio, Cesinha e Geleião. Enquanto os oito estavam em campo, outros dois ligados a eles ficavam trancados. Seriam os futuros chefões: Marcola e Sombra. Na gênese do PCC, foi redigido um estatuto, composto de 16 artigos. O nono desses artigos determina: "O partido não admite mentiras, traição, inveja, cobiça, calúnia, egoísmo, interesse pessoal, mas sim: a verdade, a fidelidade, hombridade, solidariedade e o interesse comum ao bem de todos, porque somos um por todos e todos por um". Em fevereiro de 2001, Sombra seria capaz de comandar 29 rebeliões que explodiram ao mesmo tempo, provocando 19 mortes, e de promover um churrasco de aniversário na Casa de Detenção, quando foram servidos 200 quilos de carne, muita cerveja e, para os convidados VIPs, maconha e cocaína. Os presos costumavam chamá-lo de Paizão. Geleião e Cesinha, que estiveram presos em Bangu I, firmaram a aliança do PCC com o Comando Vermelho. Perderam para Marcola, em novembro de 2002, a chefia absoluta do PCC. Tentaram reagir, foram acusados de prestar informações comprometedoras sobre o grupo para a polícia e ensaiaram uma tentativa de consolidar um grupo dissidente, o Terceiro Comando da Capital. Marcola passou a ter entre seus assessores principais Julinho Carambola, Gegê do Mangue, MacGayver, Pateta e Júnior.

Treze anos depois da fundação do PCC, o trio Marcola–Cesinha–Geleião estava definitivamente rompido.

Indiferente, embora sabendo de tudo, a administração penitenciária criou uma situação insólita para a polícia, que secretamente traçou um plano para atingir a organização, montando em pleno gabinete do secretário da Segurança Pública um grupo para agir de modo não-convencional e assim tentar atingir o coração do PCC.

A fórmula secreta tinha de ser letal, toda vez que assim fosse considerado necessário. Uma única vez, assim mesmo na época da ditadura militar, a Secretaria da Segurança teve um órgão operacional em sua sede da avenida Higienópolis, 758. Era a Coordenadoria de Informações e Operações – Ciop, sob a chefia do coronel do Exército Mero Mendes Ferreira. Agora, entendeu-se que um sinônimo cairia bem. Os caçadores do PCC fariam parte de um Grupo de Repressão e Análise aos Delitos de Intolerância, estrambótico nome para a sigla Gradi, criado pela Resolução SSP-42, de 13 de março de 2000. Presumia-se, pelo nome, que tal organização deveria se dedicar a identificar grupos racistas em ações delituosas. Tanto que quando as coisas deram completamente errado e o grupo teve de ser extinto, a sigla reapareceu para cumprir seus reais objetivos, dessa vez corretamente inserida na estrutura do Departamento de Homicídios e Proteção à Pessoa, o DHPP. Na metamorfose provocada pela resolução SSP-437, de 20 de dezembro de 2004, o Gradi teria de atender ao objetivo inicial de "estudar e prevenir os crimes de intolerância de qualquer espécie (social, religiosa, sexual, esportiva e outras)".

O combate seria feroz, vestindo a capa esfarrapada da legalidade. Tinha objetivo político, já que eleições se aproximavam e era preciso mostrar para os eleitores que o governo não era tíbio e frouxo, como se dizia, mas corajoso e forte. Afinal, além da bomba colocada no porta-malas de um carro estacionado no Fórum da Barra Funda, outra bomba explodiu no Fórum Cível, na praça João Mendes, forçando a interdição de ruas do centro de São Paulo e causando uma reação de medo na população. Em alguns prédios da cidade eram vistas faixas esticadas com a sigla PCC. Além disso, em tempos de eleição, buracos são tapados, praças ficam limpas e viaturas da polícia são vistas por toda parte.

Um jurista de botequim fez uma analogia entre as atribuições do Gradi e uma lei de 2001, de número 10.217, que prevê a "infiltração por agentes de polícia ou de inteligência, em tarefas de investigação, constituída pelos órgãos especializados pertinentes, mediante circunstanciada autorização judicial". O jurista não reparou que o artigo 144 da Constituição brasileira (capítulo "Da Segurança Pública") prevê as atribuições de cada organização policial e não inclui investigação entre as atividades da Polícia Militar. É a miscelânea brasileira em matéria de segurança, porque na prática a PM investiga, sim, e a Polícia Civil faz policiamento ostensivo, que em tese deveria ser exclusividade da PM. O jurista de boteco, porém, queria enfatizar outra coisa: a legitimidade da infiltração.

O Gradi poderia investigar, tirar presos da prisão para agir como arrependidos e colaboracionistas da estóica repressão, e avançar sem limites. Ficava embutida uma licença para matar, estilo James Bond, o espião 007 do cinema.

O cronograma do órgão tinha uma coincidência extraordinária: era praticamente o mesmo do Destacamento de Operações e Informações do Centro de Operações de Defesa Interna - DOI-CODI, o aparato militar montado para sustentar o governo da ditadura, cujos inimigos eram identificados, localizados, caçados, presos ou mortos. O Gradi era um clone perfeito da ditadura.

Um enigma, tudo isso: a Secretaria da Administração Penitenciária negava que o PCC existisse e o governo endossava o embuste. A Secretaria da Segurança Pública começou a correr em paralelo para combater justamente o PCC e fortalecer o governo. Oficialmente, o Gradi correria atrás de uma organização-fantasma.

A pretensa inteligência secreta seguiu o método DOI-CODI: infiltrar-se, comprar informações, colocar prisioneiros colaboracionistas na rua, armar encontros, arquitetar emboscadas. Arrependidos estimulados passaram a colaborar com a repressão. O Gradi orgulhava-se: usaria a cabeça para vencer o jogo de xadrez que teria como alvo principal *torres* de comando no PCC.

Entre outras trapalhadas, os colaboradores Ronny Clay Chaves e Rubens Leôncio Pereira aproveitaram para fugir, depois de convencer os policiais que estavam com eles que eram pessoas confiáveis. Um terceiro preso forneceu informações sobre os dois inesperados companheiros fugitivos, localizados numa casa alugada por uma mulher que falsificava documentos especialmente para foragidos. Em outro caso, o preso conhecido como Chacal – apelido de Fernando Henrique Rodrigues Batista – cumpria pena na Penitenciária de Avaré. Foi morto por um sargento que já havia matado 32 pessoas antes dele, consideradas marginais. Bem que, segundo denúncia de um arrependido que preferiu recuar na sua traição aos ex-parceiros de cárcere: quando ele dava pistas para localizar e prender um foragido ligado ao PCC, ouvia como resposta policial infiltrada que o novo grupo repressor precisava de notoriedade, "sangue e mídia". A equação: eficiência policial + bandido morto = votos.

Nesse tipo de história há sempre um preço a pagar. Ninguém fornece gratuitamente informações dessa natureza. É preciso, pelo menos, conseguir boas vantagens em troca. Os informantes do Gradi podiam andar de carro, emprestado para eles, fazer passeios, visitar familiares e amigos, ter telefone celular. A sucessão de casos bem-sucedidos levou o Gradi a armar uma emboscada para 12 assaltantes ligados ao PCC, metralhados em março de 2002 no posto de pedágio de uma estrada, a Castelinho, que liga a rodovia Castelo Branco à cidade de Sorocaba. O pretexto da ação foi o fato de os bandidos ocuparem um ônibus para transportá-los até a cidade onde um avião-pagador aterrissaria. Mas não havia avião-pagador algum na história. Descoberta a farsa, multiplicaram-se denúncias formais de ilegalidade na ação. O juiz que havia autorizado a saída de presos colaboracionistas foi chamado ao Tribunal de Justiça e indagado sobre os motivos de sua atitude. Disse que quis ajudar a polícia na busca a bandidos superperigosos, e que tudo estava sendo feito de forma transparente. Um desembargador, brandindo a Constituição, perguntou em alta voz por três vezes: "Doutor, onde está escrito aqui que o senhor pode fazer o que fez?". O juiz foi afastado. O Gradi morreu. O PCC continuou, dessa vez com uma nova lista de mortes: os alcagüetes, os dedos-duros, os informantes. O jurista de boteco saiu estrategicamente de cena.

Estimulado pela tibieza do governo, o PCC passou a compor um novo figurino. Insatisfeito com o mero domínio interno no esmagamento de outras facções, no sufoco imposto a agentes penitenciários – alguns começaram a ser espancados na rua onde moravam, para ser humilhados e se acovardar – e o controle de caixa com contribuições, investimentos, cobranças de juros no financiamento de empreitadas criminosas, o PCC passou a querer mostrar-se como partido do crime. Sem ideologia alguma, nem ganho de dinheiro, começou a investir no terror para mostrar força e poder.

Assim é que em maio de 2006 começou em São Paulo uma série de ataques tendo como alvo policiais civis e militares, guardas metropolitanos e agentes penitenciários. Ser policial bastava para ser morto. Nem dois bombeiros, pelo fato de pertencer à Polícia Militar, escaparam. Os bombeiros, cuja missão única é salvar, passaram a usar coletes à prova de balas e armas na cintura. Quarenta e dois policiais, ao todo, morreram. Viaturas, prédios e bases móveis foram metralhadas. Cinqüenta e seis ônibus arderam ao ser incendiados. Oito agências bancárias foram alvejadas a tiros. Rebeliões eclodiram em 73 presídios, inclusive em vários bem distantes da capital, como os de Marabá Paulista (548 km), Presidente Prudente (565 km), Irapuru (631 km), Lavínia (600 km), Flórida Paulista (459 km) e Paraguaçu Paulista (459 km). Os boatos tomaram conta da cidade. Falavam que viriam mais ataques, dessa vez a *shoppings* e supermercados. Que a mãe de Marcola tinha sido morta e ele iria se vingar. O bandido perdeu a mãe aos 9 anos de idade. Lojas cerraram as portas. Escolas de todos os tipos suspenderam as aulas, até mesmo da pré-escola. Julia Souza Vieira, 3 anos, não entendeu quando a mãe, Andréia, tentou explicar que ela não iria ao pré naquele dia, na zona norte de São Paulo. Mais da metade das empresas de transporte tirou a frota de ônibus das ruas. A partir da madrugada de segunda-feira, motoristas e cobradores de ônibus estavam com medo de trabalhar e cinco milhões de pessoas ficaram paradas nos pontos de ônibus, sem condução, perdendo o direito de ir e vir. "Queremos trabalhar", gritava um grupo inconformado indo a pé para o serviço. O comércio teve prejuízo calculado oficialmente em R$ 50 milhões. Na indústria, o prejuízo foi de mais de R$ 100 milhões. "São Paulo não pode parar", dizia-se antigamente. Por causa do PCC, São Paulo parou. Na súbita situação de emergência, autoridades vacilavam, tão atônitas quanto os moradores. Parte da mídia exacerbava. Era inaudível, mas um formato criminoso de toque de recolher contaminava as ruas de São Paulo.

Covarde matança, reações oficiais lamentáveis. Muitas mães que seriam homenageadas pelos filhos saíram de casa para enterrá-los em pleno Dia das Mães. O governador em exercício, Cláudio Lembo, disse na manhã de sábado, 13 de maio, enquanto os ataques prosseguiam, que os ataques do PCC eram de certo modo "previsíveis" por causa da remoção maciça de líderes para Presidente Bernardes. Depois, saiu para ir à igreja da Cruz Torta, no bairro de Pinheiros, onde rezou pelas almas dos "homens que caíram". O comandante geral da Polícia Militar, coronel Elizeu Éclair, disse ter "informações de que podia haver rebeliões". O presidente da Associação dos Cabos e Soldados da Polícia Militar, Wilson Moraes, cobrou: "A Secretaria da Segurança sabia das conseqüências após a transferência dos líderes do PCC. Por que não reforçou o policiamento nas delegacias e nas bases?". E ainda fustigou: "O governo precisa substituir os secretários. O da Segurança é arrogante, prepotente, não entende nada de segurança pública. O da Administração Penitenciária ninguém respeita". A Associação dos Delegados de Polícia de São Paulo criticou: "Temos um amador na Segurança e outro incompetente na Administração Penitenciária".

No mês seguinte aos ataques, a polícia detectou um novo plano do PCC: matar agentes penitenciários que, encerrando o expediente de trabalho, deixassem o Centro de Detenção Provisória de São Bernardo do Campo em direção ao ponto de ônibus. A região do ABC estava em dívida com o PCC: não havia participado dos ataques de maio. Era a vez de, publicamente, demonstrar obediência.

A polícia descobriu e espreitou. Ficou à espera num morro próximo. Quando os carros dos possíveis matadores chegaram, os policiais chegaram com toda a força, numa fuzilaria implacável. Doze foram mortos no local. Mais um tentou escapar e foi fuzilado longe dali. Três não tinham antecedentes criminais. O plano do bando seria atacar outros Centros de Detenção da região e matar até 15 agentes penitenciários.

Sete dos treze tiveram velório e enterro de luxo em São Bernardo do Campo. O PCC bancou tudo: caixão superluxo, vendido a R$ 1.132,67, e jazigo único para os sete, comprado por R$ 17 mil no Cemitério da Colina, que é particular e só sepulta pessoas de famílias de classe média alta. No jazigo cabem oito corpos. O preço normal é de R$ 18.610, mas como o pagamento foi a vista concedeu-se o desconto.

No anseio de dar respostas, a polícia matou gente ao acaso. A Secretaria da Segurança decidiu centralizar as estatísticas, como se todas fossem da mesma natureza, e ficou rapidamente sem condições de explicar tiros únicos e certeiros na testa, tiros em mãos espalmadas, configurando gesto típico de defesa, e de outras pessoas que foram eliminadas por encapuzados misteriosos com características policiais. Sem condições de esclarecer vários casos duvidosos, a Secretaria da Segurança recolheu-se ao silêncio que contraditoriamente diz tudo. O comandante geral da PM ameaçou processar organizações não-governamentais que colocam em dúvida a versão oficial dos confrontos: apresentados como legítima defesa ou estrito cumprimento do dever legal. Havia inocentes, é certo, mas não clima para contestar a reação contra o PCC. Ensaiaram-se protestos, dúvidas, pedidos de investigação, questionamento dos laudos de exame necroscópico. A pretexto de prestigiar o lado da boa polícia, adotou-se a miopia para olhar a parte má.

Sobre ataque, defesa e contra-ataque, havia versões atribuindo a Maurício Hernandez Norambuena, chefe dos seqüestradores do publicitário Washington Olivetto em 2002, uma espécie de assessoria em ações criminosas espetaculares, pois Norambuena, um chileno que fez parte da Frente Patriótica Manoel Rodrigues (FPMR), comandou o seqüestro do coronel Carlos Carreño, libertado em São Paulo depois de 92 dias de cativeiro somente depois que o ditador Augusto Pinochet atendeu às exigências de divulgar manifestos da organização pela imprensa.

Norambuena foi cumprir pena na mesma penitenciária, Presidente Bernardes, onde ficou concentrada a cúpula do PCC. Preso num regime rígido, ameaçou de morte o juiz das Execuções Penais, Miguel Marques da Silva, conforme correspondência apreendida e encaminhada ao Poder Judiciário. Norambuena foi implacável com Olivetto e mandou abandoná-lo no cativeiro, depois que ele e outros seqüestradores foram presos. O publicitário salvou-se porque uma vizinha da casa onde estava encarcerado ouviu o barulho de suas pancadas desesperadas na parede. Naquele momento faltou energia elétrica no bairro e Olivetto ficou sem ar. Conseguiu abrir uma fresta minúscula na porta usando as frágeis hastes dos óculos. O silêncio no lugar permitiu que a vizinha, estudante de medicina, colocasse um estetoscópio na parede e ouvisse os pedidos de socorro. Se dependesse de Norambuena, Olivetto morreria asfixiado.

A polícia imaginou uma ligação Norambuena-PCC quando em agosto de 2006, no mesmo dia do assassinato de Cesinha em Avaré, a organização seqüestrou o repórter Guilherme Portanova e o auxiliar técnico Alexandre Coelho Calado, ambos da Rede Globo de Televisão. Os dois foram surpreendidos numa manhã de sábado, quando tomavam café numa padaria próxima à emissora. Calado foi libertado na noite do mesmo dia, voltando para a TV com um vídeo no qual um encapuzado, falando pelo PCC e tendo como pano de fundo um arsenal, falava durante 3'38" sobre as pretensões da organização. Calado era portador de uma mensagem verbal: se o vídeo não fosse ao ar, o repórter poderia ser morto. A emissora cedeu com um plantão no início da madrugada, mesmo pressionada por autoridades policiais para não fazer isso e não abrir um "perigoso precedente". A Rede Globo preferiu decidir, depois de consultar especialistas não brasileiros sobre o assunto, que não cumpriria a exigência, pois isso poderia colocar em risco a vida do repórter. Segundo a Central Globo de Comunicação, "diante do que vem acontecendo em São Paulo nos últimos meses, não havia dúvida sobre até onde as ações dos bandidos podem chegar: basta dizer que os mortos já se contam às centenas".

O texto do manifesto era bacharelesco, fora do estilo de prisioneiros. O leitor pronunciava mal as palavras do texto, cometendo erros como referir-se ao período do Iluminismo – fortalecido no século XVIII, o chamado "século das luzes", tendo em Voltaire e Kant dois de seus expoentes – através do termo "ilusionismo". O Iluminismo fortaleceu a idéia de pensar e deixar pensar. O "ilusionismo" lido por equívoco ficou sem sentido, a não ser remeter à ilusão de que o PCC, que 13 anos depois de surgir tinha somente dois fundadores vivos, deveria ser visto apenas como um movimento humanitário nas prisões. A Rede Globo divulgou o comunicado oficial do crime:

Como integrante do Primeiro Comando da Capital, o PCC, venho pelo meio único encontrado por nós para transmitir um comunicado para a sociedade e os governantes. A introdução do Regime Disciplinar Diferenciado (RDD) pela lei 10.792/2003, no interior da fase de execução penal, inverte a lógica da execução penal. E coerente com a perspectiva de eliminação e inabilitação dos setores sociais redundantes (?), leia-se "a clientela do sistema penal", a nova punição disciplinar inaugura novos métodos de custódia e controle da massa carcerária, conferindo à pena de prisão o nítido caráter de castigo cruel.

O Regime Disciplinar Diferenciado agride o primado da ressocialização do sentenciado vigente na consciência mundial desde o ilusionismo (?) e pedra angular do sistema penitenciário, a LEP (Lei de Execuções Penais). Já em seu primeiro artigo, traça como objetivo do cumprimento da pena a reintegração social do condenado, a qual é indissociável da efetividade da ação penal. Portanto, qualquer modalidade de cumprimento de pena em que não haja constância dos dois objetivos legais, castigo e a reintegração social, com observância apenas do primeiro, mostra-se ilegal, em contradição à Constituição Federal.

Queremos um sistema carcerário em condições humanas, não um sistema falido, desumano, no qual sofremos inúmeras humilhações e espancamentos. Não estamos pedindo nada mais do que está dentro da lei. Se nossos governantes, juízes, desembargadores, senadores, deputados e ministros trabalham em cima da lei, que se faça justiça em cima da injustiça que é o sistema carcerário, sem assistência médica, sem assistência jurídica, sem trabalho, sem escola, enfim, sem nada.

Pedimos aos representantes da lei que se faça um mutirão judicial, pois existem muitos sentenciados com situação processual favorável dentro do princípio da dignidade humana. O Regime Disciplinar Diferenciado é inconstitucional. O Estado Democrático de Direito tem a obrigação e o dever de dar o mínimo de condições de sobrevivência.

> *Queremos que a lei seja cumprida na sua totalidade. Não queremos nenhuma vantagem. Apenas não queremos e não podemos sermos (sic) massacrados e oprimidos. Queremos que as providências sejam tomadas, pois não vamos aceitar e não ficaremos de braços cruzados pelo que está acontecendo no sistema carcerário.*
>
> *Deixamos bem claro que nossa luta é contra os governantes e os policiais. E que não mexam com nossas famílias que não mexeremos com as de vocês. A luta é entre nós e vocês.*

O texto, lido por um encapuzado do PCC, teve partes subtraídas, *ipsis litteris*, de um parecer do Conselho Nacional de Política Criminal e Penitenciária, ligado ao Ministério da Justiça. O criticado regime disciplinar diferenciado foi criado administrativamente em São Paulo pela Secretaria da Administração Penitenciária em 2001, através de uma resolução. A idéia paulista nacionalizou-se em 2003, com a Lei Federal n. 10.792, quando o traficante Fernandinho Beira-Mar, indesejável pelo governo do Rio de Janeiro, fez um périplo prisional por vários Estados. Quatro dias depois da leitura do manifesto do PCC, a 1ª Câmara Criminal do Tribunal de Justiça decidiu que o regime disciplinar diferenciado seria mesmo inconstitucional, concedendo, então, um *habeas-corpus* para o chefe Marcola. A decisão foi tomada por unanimidade entre os desembargadores da Câmara. O regime é imposto por 360 dias e a decisão judicial se referia a uma das internações, em janeiro, mas estando em curso nova determinação, em outro processo. De qualquer modo, as palavras mal lidas pelo encapuzado do PCC foram endossadas pela mais alta Corte de Justiça do Estado. Não constou dos autos, neste caso, que nem tudo que está na lei consta dos cárceres. E que nem tudo que acontece nas prisões está na lei. Mas não era esse o tema da discussão. Mais dois dias e o julgamento de um dos envolvidos no assassinato do juiz Antônio Machado Dias não foi realizado. O advogado abandonou o plenário. A juíza viu-se forçada a adiar o julgamento para seis meses depois.

No mesmo mês de agosto de 2006, na mesma semana que explodiu uma bomba na sede do Ministério Público do Estado de São Paulo, um grupo de seis promotores apresentou à 3ª Vara Criminal da Capital uma denúncia sobre a formatação do PCC, mostrando a estrutura e personagens vitais da organização. As 129 páginas da denúncia continham um sentido, apresentado como "gênese da organização criminosa", diametralmente oposto ao conteúdo do manifesto divulgado pela Rede Globo. Está escrito:

> *O "Primeiro Comando da Capital" teve sua origem em 1993, formado por criminosos que inicialmente se denominavam "Fundadores", cujo escopo inicial era o domínio do sistema prisional, com a prática de extorsões contra detentos e familiares, promovendo, ainda, a execução de presidiários, o tráfico ilícito de entorpecentes dentro e fora dos presídios e a prática de crimes correlatos, sempre visando dar à organização criminosa o domínio do sistema prisional, inicialmente apenas no âmbito interno, expandindo-se depois e atuando fora do sistema, de molde a atingir a sociedade como um todo.*
>
> *Formada a quadrilha, os membros da congregação desenvolveram sofisticada divisão de trabalho, cada qual exercendo uma função, mas sempre conscientes da finalidade global e do papel que cada um cumpria no esquema criminoso. Fora dos presídios, dividiam tarefas e passaram a exercer agressiva atuação criminosa, hoje voltada quase completamente ao tráfico ilícito de entorpecentes. A organização alcançou notória capacidade de articulação por ocasião da chamada "megarrebelião", uma das maiores rebeliões prisionais da história mundial, ocorrência que envolveu vários presídios em ações simultâneas.*

Os discursos são opostos. O encapuzado do PCC falando na Rede Globo, os panfletos distribuídos nos ônibus e estações do metrô e todos os papéis manuscritos saídos dos cárceres mencionam uma luta contra a opressão, a pena aplicada como vingança, e nunca como fórmula de reabilitar, os espancamentos rotineiros e a tortura sistemática – tudo ensejando a aparição de um grupo de resistência contra massacres prisionais institucionalizados. O Ministério Público, que se apresenta como fiscal da lei e legítimo representante da sociedade – e tendo poderes para fiscalizar abusos contra presos –, não mencionou uma palavra sequer nessa denúncia sobre as circunstâncias alegadas que teriam provocado o nascimento do PCC. É verdade que em Sociologia, e não em Direito, se poderia dizer que o verdadeiro representante da sociedade seria o réu, que sai de todos os extratos sociais. Mas a divagação acadêmica já é uma outra história. Os promotores argumentaram que após as rebeliões, que aconteceram no mesmo dia e no mesmo horário, "esclareceu-se o método de operação e se conseguiu a identificação e descrição de uma hierarquia":

> *No ápice, os ditos "Fundadores"; em seguida, os "pilotos", indivíduos responsáveis por um presídio ou ala do presídio e, na base, os "soldados", todos atuando em obediência aos chefes que, na maior parte das vezes, faziam chegar aos subordinados a cópia de um "estatuto", contendo as regras a serem obedecidas dentro da organização.*
>
> *Some-se, ainda, a existência das chamadas "centrais telefônicas", expressão hoje popularizada e que consiste no uso de linhas telefônicas instaladas em quaisquer lugares e que têm por objetivo possibilitar a transferência de chamadas telefônicas ou a realização de "teleconferências", ocasião em que várias pessoas conversam, por telefone, falando simultaneamente. Os membros da organização amiúde obtêm ilicitamente aparelhos de telefonia celular que são introduzidos nos presídios, normalmente aparelhos pré-pagos, com as quais se conectam às "centrais" e estas, automaticamente ou com a interferência de operadores (geralmente mulheres), transferem as chamadas para o destino final. Como os telefones utilizados são pré-pagos, há sempre "linha mestra", pela qual se possibilita a recepção de chamadas a cobrar. Ademais, quando a operadora desativa a linha por falta de pagamento ou de créditos, outra é ativada em substituição e assim são garantidas indefinidamente as comunicações entre os associados da entidade.*

A denúncia do Ministério Público condensou as investigações desenvolvidas durante muito tempo pelo DEIC. Em trabalho de contra-informação, a polícia conseguiu cooptar a colaboração de alguns presos, dados obtidos através de funcionários, bem como cruzar as informações obtidas em vários inquéritos, e assim elaborar um tratado jurídico do PCC. Isso porque o Judiciário exige e a Constituição impõe que sejam particularizadas as atuações individuais de uma quadrilha quando se dá início a um processo penal. Como a polícia reclamou de algumas decisões judiciais, nas quais acusações genéricas foram desqualificadas, isto é, descartadas, a nova peça processual tratou de mostrar como funciona a organização criminosa, chamada de quadrilha ou bando, e a associação específica para o tráfico. Durante anos, e ininterruptamente, uma funcionária da polícia recebeu a missão de gravar horas e horas de conversações. A tarefa passou a ser executada, sem cessar, num sítio bucólico a 121 quilômetros da capital, e os resultados foram excelentes para as investigações, concentradas no DEIC e abastecendo os promotores que trabalham num grupo que tem por missão exclusiva atuar contra o crime organizado. A soma de todos os detalhes, lembrando o estilo do maxiprocesso italiano inaugurado pelo juiz Giovanni Falcone na sua luta contra a máfia italiana, luta que lhe custaria a vida, permitiu descobrir que aos poucos o PCC foi passando por transformações, como descreveram os promotores na denúncia:

> *Em decorrência das sucessivas investigações policiais e ações penais desfechadas, apurou-se que o "Primeiro Comando da Capital" estabeleceu uma nova estrutura para sua atuação criminosa, desmobilizando parcialmente o molde piramidal já descrito. Fora ele descentralizado em anéis ou células, cada qual com autonomia e discricionaridade dentro de sua área ou ramo de atividade, ligando-se os "pilotos" com outros da mesma denominação ("pilotos"), mas responsáveis por pequenas divisões dentro do mesmo espaço geográfico ou função, vascularizando a ação criminosa.*

Novas figuras foram acrescidas à estrutura que se diversificou horizontalmente: aos "pilotos" foram acrescidos os "torres", peças-chave na estrutura. Os "torres" são lideranças decisórias que formam uma espécie de "última instância" antes da liderança geral. Foram criados, ainda, os "sintonias", cuja função é a manutenção de contato entre os anéis ou células, daí resultando que a expressão "estar na sintonia" significa ficar a par de tudo o que ocorre com a atividade criminosa, garantindo a comunicação entre todos os integrantes da organização.

Dessa vez, finalmente, se esclareceria como funcionavam as estratégicas de comunicação sigilosa do PCC. Primeiro, detalhando os esquemas que permitiam relacionamentos de dentro para fora e de fora para dentro dos presídios, em caráter permanente, muitos deles em regime de aparelhos ligados 24 horas. Depois, precisando quais eram os principais interlocutores já identificados, com a elaboração de um cronograma e a revelação de algumas conversas. Em todas as novas etapas que passou a adotar na organização cada vez maior, o PCC passou a identificar cada tipo de atividade com um nome próprio, incompreensível para leigos ou qualquer um que não tivesse um mínimo de conhecimento sobre a nova linguagem do cárcere. Sim, o PCC teve a sua gênese, e para desvendá-la a repressão chegava ao apocalipse: a revelação, o desvendar do véu, conforme a tradução da palavra grega. Ou decodificar, ou nada saber. Sim, decifrar ou ser devorado.

A agilidade e eficiência da comunicação decorrem, principalmente, da evolução tecnológica dos meios de comunicação, especialmente da telefonia móvel celular. Hoje se faz possível a realização de teleconferências, com várias pessoas se valendo de uma linha principal de telefone celular e não mais uma linha fixa como anteriormente se exigia, fator que trouxe enorme flexibilidade e mobilidade ao sistema, permitindo o controle das atividades criminosas minuto a minuto.

Criou-se ainda a figura do "disciplina", a quem compete uma espécie de controle ou corregedoria interna no âmbito da organização. Sua in-

cumbência é cobrar dos demais a tarefa criminosa que lhes fora destinada. Também se criou a figura do "bicho-papão", cuja responsabilidade é a arrecadação do lucro inerente ao tráfico de entorpecentes, tanto dentro como fora do sistema prisional. O objetivo de tais divisões foi aperfeiçoar a atuação criminosa, criando divisão hierárquica e por matéria, de sorte a dificultar a repressão por meio de camadas de amortecimento entre as ações e as lideranças.

A descrição dos promotores na denúncia trouxe à tona questões submersas no *iceberg* criminal. Uma delas é a opção pelo investimento no tráfico de drogas, demonstrando que existe uma clientela imensa a ser abastecida e que a maioria absoluta das remessas chega ao destino, é vendida e consumida. As políticas públicas favoráveis ao que chamam de "redução de danos" adquirem uma silhueta de sofisma, porque o PCC prova que existe uma estratégia de mercado: ele vende, e muito, porque muita gente compra, e bastante. Um elo umbilical une vendedores e compradores. Um lado é doente, dependente; o outro investe na doença e na dependência e aufere lucros cada vez maiores. Discussões bizantinas sobre o tema apenas ajudam a manter o usuário na sua posição de dependente e a deixar o traficante cada vez mais rico. "A base da atividade criminosa tem como objetivo o tráfico ilícito de entorpecentes. Mas há outras atividades ilícitas correlatas, tais como homicídios, sempre vinculadas aos interesses da organização criminosa." A frase *en passant* dos promotores embute uma realidade sinistra, oculta sobre as estatísticas dos assassinatos sob encomenda. No mundo do tráfico, as dívidas são executadas a tiros, facadas e tortura. Mata-se por encomenda. Mata-se por pistolagem. No agosto sinistro de São Paulo, policiais militares da ROTA mataram dois bandidos do PCC. No carro dos criminosos havia armas e munições, e um pedaço de papel com instruções detalhadas para matar, "sem dó", dois juízes da Comarca de Osasco. As sentenças proferidas por ambos não estavam agradando o PCC, erigido também em corregedor judicial. No caso de quem vende ou compra drogas, não se tolera a inadimplência em hipótese alguma. No Brasil, a maioria dos assassinos fica impune, como demonstra uma pesquisa encomendada pela

Secretaria Nacional de Segurança Pública, ligada ao Ministério da Justiça. Foram analisados dados referentes a inquéritos e processos de homicídios praticados no período 2000-2004. No Rio de Janeiro, 90% dos autores de homicídios nem sequer são identificados. Em São Paulo são esclarecidos e punidos vinte autores para cada grupo de cem criminosos. No Recife, esclarecer e condenar alguém por matar não passa de 3%. Esses números assustadores vão motivar um estudo nacional sobre assassinatos, a ser realizado em 2007. Mas por que, então, atacar prédios, ônibus, instalações policiais, matar agentes da lei, com ou sem farda, e não ter retorno algum em dinheiro nessa imersão terrorista? Porque, segundo os promotores:

> *Neste contexto, os atentados contra os organismos do Estado visam não somente demonstrar o poderio da organização, como também, por meio da coerção, evitar que as lideranças sejam isoladas, prejudicando, assim, o funcionamento da organização criminosa. Dentro da estrutura da organização, a divisão de papéis e atividades faz com que os integrantes não se voltem apenas para a atividade-fim, mas também para a atividade-meio. Inclui-se nesta a função de "pombo-correio", desenvolvida por advogados que, distantes da nobre profissão, fazem o contato das lideranças, isoladas e momentaneamente sem acesso ao telefone celular, com as células que se encontram fora dos presídios. Essa estrutura macro sofreu uma variação orgânica cujo mote foi, sem dúvida, evitar novas ações policiais. É certo que se evitando a estrutura tradicional via pirâmide torna-se mais difícil a repressão, pela falta de conexão direta entre as lideranças. Este tipo de organização é de todo assemelhado a métodos terroristas e envolve: a) autonomia; b) flexibilidade e c) isolamento com relação a outras células, de modo que a identificação de uma não leva necessariamente à identificação das demais.*
>
> *Importante ressaltar que não há hierarquia entre as células, destruindo-se o conceito de hierarquia vertical, tal como em uma estrutura orgânica criminal tradicional. Toda a estrutura é montada com um único objetivo: o tráfico. Cada célula opera uma região ou cuida de uma*

determinada matéria. Organiza-se internamente o critério do "Piloto", o qual decide, inclusive, se assumirá uma atuação mais operacional ou não. Seja como for, é do "Piloto Geral" da célula que emanam as diretrizes para a realização das ações criminosas determinadas pela liderança. Lastreado no tráfico, o "Primeiro Comando da Capital" voltou-se para dentro do sistema prisional e ganhou o monopólio do tráfico dentro dos estabelecimentos prisionais. Em uma mistura de força e comércio, os "pilotos" ganham ascendência sobre a população carcerária e fortalecem a organização. É com este método, baseado essencialmente no tráfico, que o "Primeiro Comando da Capital" agora encontra seu espaço e poder. O interesse da organização é um só: a traficância, porém qualquer ação que perturbe a liderança sofre retaliação. Certo é que os atentados não beneficiam diretamente o tráfico, mas são feitos em benefício dos líderes que chefiam esta atividade criminosa. Enfim, todas as ações mascaram o interesse do tráfico em grande escala.

O líder Marcola aparece no relato do Ministério Público com apelidos pouco conhecidos: "Playboy", "Marcão", "M", "M Maior" e "Ladrão de Oxigênio". Os motivos não são explicados. Mas "Playboy" porque sempre gostou de vestir-se bem e andar em belos carros, como o Dodge Stratus que indiretamente provocou a sua última prisão. "Marcão" porque, respeitosos, seus subordinados punham seu nome no aumentativo. O "M" remete a um mágico famoso que usa esse nome – e Marcola, como um mago do crime que sempre possui surpresas operacionais saindo da cartola, merecia essa distinção. O "M Maior" é porque ele chegou ao ponto em que "M", simplesmente, seria pouco. Ele tinha de ser maior, portanto, "M Maior". O "Ladrão de Oxigênio" foi coisa das mulheres de sua vida. Encantadas, diziam que seus beijos eram de acabar com o oxigênio, de tirar o fôlego, portanto, ladrão do elemento indispensável à vida.

No mês de julho de 2006, uma mulher do PCC falou pelo rádio nextel 30*54232 e passou um "salve geral", uma mensagem para todos, na qual o comando do PCC determinava: "Identificar os viagras com certeza, não mexer com a PM nem com os familiares. Os atentados devem ser com fogo e bomba e atingir os comércios e comitês de pessoas que já sabemos quem são". A tradução, segundo os promotores: "Pichar os muros contra as opressões do governo Alckmin e pedir apoio dos quatro cantos. Aquele Estado que estiver com mais estrutura legal deve nos apoiar nessa batalha". Mais salve, segundo a mesma mulher: "A partir das 9 horas da noite, vão estar nas ruas da capital, em conjunto com a C, R quem tiver passagem na rua a ordem é pra assassinar! Pedimos a todos que tenham cautela e inteligência e não se expor ao perigo". *Viagras* são agentes. O teor da mensagem não foi inteiramente decodificado.

A denúncia traduz outras expressões. *Ponteiro* é fuzil, *catraca* é metralhadora. Uma certa Carla conversa com um certo Washington. Ela, PCC. Ele, CV. Washington critica a queima de ônibus que deixou feridos. Carla informa que a ordem veio da *tranca*, dos líderes trancafiados. Segundo ela, Marcola e Pateta argumentam que "toda adversidade acaba por gerar algum ganho". O homem do CV quer saber se Marcola é o Bravo, chefe do PCC. Carla responde: "Marcola é bonzinho". A droga, diz, estava vindo do Paraguai e da Bolívia – mas "tudo, antes de ir para a rua, é misturado, pesado e embalado".

Capítulo VI – Dos Fins

Quem quiser entender a linguagem do PCC e pensar que viagra é nome de remédio para impotência sexual, corrija-se: "viagra", na linguagem da organização, é referência específica a policiais civis, que consideram impotentes. Não em termos sexuais. Quando os membros do PCC falam em Polícia Civil, em suas conversas, comunicados e *salves* consideram a polícia sem farda menos alerta, mais fragilizada em termos de organização. Em alguns ataques, os viagras foram priorizados por causa disso. Recomendou-se expressamente evitar confrontos com os *papa Mike,* ou seja, as iniciais de PM, e caprichando na escolha dos "biscoitos", o código que utiliza as armas de fogo empregadas em qualquer ação ou que se procura introduzir dentro dos presídios.

O PCC criou uma nova linguagem, como se fosse um dialeto circunscrito a um grupo cada vez maior de militantes, substituindo a semiótica restrita aos habitantes do cárcere – usar sinais e não a voz – que ainda predomina nas prisões. Palavras diferentes, seios rígidos ou flácidos de advogadas contendo mensagens, recados em código, exigindo que cada destinatário domine o glossário particular do PCC. Sem querer, o *salve* da organização retroagiu à arena dos gladiadores romanos, onde se fazia uma saudação clássica ao imperador antes dos combates mortais começarem: *Ave Caesar, morituri te salutant.*

Salve, César, os que vão morrer te saúdam.

O PCC passou a ter chefe com *status* de imperador. O diretor do DEIC foi à cúpula do Judiciário dizer que se sentia um gladiador na arena em desigualdade de condições e que o sangue espirrava na platéia indiferente. O novo imperador organizou as conferências por telefone para decidir quem deveria morrer. Outras vezes, o sinal negativo, com o dedo polegar virado para baixo, o próprio chefe passou a aplicar sentenças de morte, conferindo ao condenado, porém, o direito de escolher a forma de morrer. Com facadas no peito? Degolado? Ou asfixiado por um pedaço de corda, um fio de náilon, ou fortes mãos apertando-lhe o pescoço até o fim?

Salve, PCC, o que vai morrer te saúda. O desafeto DVD morreu assim. Como se escolher a forma de perder a vida fosse uma concessão de dignidade, uma certa nobreza, como a guilhotina reservada aos nobres foi no passado.

Salve, Marcola, é uma honra cumprir a sua ordem de matar.

(Ao ler essas informações, fugitivos da Academia, especialistas do cárcere que não entram na prisão e "técnicos" em sistema policial que não conhecem as delegacias comentarão que aqui estaria uma apologia ao crime. A eles, recomenda-se, *a priori*, o provérbio chinês: brigar com os fatos é inútil, é inútil...)

Palavras e ações transformaram-se em notícias também na França, onde *Le Monde* e *Le Figaro* mencionaram atividades sistemáticas do já famoso Premier Command de la Capitale. O PCC entrou sem querer nos palanques para as eleições de outubro, onde prosseguiram as trocas de farpas entre situação e oposição. Pelos jornais, leitores mostravam cada vez mais indignação. As seções de cartas são um excelente e quase sempre ignorado termômetro das reações da sociedade. Poderiam ser levadas em consideração em vez de serem lançadas na vala comum do desprezo. O penalista italiano Giuseppe Bettiol, considerado um dos melhores do mundo em Direito Penal, esteve em São Paulo e fez uma palestra especial no auditório do escritório do advogado Edevaldo Alves da Silva, assistida pela cúpula do Judiciário paulista, e disse que esse ramo do Direito deve ser muito claro, "até para o homem mais simples das ruas". Mas a maioria dos que se consideram grandes entendidos em Direito construíram uma barreira quase intransponível para considerar implacavelmente "leigas", ignorantes no assunto, as pessoas que não conseguem compreender determinadas decisões, postulações, interpretações, dogmas e considerações. Não conseguem, muitas vezes, mudar a frase "leigo não entende" para "ser humano não entende". De fato, muita coisa não entra na cabeça de ninguém. Inclusive quando esses tais operadores concentram suas críticas a alguns comportamentos da sociedade, ao dividi-la, com tonalidades maniqueístas, em bem e mal. Os que querem repressão pura dificilmente levam em consideração, por exemplo, que Jack, o Estripador, atacava mulheres, por ele retalhadas, em plena e austera Inglaterra vitoriana, e que M., o Vampiro, caçava menininhas pelas ruas de Dusseldorf em tempos do nada permissivo regime nazista. Os que querem afastar a repressão de cena e investir exclusivamente na prevenção e políticas sociais não querem saber que a maioria absoluta dos pobres nada tem a ver com a delinqüência e que a criminalidade contemporânea está em todas as classes sociais. Nem oito, nem oitenta: o buraco fica mais fundo, não se trata apenas de apertar os criminosos ao máximo, ou, no contraponto, tratá-los com permanente brandura total. Há casos e casos, tanto que o Direito insiste, aí com razão, na importância da individualização da pena.

Marcola ganhando *habeas-corpus* porque a Justiça paulista decidiu que regime disciplinar diferenciado seria mais rígido e por isso mesmo inconstitucional foi um dos assuntos que entraram espontaneamente em debate. Em *O Globo*, por exemplo, José Caldas, de São Gonçalo, Rio de Janeiro, perguntava: "Quer dizer que ficar no RDD é inconstitucional, mas matar, roubar, praticar latrocínio, estuprar, fazer rebeliões, seqüestrar, manter em cárcere privado, isso é constitucional"? Fátima Lúcia Guimarães Mendes, do Rio de Janeiro: "Nada mais no Brasil me surpreende. Marcola, você é um dos maiores exemplos de liderança pós-moderna do País: desenvolve o sentido de equipe, é *expert* em planejamento, cria estratégias para alcançar resultados; portanto, tem eficácia, conquista sempre novos colaboradores para alcançar suas metas e faz lembrar e resgata o valor da nossa Constituição, assim como agiliza os mecanismos legais para atendê-lo em tempo hábil. Agora, a lição mais importante e preciosa que nós, cidadãos, aprendemos com você: a desonestidade, a bandidagem e a conduta perversa são os caminhos que nos conduzem à garantia de nossos direitos constitucionais e à recompensa desmedida". Guilherme Haddad: "O fato é que vivemos sob o domínio de terroristas, que para conseguir que atendam suas exigências, incendeiam ônibus e matam milhares de pessoas. A Justiça insiste em atender a essas exigências. As autoridades parecem não ter coragem, força e, sobretudo, vontade de acabar com esse terror. A população quer saber: como sair de casa tranqüilamente se a todo momento se depara com notícias de assaltos e assassinatos cometidos ou encomendados por esses mesmos bandidos que são soltos pela Justiça?".

Mas não foram apenas cartas de eleitores inconformados. Em editorial, o jornal *O Estado de S. Paulo*, sobre o mesmo RDD repudiado pelo Tribunal de Justiça, opinou: "Diante da estratégia que o PCC passou a usar, convertendo argumentos ideológicos e jurídicos em cortina de fumaça para mascarar iniciativas criminosas e confundir a opinião pública, ao discutir o RDD em seus aspectos formais, o TJ acabou fazendo o jogo da facção criminosa". Para o jornal, "ainda que não fosse esse seu desejo, legitimaram a retórica pseudojurídica do PCC", pois "passaram um atestado de validade a uma 'causa' especialmente urdida pela facção criminosa para tentar neutralizar uma das poucas medidas que a incomodam e a intimidam". Ainda: "Ao relegar para segundo plano a audácia do PCC e os perigos que ele cria para toda a sociedade, os magistrados mostraram o quanto a Justiça se encontra distanciada da realidade". Para o jornal, a 1ª Câmara Criminal ter-se-ia deixado prender por um "formalismo estéril", colocando de lado "o saudável princípio que, em matéria de segurança, prioriza o interesse público e protege a parte mais interessada – a sociedade".

Na *Folha de S.Paulo*, o professor de português Pasquale Cipro Neto explicava um erro de regência na frase "Os ataques a policiais e a prédios públicos do PCC". Ironizou: "Como sabemos que os prédios não são (não são mesmo?) do PCC", a frase correta deveria ser: "Os ataques do PCC a policiais e prédios públicos".

Na Febem, Fundação para o Bem-Estar do Menor, Champinha – apelido de Roberto Aparecido Alves Cardoso, que ainda adolescente matou o casal de namorados Liana Friendebach, 16 anos, com muitas facadas, e Felipe Café, 18 anos. A jovem teve o corpo desfigurado depois de ter sido estuprada durante quatro dias. O temível matador precoce passou a dizer dentro da Febem que era do PCC. Quando, arrogante e cinicamente, passou a mão na genitália de uma educadora, levou um tapa no rosto. Os criminosos juvenis reagiram contra o revide dela: "A senhora não pode bater em vagabundo". Acalmaram-se quando souberam o que havia acontecido, narrado por outro infrator sendo reeducado através de medidas sócio-educativas, segundo os jargões técnicos vigentes, acalmaram-se.

Se Champinha blefava, o PCC não. A ala jovem do crime lhe interessa e investir nela começou a fazer parte de seus planos de expansão. A mistura de reações deixou claro que o Direito Penal não tem resposta para tudo, embora seus chamados "operadores" - tecnicismo horrível para designar as pessoas que têm nas atividades que gravitam em torno dele a sua profissão - continuem na busca de algumas respostas que, sabem muito bem, não serão encontradas do jeito que as coisas estão.

Quem não pergunta, não quer saber, e quem não quer saber, quer errar. A lição está num dos sermões do padre Antonio Vieira. Para saber o que fazer diante do PCC, é preciso perguntar, para quem conhece, os passos da organização. Primeiro, informações corretas, depois, o diagnóstico. A seguir, métodos eficientes de ação. Fora desse tripé, nada feito.

Nada se perguntou quando o comércio do bairro do Bom Retiro, alimentado por revendedores de outros Estados que viajam para fazer compras, teve o movimento afetado. O medo de viajar para São Paulo fez muito comprador de Goiás trocar seu destino para Belo Horizonte. O efeito cascata atingiu ainda o comércio no bairro do Brás e da rua 25 de Março. Ficou comprovado, pelas entidades de classe, que o PCC fez as vendas caírem até 10%, pelo menos, nos dias mais críticos dos ataques.

Algumas perguntas públicas aconteceram na Assembléia Legislativa de São Paulo, onde deputados da Comissão de Segurança queriam obter, em junho de 2006, informações sobre os ataques do PCC e convocaram o secretário da Segurança Pública, Saulo de Castro Abreu.

O encontro não foi nada amistoso. Saulo disse que durante os ataques uma pessoa, que ele não identificou, chegou a lhe fazer uma proposta para manter um diálogo com o PCC. O fato teria acontecido em reunião com a cúpula dos responsáveis pela segurança pública. A toda hora que insistiam em saber exatamente o que estava sendo feito pela Polícia, o secretário respondia que "não podia manifestar-se sobre investigações em andamento". Depois, começou a bocejar e fazer caretas ao ouvir determinadas perguntas. Deputado pelo Partido dos Trabalhadores, Vanderlei Siraque arrancou-lhe o microfone das mãos em certo momento. Saulo levantou-se e, com as mãos erguidas para cima, deu uma volta como se estivesse à disposição para ser revistado numa *blitze* policial, provocando gargalhadas da claque policial que lotava estrategicamente o auditório. Saulo mostrou os músculos do braço direito para o deputado, repetindo o jeito dos desafios do passado entre adolescentes dispostos a brigar. Outro petista, o deputado Ítalo Cardoso, tentou enfrentar o secretário ("o senhor me respeite e responda o que lhe perguntei sobre as ações da Polícia para combater o PCC") e ouviu: "Não vem dar uma de machão que você não é assim, rapaz".

O deputado Enio Tatto, também do PT, quis saber o que ele pretendeu dizer quando se referiu ao secretário da Administração Penitenciária, Nagashi Furukawa, como alguém que "despirocou". O deputado quis saber qual o significado de "despirocar". Saulo respondeu que o escritor Fernando Sabino usa o termo no livro *O grande mentecapto*. Não disse em momento algum que despirocar quer dizer enlouquecer, endoidar e, portanto, um despirocado seria enlouquecido, desvairado. Furukawa deixou o governo em 26 de junho. Não saiu atirando, comportou-se com amarga elegância e disse que Saulo o acusou de despirocar porque pretendia que fossem liberadas algumas concessões, que considerava ilegítimas.

O enigma do episódio ficaria decifrado: houve uma rota de colisão entre Furukawa e a Secretaria da Segurança. Saulo pretendia abrandar o regime mais duro, permitindo visitas no Dia das Mães. Numa reunião que começou na sexta anterior à noite, varou a madrugada e só terminou ao amanhecer de sábado, exatamente no período dos ataques de maio, Furukawa não abriu mão do regimento interno das penitenciárias para onde foram removidos 775 presos ligados às "torres" do PCC. O regimento prevê para os recém-chegados dez dias em observação e mais vinte dias sem poder receber visitas. Na queda de braço, mesmo diante de Saulo, do secretário-adjunto da Segurança, Marcello Martins de Oliveira, boa parte da cúpula da Polícia e até do secretário de Planejamento, Fernando Braga, o secretário da Administração Penitenciária manteve o seu ponto de vista. E o que era considerado certo – abrir mão desse castigo – deixou diante de Marcola, chefe do PCC, o diretor do DEIC, Godofredo Bittencourt, como se fosse um homem sem palavra. A palavra do diretor já fora empenhada para Marcola, o comandante do crime organizado. O delegado achou que a exigência era pouca, considerando-se os problemas que poderiam ser evitados. O secretário dos presídios não viu a situação sob essa perspectiva. A saída de Furukawa e a demonstração de prestígio para Saulo deixaram claro em quem o governo estadual preferia investir. Tudo isso foi envolto numa nuvem de fumaça porque, apesar disso tudo, uma comitiva do Governo foi de avião para Presidente Bernardes pedir trégua para Marcola. E um outro avião levou Marcola, mais tarde, vestido de agente penitenciário e encapuzado, para acalmar em Avaré os rebeldes da penitenciária local. E mais uma vez isso tudo foi feito às escondidas. A comitiva de Presidente Bernardes viajou num avião da Polícia Militar. A bordo, o corregedor administrativo dos presídios, um coronel da PM, comandante da região, e um delegado do Departamento de Narcóticos e uma advogada, delegada aposentada. Lá dentro, a advogada deu seu celular para Marcola telefonar, mas ele não quis. A comitiva queria fazer um pedido: que Marcola mandasse interromper os ataques. Ele respondeu dizendo que não tinha dado ordem nenhuma. Além disso, não concordava em falar ao telefone da advogada. Mas o chefe do PCC autorizou outro preso, *LH*, a apanhar esse telefone e ligar para outro preso, informando que Marcola estava bem fisicamente, e não havia sido espancado durante a transferência, conforme a boataria nas penitenciárias. No dia seguinte, as rebeliões terminaram. Descoberto o segredo, o Governo passou longo tempo pretendendo estabelecer diferenças entre "fazer acordo" e "negociar", tentando convencer que não havia cedido às pressões do PCC.

No duelo Saulo-Furukawa, os dois lados apostaram forte em si mesmo. O secretário dos presídios fazia parte da herança da gestão Mário Covas, que o nomeou, e a sucessão Alckmin não quis mexer nele para não causar melindres políticos internos no PSDB. O secretário da Segurança teve suficiente prestígio no partido para ser cogitado candidato à Prefeitura de São Paulo. Na hora da escolha definitiva, o partido preferiu José Serra, que ganhou a eleição.

A negociação entre administração e presos confinados no Regime Disciplinar Diferenciado teve muitos antecedentes e num deles, em agosto de 2005, pediu-se a favor de Milton David Guimarães, o "Nego", através do Relatório de Transferência/Desinternação 030/05. No documento, a diretora do núcleo de reabilitação, Isabel Cristina Marion Correia, e o diretor do núcleo de segurança e disciplina, Brás Calixto de Oliveira, ponderam junto ao coordenador de unidades prisionais da região oeste do Estado: "Nego", matrícula 192.801, havia sido incluído no RDD em setembro de 2004, procedente do Centro de Detenção Provisória de Pinheiros, na Capital, porque respondia a processo por homicídio. "Do interior do presídio onde se encontrava, estaria ameaçando testemunhas e familiares da vítima por meio de aparelho de telefonia celular, bem como estaria comandando o tráfico de drogas (processo C-268/045, em segredo de justiça)". Mas, "considerando que até a presente data o mesmo não apresentou qualquer tipo de problema para a ordem e segurança deste estabelecimento, opinamos pela sua desinternação, tendo em vista que o término do período de internação dar-se-á em 04/09/2005". Desse documento consta, ainda, a informação de que "o sentenciado declarou em termo que pertence à facção criminosa PCC, que tem inimigos no sistema penitenciário e solicita não ser removido para as unidades prisionais que façam oposição às facções rivais do PCC".

O problema sobre Milton apareceria nos autos 050.06.057.864-5, contendo a denúncia sobre a estrutura do PCC, apresentada à 3ª Vara Criminal da Capital. Ali, "Nego" é apontado com destaque no comando da organização, logo após Gegê do Mangue e Elefante Branco, "notadamente no que tange ao controle do comércio de entorpecentes", tendo "posição de mando para determinar a realização de atividades criminosas fora do sistema prisional". Tanto que, conforme a denúncia, usando o telefone 011-8511-3239, ele teria conversado com o bandido conhecido como "Teletubbies", às 10h37 do dia 4 de junho de 2006, para discutir "quantas cestas seriam distribuídas nos presídios (cada cesta corresponde a um quilo de cocaína) e quanto seria pago para quem recolhesse e cuidasse da cesta, determinando-se, inclusive, um aumento de salário". Às 18h55 do mesmo dia, "Nego" fez mais três ligações – "Marlene", "Teletubbies" e "Marrom" – para decidir sobre "um 'salve', isto é, um aviso, no Centro de Readaptação Penitenciária de Presidente Bernardes". Na véspera, usando o mesmo celular às 16h09, "Nego" – diz a denúncia do Ministério Público – "falou com três indivíduos não identificados e determinou a morte de uma mulher, em face de uma questão pessoal, que lhe havia sido informada por seu "padrinho" na organização". Essa mulher teria de ser vítima do "beijo do vampiro", quer dizer, seqüestrada e morta. Relata a denúncia: "Horas depois, por volta das 20h28, novamente fez contato com os desconhecidos e estes lhe informaram que haviam dado dois tiros na perna da mulher, identificada como Charlene, que não foi morta porque negou a traição, mesmo sob a mira de armas". A mulher, segundo relatam os promotores, "teria sido abandonada em local onde precisaria caminhar com os ferimentos, pois pretendiam que ficasse aleijada". "Nego", às 21h09, telefonou para a mesma "Marlene" da conversa anterior para combinar a morte de um policial que estava *exigindo* dinheiro dela. Consta da denúncia que "Nego" avisou que dois "terroristas" (assassinos) de motocicleta, "Dubronx" e "Gordureba", seriam escolhidos para o assassinato. Os promotores afirmam:

> *Certo, pelo quanto demonstrado nos autos, que o Primeiro Comando da Capital é uma organização que se tornou complexa e sua estrutura incorporou aspectos típicos das organizações criminosas mais avançadas do mundo. Apurou-se que, em face do isolamento de várias lideranças sem acesso aos telefones celulares nos presídios, optaram pela utilização de advogados, ora como pombos-correios, mandando e recebendo mensagens, ora para a execução de tarefas específicas em favor da organização.*
>
> *Os advogados que assim agem em favor da organização encontramse divorciados de seu mister profissional, beneficiando a organização criminosa, sem qualquer compromisso com o exercício da advocacia em favor do cliente. A característica principal deste modo de comunicação é evitar que as conversas das lideranças sejam gravadas, protegendo-as da interceptação telefônica.*

Conforme o relato dos promotores, Marlene, a mulher das conversas com "Nego", abriu a conta-poupança 088468-5, na agência 0094-9 do Bradesco, "para a realização de depósitos relacionados ao dinheiro proveniente do tráfico de entorpecentes". Uma advogada, Maria Cristina, telefonaria sempre para outro membro do PCC, Lucas, "para discutir pagamentos e o exercício de suas atividades ilícitas". Segundo o Ministério Público, esse telefone tinha o número 011-8149-9041. Asseveram os promotores:

> *De fato, é com o numerário desta conta que a denunciada Maria Cristina de Souza Rachado viajou a Brasília e, em 6 de maio de 2006, ofereceu dinheiro para que o servidor Arthur Vinícius Pilastre Silva, da Câmara dos Deputados, lhe entregasse gravação dos depoimentos prestados reservadamente pelos Delegados de Polícia Godofredo Bittencourt e Ruy Ferraz Fontes, ambos do Departamento de Investigações sobre o Crime Organizado (DEIC), perante a Comissão Parlamentar de Inquérito que investiga o tráfico de armas. Obtendo êxito na aquisição da gravação, Maria Cristina retornou para São Paulo com o objetivo de dar conhecimento a Marco Willian Herbas Camacho, o "Marcola", do teor do depoimento.*
>
> *Em 12 de maio de 2006, na sede do DEIC, "Marcola" admitiu que tinha conhecimento do teor dos depoimentos e manifestou sua pretensão de que fossem entregues ao jornal* O Estado de S.Paulo, *para publicação. Assim o fez, inclusive, para denegrir e desmoralizar a imagem dos policiais que encabeçavam as investigações contra a organização, posto que eles haviam feito observações sobre decisões judiciais relacionadas ao grupo criminoso.*

Havia mais, porém, segundo os promotores:

> *Figura de importância na organização criminosa, Maria Cristina valia-se de seu poder e ascendência sobre as lideranças sempre que lhe convinha, inclusive para satisfação de seus interesses próprios. Por telefone celular, fora pressionada pelo familiar de uma cliente, que se mostrava inconformado por ela ter recebido honorários e não ter realizado o serviço profissional contratado. A advogada, então, fez contato com "Silvinha", amásia de Adalberto Vilalva e dona de pontos de venda de drogas do*

PCC, determinando que fosse dada uma solução para o problema criado por aquele cliente. A solução determinada não tardou. "Silvinha" entrou em contato com o parente da cliente que estava criticando Maria Cristina, José Carlos Cumbi dos Santos, e o advertiu de que ela era membro do Primeiro Comando da Capital e o ameaçou de morte. Ao saber que o serviço profissional questionado referia-se a uma presidiária, anunciou que tal mulher seria morta em caso de qualquer embaraço ou dificuldade que se criasse para a advogada Maria Cristina, inclusive no âmbito da entidade classista dos advogados, tudo consoante ligação telefônica efetuada em 27 de maio de 2006, por volta das 16h13".

As investigações apuraram, ainda, que no ano de 2004 policiais militares efetuaram, em local destinado ao tráfico de drogas, a apreensão de grande quantidade de cocaína e de vários extratos de depósitos bancários que haviam sido feitos em nome de familiares de presos processados como membros do Primeiro Comando da Capital. Dentre eles, havia extratos em nome de Eliane Rodas Fleury Fonseca, esposa de João Liusi, o "Johny", acusado de ser um dos membros da equipe que perpetrou o homicídio do Juiz Antônio José Machado Dias; em favor de Camila Giglioli Pena, parente de Cynthia Giglioli, amásia de Marcola; em favor de Fabiana Zarbinatti, esposa de Roberto Soriano, vulgo "Beto Tiriça", processado como sendo um dos principais líderes do Primeiro Comando da Capital. E por fim, junto com tais extratos bancários e outros tantos, estava o extrato de depósito em nome de Maria Cristina, mais uma vez evidenciando que o numerário arrecadado com o tráfico abastecia a denunciada em suas atividades ilícitas.

Em outra ligação telefônica, interceptada por ordem judicial, realizada em 5 de junho de 2006, por volta das 22h11, a ora denunciada admitiu que atuava somente em favor de membros da organização criminosa, sendo chamada de "irmã". Seu relacionamento com a quadrilha é tamanho que consegue até conhecer o nome de "padrinhos" de outros membros da facção, como se viu da conversa travada no dia 22 de maio de 2006, por volta das 21h26, em que por meio do telefone 8149-9041 fala, para pessoa identificada apenas como "doutor Bicudo", que "Julinho Carambola" é "padrinho" de Sérgio Weslei da Cunha (o advogado que estava com ela em Brasília no dia em que foi obtida a gravação do depoimento sigiloso dos delegados do DEIC, dias antes do PCC iniciar uma série de ataques em São Paulo).

Demonstrando que sua atuação não está circunscrita ao exercício da advocacia, mesmo suspensa dos quadros da Ordem dos Advogados do Brasil, busca acesso a autos sigilosos de processos que envolvem membros da quadrilha, consoante fez em conversa com pessoa identificada como "doutor Armindo", realizada no dia 5 de julho de 2006, por volta das 18h08".

O cronograma sobre o PCC apresentado pelo Ministério Público reserva um lugar de muito destaque para Maria Cristina. Há um momento em que a importância dela fica acima dos subchefes da organização, Gegê do Mangue e Elefante Branco.

A investigação da CPI sobre o Tráfico de Armas conversou com Marcola, que chegou a recusar-se a atender um grupo de promotores em Presidente Bernardes, alegando que nada iria falar porque não estava com a advogada presente. Posteriormente, ele revelou o que aconteceu naquela visita que recebeu na Penitenciária, e que o Governo pretendeu esconder, negando que negociava, como realmente negociou. Uma comitiva governamental viajou com uma advogada que não era a dele. A Secretaria da Administração Penitenciária, que não abriu mão do seu isolamento total, violou as suas próprias regras ortodoxas e, na mais profunda contradição, permitiu o encontro. Marcola disse para o deputado Paulo Pimenta:

Entenda. Segundo ela, foi posto à disposição um jatinho do governador para que ela viesse aqui. (Engano de Marcola: a aeronave utilizada não foi um jatinho). Vieram de jatinho, com dois celulares, para que eu pegasse os telefones e falasse que... para alguns presos que eu estava bem

> *de saúde, que não havia sido espancado e coisas nesse sentido, você entendeu? Eu, como, por hábito, não falo em celular nem com a minha esposa, não falo com ninguém, absolutamente com ninguém, me recusei.*

Não menciona o segundo telefone e nem a conversa de *LH* com um preso considerado da confiança de Marcola. O chefe do PCC, como se percebe, não se expressa bem, apesar da exagerada fama de intelectual que alguns jornais e revistas lhe conferiram. É preciso traduzir as palavras do líder para tornar compreensíveis frases desconexas. Uma advogada de organização não-governamental não ligada diretamente a ele pretendia acalmar os ânimos no sistema penitenciário, à beira de um levante generalizado, porque havia um grande boato dando conta de que Marcola teria sido barbaramente espancado ao chegar à Penitenciária de Presidente Bernardes. A comitiva governamental constataria que ele estava fisicamente bem, na presença da advogada, e a seguir, através de dois celulares cedidos pelo Governo (que faria uso, dentro da prisão, do aparelho que deveria ser proibido, mas existe em profusão), o líder do PCC falaria com alguns cabeças da organização que não havia sofrido lesão de espécie alguma, e que essa circunstância estava sendo testemunhada não através de exame de corpo de delito, mas por uma advogada acima de suspeitas. Ao negar-se a usar o telefone, e explicar por que, Marcola pulverizava uma entrevista transmitida por uma emissora de televisão, garantida como autêntica, como se fosse mesmo dele. Não era. Primeiro, porque Marcola não fala ao telefone. Segundo, porque uma amostra de sua voz mostrou que não havia semelhança com o timbre do pretenso entrevistado.

Os promotores que denunciaram o PCC admitiram que Marcola se nega a usar o telefone, "com medo de ter sua voz gravada em eventual interceptação telefônica". E que, por outro lado, "é fato que os subordinados da organização estão proibidos de falar em seu nome, mas, não obstante sejam proibidos de fazê-lo, por descuido por vezes o fazem". Exemplo: "Segundo Carla Patrícia (mulher muito ligada ao bando), Marcola recomenda a leitura de livros e citou especialmente um deles, o qual tem como mote a superação das adversidades, tudo de modo a levantar o ânimo de Washington, integrante do Comando Vermelho, em vista do mau momento que ele vivia no presídio, sem dinheiro, em decorrência da queda do movimento no comércio de entorpecentes".

Fica aqui sutilmente embutida a informação de que Marcola prefere mesmo é um livro de auto-ajuda. Sendo fruto de *grampo*, ela é absolutamente verdadeira. Literatura para ele não é, exatamente, o espetáculo das palavras.

Os promotores descrevem mais sobre Carla ao telefone, discando para fazer a ponte PCC-CV e explicar o porquê de certos *salves*:

> *Mas não é só. Quando por ocasião de sua remoção para a Penitenciária de Presidente Wenceslau, Marcola avisou aos agentes penitenciários de que tal remoção seria vingada e que São Paulo seria vitimizada por atentados. Também Julinho Carambola proferiu ameaças contra os funcionários dos presídios. Estes, acautelados com as ameaças feitas por Marcola, diligenciaram no sentido de gravar as ameaças proferidas por Julinho, na condição de interlocutores.*
>
> *Carla Patrícia, em sua reiterada conversação com "Washington", do Comando Vermelho, referiu-se a tal promoção como abrangendo também os "pilotos" do Primeiro Comando da Capital, de primeiro e segundo escalões. Outros elementos são acrescidos aos autos. Carla Patrícia, como o já afirmado, dá conta de que o "salve", mensagem para a realização dos ataques, vinha direto da "tranca", ou seja, das lideranças isoladas e sem comunicação por celular. É dos autos que a sofisticação da organização criminosa e o temor das interceptações telefônicas fizeram com que se criasse uma rede de comunicação alternativa por meio de aparelhos de rádio "Nextel". Determinou-se, então, que Wellington Lagares seria o responsável pela rede de comunicação que daria sustentação ao chamado "Bicho Papão", ou seja, o tráfico de entorpecentes e aos lucros dele derivados.*
>
> *Desta forma, Wellington Lagares criou uma empresa fantasma denominada "Transnews Express Transporte e Distribuição de Carga Ltda.", fornecendo como endereço o de um templo cristão. A partir da*

"Transnews", são adquiridos e em seguida fornecidos todos os rádios utilizados pelo Primeiro Comando da Capital, como meio de comunicação envolvendo o tráfico para dentro e para fora dos presídios.

*Outras cautelas foram adotadas. De tempos em tempos e com o fito de se evitar possível interceptação, todos os rádios eram trocados e cabia sempre a Wellington Lagares providenciar as substituições em todos os números. Wellington sabia que estava a colaborar com o Primeiro Comando da Capital, tanto que, em 11 de julho de 2006, por volta das 17h52, utilizando o rádio número 30*80521, na posse de "Belo", recebeu ligação de Eduardo Ferreira de Souza, vulgo "Du", que pedia mais rádios. Wellington respondeu-lhe, então, que ficasse tranqüilo, pois os rádios não caem o "grampo". E, ainda, que os rádios serviriam para as "correrias" (ações criminosas), sendo que já vinham sendo utilizados havia dois anos, sem qualquer problema. Esclareceu que o rádio serve-se de sistema de satélites e que a interceptação, portanto, seria impossível. "Du" comprou mais seis rádios para utilização criminosa.*

Importante ressaltar que, nesta interceptação, "Du" avisou que tinha um contato dentro da empresa Nextel e que poderia, por isso, verificar se o rádio estaria ou não no grampo, pois desconfiava que estaria sendo investigado – fato negado por Wellington, que reiterou e reafirmou que os rádios não eram passíveis de interceptação. Wellington distribuiu, ainda, outros rádios Nextel para operadores de transporte clandestino, os "perueiros" (motoristas que fazem lotação sem autorização municipal), cuja vinculação com a organização criminosa ainda se encontra em fase de investigação.

Quando se fala em PCC, existem poucos nomes mais conhecidos. Para muita gente, dentro da Polícia, inclusive, esses nomes nada significam. Mas *para* os que investigam diretamente as atividades da organização, nomes e apelidos compõem um mosaico assustador, porque representam atribuições específicas dentro da organização. Cada investigação precisa caminhar com muito cuidado e atenção, para interligar fatos, prestar atenção em todos os detalhes e saber interpretar o que certas palavras estranhas ou nebulosas querem dizer, pois o celular usado por toda parte permite que conexões sejam estabelecidas sem nenhuma dificuldade.

Foi o caso de Julinho Carambola. Descobriu-se que os ataques de maio tiveram o dedo dele em mortes e atentados contra agentes públicos. Uma frase dele, quando chegou a Presidente Wenceslau, queria dizer muito sobre o terror que haveria de chegar. A frase foi reproduzida por um funcionário, que prestou declarações na condição de testemunha protegida: "Você não vai acreditar no que verá a partir de hoje para acabar com o Estado". Muito seguro, e saboreando os efeitos do terror a ser semeado, Carambola disse: "Nós somos organizados. Tinha de mexer no começo, mas deixaram a gente se estruturar dentro e fora do Estado e agora não adianta mexer". Para os promotores, as frases "demonstraram a sua liderança na organização, bem como sua responsabilidade nos crimes que pratica". Mas elas podem ser traduzidas para a constatação de que a semente do crime organizado foi lançada nos presídios, as autoridades nada fizeram para esmagá-la ou contê-la, pelo menos, e que agora seria tarde demais para ensaiar uma reação. Códigos novos, palavras novas, o PCC passou a exigir que uma competente exegese servisse, ao menos, para diagnosticar as variantes em curso do crime organizado misturado com o terror. Mas palavras raramente indiscretas foram captadas, como Teletubbies telefonando para um desconhecido ao meio-dia e vinte minutos do dia 20 de julho de 2006 para dizer em tom de comemoração: "Os caras deram o bote perfeito". Na seqüência, um certo Bonitão foi informado por ele de que a Polícia tinha invadido a casa número 140 da rua Sinfonia Branca, no bairro da Lapa, onde o traficante Marrom havia sido preso. Teletubbies recebe telefonema avisando que estava difícil conseguir advogado que aceitasse assumir a defesa desse caso: "Está muito feio, por envolver seqüestro, tráfico e homicídio". Como se percebe, na lista de valores do bando, a vida humana vinha em último lugar.

Para acompanhar esse ritmo, a Polícia teria de mudar completamente suas estratégias. A cúpula policial civil se reúne uma vez por semana para discutir tudo, mas parece ter uma inexplicável aversão pela doutrina policial, que seria acompanhar as mudanças provocadas pelo tempo, entender a criminalidade mutante, planejar ações compatíveis com as necessidades de momento e trabalhar com a realidade. Mais do que nunca, apenas os mais treinados e, particularmente, os vocacionados reuniriam condições para isso. Vivendo o drama de ver vários policiais competentes colocados no ostracismo, preteridos por muitos que ela mesma chama de "maçanetas", porque só saberiam abrir e fechar portas de gabinetes acarpetados e com ar condicionado (privilégio que não é apenas seu), a Polícia recusou-se a perceber que o PCC caminhava a passos rápidos.

A irracionalidade institucional aconteceu porque os alicerces do PCC estavam inusitadamente dentro das prisões, e com elas a Polícia nada tem a ver. E o sistema penitenciário, mesmo com o crime organizado florescendo dentro dele, entendia que não é tarefa sua investigar. Se os dois lados estivessem certos, o crime organizado teria tudo para triunfar.

A realidade ignorava a birra mútua. O sistema é outro. A organização criminosa misturava drogas com armas, batizava os adeptos, roubava, traficava e matava. De repente, um departamento policial, como o de Narcóticos (DENARC) descobria que tinha de fazer, e com freqüência, o que passou a chamar de "clínica geral": o tráfico tornou-se o ponto forte do crime, porque por trás das drogas surgem assassinatos, seqüestros, golpes de estelionato, contrabando de armas, lavagem de dinheiro e outras ligações cada vez mais perigosas. O DENARC viveu essa situação na própria carne, na longa investigação para prender o chefe de quadrilha Pedro Ciechanoycz, que manteria em longo cativeiro o idoso dono de um grande frigorífico na região de Lins. O delegado que resolveu o caso, delegado Everardo Tanganelli, havia prendido, meses antes, um bandido que havia comprado um automóvel BMW, fazendo pagamento a vista com notas de dólar. Era parte do mesmo dinheiro recebido como pagamento de resgate do filho dono das lojas Cem, na cidade de Salto. O delegado prendeu o doleiro que fez a troca do dinheiro. As provas eram absolutamente insofismáveis. Mesmo assim, um promotor preferiu entender que não havia "nexo causal" entre os dólares apreendidos e o seqüestro. Não ofereceu denúncia e nem ao menos pediu investigações complementares, como seria de se esperar. Uma juíza, enfiada num beco jurídico sem saída, mandou soltar os dois.

A dupla ficou entalada na garganta do delegado. Tanganelli quis saber o que fazer então com os dólares apreendidos e ouviu uma resposta inacreditável: "Isso é problema da Receita Federal". Por conta própria, o delegado continuou investigando e conseguiu descobrir, numa investigação que é tema de aula na Academia da Polícia Civil, a quadrilha que tinha origem na cidade de Salto e acabou seqüestrando em Lins, sob o comando de Ciechanoycz, futuro colaborador do PCC. A burocracia-desserviço à sociedade ajudou indiretamente o seqüestro a ser planejado e consumado, pretendendo argumentar que dinheiro comprovando origem de pagamento de resgate, porque microfilmado e fotografado, não poderia ser considerado como prova. Ciechanoycz, o *Pedrão*, poderia ter sido preso muito tempo antes. Como se diz entre policiais, "as asas crescem, se não forem cortadas".

Dentro da Polícia, descobriu-se que policiais que só investigam homicídios podem esclarecer casos de roubos, e policiais especializados em crimes contra o patrimônio podem descobrir assassinos, do mesmo modo que policiais que atuam na área de entorpecentes podem chegar aos autores dos dois tipos de crime. E caçadores de ladrões e matadores podem descobrir matadores. É isso que quer dizer "clínica geral", que elimina compartimentos estanques. Assim é que, dentro da prisão, o PCC ganhou adeptos inesperados, como o assaltante Alexandre Pires Ferreira, o ET, que entrou no apartamento do jornalista Paulo Henrique Amorim e o espancou com brutalidade. Outra adesão foi a de Wanderson Nilton Paula Lima, o Andinho, capaz de seqüestrar duas irmãs e deixá-las amarradas numa mata na região de Campinas. Também entrou no rol de simpatizantes o assaltante José Carlos Rabelo, o Pateta, e ainda o traficante Claudair Lopes Faria, o CL, detentor de um *know-how* de maldades paraguaias no mundo do tráfico.

O PCC aderiu ao sistema interdisciplinar criminal. Só uma investigação pura permitiu descobrir que dois expoentes da organização são irmãos: Gegê do Mangue, Rogério Jeremias de Simone, e Elefante Branco, Ronaldo José de Simone. À semelhança de *Carambola*, um deles reagiu com fúria verbal ao saber que seria transferido para Presidente Wenceslau. Elefante Branco escolheu o funcionário Edian Carlos Pereira dos Santos, que considerou responsável pela transferência, para ouvir gritos de que tanto o governador do Estado como o secretário da

Administração Penitenciária "desconheciam a força que tem o PCC". A ameaça foi tão enfática que o funcionário registrou o boletim de ocorrência 408/06 na delegacia da cidade de Lucélia.

Seis promotores assinam esta denúncia: Alexandre Mourão Tieri, Carlos Roberto Marangoni Talarico, Dimitrius Eugenio Bueri, Márcio Sergio Christino, Pedro Baracat Guimarães Pereira e Valéria Carvalho Pinto Guedes Piva. Eles arrolaram 28 testemunhas. Quatro delas estão na categoria de protegidas, identificadas no processo apenas como *X*, *A*, *B* e *C*. Na sociedade acuada, não é fácil arrolar testemunha. Todos querem, precisam dela. Mas ninguém as garante.

Na mesma semana em que essa denúncia foi oferecida, a Presidência da República divulgou uma nota oficial, por "considerar necessário reafirmar", mencionando "as graves circunstâncias pelas quais passa a população paulista", que: "A sociedade brasileira pode estar certa de que o Estado brasileiro não se deixará intimidar pela ação dos criminosos. As forças da lei não recuarão até que a paz e a tranqüilidade sejam restabelecidas por completo. Essa é a obrigação constitucional do Estado e dela não pode e não vai abrir mão".

Insistindo em ignorar os perigos criados pela vulnerabilidade da região de fronteira, não houve reação nesse mesmo dia de agosto de 2006, quando o jornal paraguaio *ABC* noticiou que pelo menos 60 homens do PCC estariam na fronteira do Paraguai em condições de entrar em Foz do Iguaçu. "Os dados são concretos e as evidências mais do que suficientes", disse a reportagem, divulgada no mesmo tom pela agência internacional Ansa. Metade do grupo estaria em Foz do Iguaçu. A outra parte se dividiria entre Ponta Porã e Coronel Sapucaia, lado brasileiro, e Pedro Juan Caballero e Capitán Bado, lado paraguaio. O chefe da Secretaria Nacional Antidrogas do Paraguai, Hugo Castor Ibarra, informou que o PCC tinha a pretensão de montar uma base operacional como corredor do narcotráfico. Essa dedução foi conseqüência da prisão dos traficantes brasileiros Marcelo da Silva Leandro, o Niterói, e Ubiratã Breskovitt, o Cheiroso, ambos em território paraguaio. Os dois são ligados ao megatraficante Fernandinho Beira-Mar. Mesmo com essa análise, nada de novo no *front*: Claudair Lopes de Faria, o *CL*, capturado no Paraguai pela Polícia de São Paulo, também era tido como um dos chefes do

PCC. A notícia foi confirmada pela Secretaria Nacional Antidrogas (SENAD): tinham sido apreendidas 316 armas – fuzis, metralhadoras e submetralhadoras –, munição para todas elas e coletes balísticos. Estavam dentro de uma caminhonete com placas de São Paulo, registrada em nome de uma mulher. As armas, segundo a polícia paraguaia, "seriam entregues para uma facção criminosa que atua dentro dos presídios". Tudo pertenceria a Niterói. Quase ao mesmo tempo, a SENAD, descobrindo mais um elo do PCC, apreendia em Pedro Juan Caballero mais US$ 300 mil em armas: 220 pistolas calibre 9 milímetros, uma metralhadora antiaérea, submetralhadoras marca Uzi, cem caixas de munição e oito silenciadores. Na mesma cidade, foram recolhidos R$ 4,2 milhões em dólares falsos.

Niterói, preso em 27 de julho de 2006, era acusado de estar ilegalmente no lado paraguaio. Entregue à polícia federal brasileira, teve de ser solto: não havia nenhum mandado de prisão contra ele e já tinha cumprido pena o processo em que fora condenado. As armas, segundo a polícia paraguaia, "seriam entregues para uma facção criminosa atuante nos presídios de São Paulo".

Depois de dividir São Paulo em regiões, a organização montou uma ponte definitiva com bandidos paraguaios que apreciam seus métodos e sua estrutura. Tanto que na região policiais civis e militares começaram a estudar Guarani, para não serem driblados em nenhum tipo de conversação do PCC de dupla nacionalidade. Os cursos são feitos em Dourados, cidade separada por 123 quilômetros de Ponta Porã.

A diversificação das atividades do PCC deixou as autoridades confusas, a princípio. Mas gradativamente DEIC e Ministério Público montaram uma dupla institucional para reunir todas as informações obtidas e transformá-las numa denúncia que pudesse produzir resultados jurídicos práticos. Para isso era preciso dar nome e rosto ao PCC, detalhando cada ação criminosa e os autores de cada episódio. Buscando a resposta jurídica para os atos de terror que envolveram São Paulo, a denúncia especifica que na primeira série de atentados, em maio, aconteceram 373 ataques, que provocaram a morte de 43 pessoas, principalmente policiais e agentes penitenciários. Marcola foi apontado oficialmente como mandante de todos os casos registrados. O cruzamento de informações permitiu descobrir que os fins almejados pela organização foram se ampliando. De um epicentro, nasceram satélites, ou "anéis", como se diz no próprio PCC, numa mistura explosiva de crimes variados, busca de poder político, alvos a serem alcançados em termos de organização, expansão e conquista de mercados, além de um braço infiltrado em poderes do Estado. A denúncia, que não revela tudo, deixa trunfos guardados para investigações em andamento e ainda precisa descobrir personagens ocultos, especifica a morte do agente penitenciário Elias Pereira Dantas, da cadeia pública de Santo André, seguido depois que saiu de uma festa num bar e assassinado perto de sua casa, na Vila Califórnia. Levou doze tiros, que destruíram seu rosto e atingiram as costas. Para a promotoria, o motivo do crime foi "torpe" e a escolha da vítima foi aleatória, porque o PCC deu a ordem para matar policiais e agentes penitenciários. O Ministério Público de São Paulo definiu seu método de ação: se o PCC ataca, os promotores reagem. Para muitos ataques, muita denúncia - a principal arma que eles podem utilizar.

Na mesma semana em que a denúncia foi apresentada, ficou decidido que o Governo Federal passaria a colaborar na investigação sobre movimentações financeiras de pessoas ligadas ao PCC. O acordo foi firmado numa reunião do Gabinete de Gestão Integrada, no quartel-general do Comando Militar do Leste, em São Paulo. Presentes, entre outras autoridades, o governador de São Paulo, o ministro da Justiça e o comandante do Exército. No encontro, informou-se que somente um dos chamados "anéis" do PCC tinha aberto 200 contas bancárias ao longo de um ano, e que uma subdivisão do PCC, na área da Capital, apresentava movimento de até R$ 1 milhão a cada mês. Oficialmente, o objetivo dessa decisão foi colocar, correndo atrás das pernas financeiras do PCC, o Departamento de Recuperação de Ativos e Cooperação Jurídica Internacional, do Ministério da Justiça, e o Conselho de Controle de Atividades Financeiras do Ministério da Fazenda. A decisão reconhecia, implicitamente, que o PCC estava em vários pontos do País e mantinha contatos internacionais permanentes. Portanto, além dos militantes armados, a facção criminosa tinha ao seu lado pessoas insuspeitas, servindo a organização com dupla personalidade - uma ligada ao crime ostensivamente, outra com disfarces de insuspeitos cidadãos comuns.

Quando o comandante do Exército, general Francisco Roberto de Albuquerque, foi o anfitrião dessa reunião, a Polícia Federal informou que desde o mês de maio até a primeira quinzena de agosto de 2006, tinha apreendido 18 toneladas de maconha com 23 representantes do grupo. Além disso, tinha capturado cinco assaltantes ligados ao PCC. O general esteve, dois dias antes, na sede da Rede Record de Televisão em São Paulo, fazendo uma palestra para os jornalistas da emissora. Mostrando gráficos e *slides*, e acompanhado pelo comandante militar da região sudeste, general Luiz Edmundo Maia de Carvalho, revelou o acompanhamento que a Força Terrestre faz do crime organizado, o adestramento de tropas especiais para emprego nesse tipo de ação e a disponibilidade de seu emprego, desde que solicitado de acordo com as previsões constitucionais.

A decisão do Poder Judiciário, considerando inconstitucional o regime disciplinar diferenciado, levou o chefe do Ministério Público, o procurador-geral Rodrigo Pinho, a proclamar que o RDD, pelo contrário, é perfeitamente constitucional e por isso apresentaria recurso ao Superior Tribunal de Justiça. Para ele, o chamado princípio da igualdade quer dizer, na prática, que os iguais devem ser tratados de forma igual e os desiguais de forma desigual. Nesse raciocínio, Marcola, beneficiado pela decisão judicial, seria um desigual, e por isso merecedor de tratamento muito mais rigoroso.

No meio do tiroteio jurídico e a realidade das ruas, houve uma nova corrida às armas, burlando o que estava sendo determinado pelo Estatuto do Desarmamento. Por causa do PCC, magistrados voltaram a ter direito a porte automático de arma. Depois, foi a vez dos agentes penitenciários, que conquistaram o direito de andar armados. E por fim os guardas municipais, embora não tendo poder de polícia, foram autorizados, através de uma portaria da Polícia Federal, a portar arma mesmo quando estejam fora de serviço.

Em curto espaço de tempo, o PCC provocou a maior corrida às armas dos últimos tempos. Desta vez, nem os mais críticos perderam-se em discussões sobre o fato de as armas de fogo serem os instrumentos de morte utilizados na maioria dos homicídios. As armas começaram a ser distribuídas em profusão, mesmo para quem não sabe manuseá-las. No mercado negro, os negócios deslancharam. Ninguém reclamou.

Capítulo VII – Secreto. Confidencial

O leitor não poderia tomar conhecimento do que vai ler a partir de agora. É tudo secreto, confidencial, sigiloso.

Mas revelar é preciso, arrancando dos armários, prateleiras, gavetas e cofres segredos armazenados. A sociedade precisa entender a razão pela qual tantas informações são mantidas escondidas e contribuir para decidir exatamente o que fazer com elas.

Mas ainda é assim que muitos preferem que as coisas sejam mantidas no Brasil: ocultas. Os segredos são matéria-prima de alguns, que deveriam tratar dos interesses de muitos. Segredos podem ser sinônimo de poder. Quando o odor é nauseabundo, há quem prefira tapar o nariz, insistindo em falar sobre *fumus boni iuris*, a fumaça do bom direito, quando se refere à maneira de interpretar corretamente as normas jurídicas, embora o sentido mais nobre que a expressão pretende alcançar seja o de suave aroma do bom direito. Mas, se dominar o português já não é tão fácil, quanto mais o latim. Se onde há fumaça é possível encontrar fogo, é outra história. Claro, não se podem, como repetem os policiais, "entregar o ouro para o bandido". Em nome da segurança realmente pública, não se deve divulgar tudo. São enganos. É como repetir, à exaustão, que a Justiça padece de deficiência visual. Têmis, a mitológica deusa grega, choraria se soubesse que falam isso dela no Brasil. O sentido é outro, completamente diferente: distribuir a justiça corretamente, com sabedoria e eqüidade, sem olhar a quem.

A questão real é bem diferente: o Direito não tem respostas para tudo. Este é, como diriam alguns juristas, o *punctum saliens*, o ponto central, o nó. O que está na lei pode não estar nas ruas. E o que acontece nas ruas nem sempre é previsto pela lei. Impossível fornecer a resposta pronta para perguntas que nem foram ainda formuladas.

O clã Morel, liderado por João, implantou a execução-diversão, lenta e dolorosa, em Capitán Bado. Anos depois, o próprio João, recolhido a uma Penitenciária de Mato Grosso do Sul, saboreou do método criado, assassinado que foi, devagarinho, a golpes de navalha, no interior da cela 38 do presídio de segurança máxima em Campo Grande. O professor de sofrimento morreu aos poucos. Sofrendo. Era famoso. Seu assassino foi o obscuro Odair Moreira da Silva. A família Morel dominou o tráfico na fronteira por quatro gerações, ramificou-se, importou e exportou. Todos foram sendo mortos pelos bandos rivais, a começar dos irmãos Ramón e Manoel, executados a tiros dentro de uma estância da família em Capitán Bado. Pai e filho foram mortos no espaço de oito dias. O império ruiu. Também presos ao tempo do assassinato de João Morel, a cunhada e um irmão dele – Lucila e Israel – foram transferidos imediatamente, por medida de segurança, do presídio para celas da Polícia Federal. A paulatina perda de poder começou com a chegada dos chamados "cariocas", os traficantes liderados por Fernandinho Beira-Mar. A feroz competição teve como um dos pioneiros Lino Magno Rios, chamado de Mano, que já era do bando Morel e resolveu trocar de lado. Contra o lado Magno Rios, a vingança sangrenta: todos foram mortos. Só ele conseguiu escapar. Da família Morel, restou um elo masculino, apenas. Faça a sua aposta: ele mudará completamente de vida, como parece, e esquecerá o legado. Se escolher ser um vingador, os adversários devem preparar-se. Do lado paraguaio, após a morte de alguns dos principais barões do tráfico, Líder Cabral se esforçava para assumir o comando da venda das drogas, aproveitando-se do espaço mais aberto ainda com a prisão, na fronteira, de um braço forte de Beira-Mar, Leomar de Oliveira Barbosa. Não conseguiu. O posto foi ocupado, interinamente, por Erineu Domingos Soligo, o *Pingo*.

Uma rádio paraguaia divulgou uma entrevista de 45 minutos, na qual Beira-Mar dizia que irmãos foram mortos porque ele se sentia "traído". Respeitoso, falou em tom de lamento: "Respeito o senhor Morel, mas sei que ele não vai me perdoar por eu ter matado seus filhos". Era, novamente, a morte mandando recado. O atrevimento foi grande, porque já sendo considerado o maior traficante de grande porte no Brasil, Beira-Mar era procurado por autoridades colombianas, paraguaias, brasileiras e pela poderosa Drug Enforcement Agency, a DEA.

Os alvos qualificados, que teriam maior repercussão em tempos de assassinatos banalizados, continuaram sendo executados. Advogados em penca, no Rio de Janeiro, em São Paulo, na fronteira. Não por causa do anel de rubi no anular. Mas conseqüência de suas ligações perigosas, onde ética, moral, escrúpulos e consciência foram arremessados para a lata de lixo. Esse tipo de advogado se nivela ao que há de pior no mundo do crime. A opção preferencial pela ligação subterrânea pode cobrar um alto preço. A vida, inclusive.

No mesmo mês da execução do juiz Antônio Machado Dias, em Presidente Prudente, foi assassinado em Vila Velha, Espírito Santo, mais um juiz das Execuções Penais: Alexandre Martins de Castro Filho. Um ano antes, o promotor Francisco José Lins do Rego havia sido fuzilado no centro de Belo Horizonte. Investigava uma máfia de combustíveis. O Grupo de Atuação e Repressão ao Crime Organizado, do Ministério Público, foi informado de que o PCC tinha elaborado uma lista de cinco autoridades marcadas para morrer. O sucessor de Alexandre Martins, que tinha 32 anos, chegou a pensar que houvesse um Cavalo de Tróia colocado dentro do Poder Judiciário. Na versão original, o cavalo, construído de madeira, trazia dentro os guerreiros mitológicos de Ulisses, que simulou uma retirada estratégica após um longo cerco. O cavalo foi levado para dentro da cidade, apesar dos conselhos em contrário de Cassandra. Os guerreiros apareceram de repente e destruíram tudo. O juiz havia comentado o assassinato do colega paulista: "Morre um juiz, mas com certeza entra outro com o mesmo empenho. O trabalho não vai parar. Vai continuar até com afinco maior em homenagem ao que aconteceu com o colega". Nas investigações, as autoridades capixabas concluíram que o mandante do assassinato do juiz teria sido um colega dele, Judas togado, acusado de praticar irregularidades graves na condução de processos. Seria este um dos efeitos do profético Cavalo de Tróia, descrito pelo sucessor de Alexandre, Carlos Eduardo Ribeiro Lemes. O pai do juiz, o advogado Alexandre Martins de Castro, desabou na hora do enterro: "Quem atirou foi a extensão da mão de quem mandou. Esse é que tem de ser pego. Esse é o crime organizado. Quantos outros juízes precisarão morrer para que as autoridades encarem esse problema de frente?". A frase seguinte do pai provocou um silêncio comovente, lágrimas e desalentados suspiros de dor: "Despeço-me do meu filho, mas deixo meu herói para todos".

Dos processos, não constam buracos abertos no peito pela dor dilacerante da saudade, o estrago feito na família inteira, abrindo uma irreversível cratera. Por razões como essas, o Direito não tem condições de oferecer resposta para tudo e, admita-se, todas as Repúblicas ou Guetos de Bacharéis fracassaram em definir políticas e estratégias eficientes contra o crime.

A morte de Machado Dias foi precedida de mais uma imprudência absurda do Governo. Embora fosse o responsável pelas execuções penais de todos os sentenciados em Presidente Bernardes, o magistrado somente ficou sabendo da transferência do traficante Fernandinho Beira-Mar para aquele presídio, até então considerado o mais seguro do País, quando assistia o noticiário pela TV. A transferência para o nosso pseudo-Alcatraz, que enclausurou o gângster norte-americano Al Capone, foi acertada entre o ministro da Justiça Márcio Thomaz Bastos e o governador do Estado Geraldo Alckmin, à revelia do Poder Judiciário. Muitos juízes protestaram, lembrando até que em situação semelhante o juiz das Execuções do Distrito Federal, Eduardo Henrique Rosas, não havia permitido a remoção sem o seu prévio consentimento. O ministro da Justiça, entretanto, converteu-se numa espécie de juiz nacional das Execuções Penais, cuja existência seria juridicamente impossível, mas politicamente tolerável – como se placidamente assistiu.

Matança como cobrança, matança como advertência, matança como demonstração de força, matança como sinal de vitória das pústulas. Comando de matança que nada mais considera impossível. Eunucos morais misturaram esses ingredientes, arquitetando pacientemente a maneira como seria possível calar para sempre a voz do juiz federal Odilon de Oliveira, o perseguidor de traficantes e do crime organizado na fronteira Brasil-Paraguai. O juiz vive um drama permanente, mas não existem sinais de que a perda da privacidade e a rotina da vigilância armada incessante comovam quem teria a obrigação de preocupar-se com ele.

Em julho de 2006, o juiz, sitiado na própria casa na cidade de Campo Grande, responsável pelos processos sobre lavagem de dinheiro em todo o Mato Grosso do Sul, assistia satisfeito à família reunir-se para comemorar alegremente a formatura de um dos filhos em Direito. No dia da colação de grau, correu um boato de que bandidos de Ponta Porã enviariam a Campo Grande um emissário com a missão de dar-lhe uma cusparada no rosto. Houve precaução da segurança e o plano, avaliado pela segurança como real, foi abortado. Para a noite do sábado seguinte, estava marcado o baile de formatura.

Às 17h30, o juiz foi chamado a uma dependência de sua casa, onde agentes da Polícia Federal, com um mapa do salão esticado sobre a mesa, deliberavam sobre a segurança pessoal do juiz. Ele se aproximou, puxou uma cadeira, sentou-se com a cabeça ligeiramente inclinada e preparou-se para ouvir a análise daquele raro momento em que policiais podiam mandar no magistrado. Um agente, campeão em tiro de alta precisão, tomou a palavra.

– Doutor, examinamos o lugar atentamente, fizemos uma vistoria, vamos repetir uma varredura.

– Eu não vou deixar me desmoralizar, de jeito nenhum. Vocês acham que os sebosos estarão no baile?

– Pode ser, doutor. Na formatura, percebemos umas pessoas diferentes, especialmente um sujeito da fronteira, mas fizemos de tudo para não criar tumulto. Talvez o que eles pretendam seja isso mesmo – gerar uma confusão e estragar a festa do senhor.

– E o que vocês acham que eu devo fazer?

– Doutor, sentimos muito, mas a segurança tem por obrigação vetar a sua presença no baile.

– Vocês acham que eu não devo ir?

– Não deve, doutor.

– Mas eu não posso dobrar os meus joelhos diante dos bandidos!

– Mas é arriscado...

– Eu vou! Não vou me curvar a esse ponto!

– A gente já esperava que o senhor dissesse isso, doutor...

Naquele momento, o juiz Odilon de Oliveira vivia sozinho, mais uma vez, o drama de uma decisão. A família, já acostumada com a reclusão, nem poderia imaginar os perigos que um baile de formatura poderia oferecer. A esposa e a filha saíram juntas para o salão de cabeleireiro. O pai, orgulhoso pela colação de grau do filho, ansioso por saborear aqueles momentos de felicidade e desaconselhado, pela segurança em que confia plenamente, a participar da festa que deveria ser somente alegria para toda a família. O agente federal disse a ele que, já prevendo essa reação, colocaria em prática o "plano B". O juiz franziu a testa, curioso para saber logo o que seria. Levantou-se e foi para a mesa onde estava colocado um mapa, com todos os detalhes do salão. "O lance principal vai ser aqui, doutor", disse o agente, apontando para a pista de dança. "É o seguinte: o senhor estará seguro onde estiver. A pista de dança é o ponto mais frágil. Quando o senhor estiver dançando, três pares estarão dançando também, sempre ao lado do senhor, sem deixar ninguém encostar". O juiz olhou, curioso, e o agente explicou: "Selecionamos casais de agentes federais. O senhor dança, e os policiais dançam à sua volta. Casais normais, vestidos com roupa de gala, os convidados não vão perceber nada de anormal". O juiz sorriu, satisfeito. Outro agente, encorpado, acrescentou: "Se houver qualquer situação de emergência, qualquer coisa estranha, o senhor esteja preparado: eu me jogo sobre o senhor, para protegê-lo. Estou com colete balístico. Em seguida, pego o senhor pela cintura e o carrego imediatamente para fora do recinto". O juiz se surpreendeu: "Vai me carregar como um bebê de colo?" O agente explicou: "Não, doutor. Vou segurá-lo pela cinta da calça e puxá-lo, na horizontal".

A festa transcorreu normalmente. Se havia algum seboso no recinto, não mostrou o rosto. Os federais dançarinos foram impecáveis. Divertiram-se ao comentar que para eles dançar fazia parte do trabalho. Carros ostensivos, à entrada do local da festa, deixavam claro que a Polícia estava presente. Dançando com policiais ao lado, o juiz desfrutou dos bons momentos, alegre, descontraído, girando pela pista com aquela coreografia secreta montada para garantir a segurança do baile, como se pelas agruras da vida até dançar pudesse ser considerado um ato dos mais perigosos para um magistrado.

Um dossiê de inteligência sobre o juiz foi sendo montado aos poucos. Mostra outros passos, cuidadosamente ensaiados, para apanhá-lo na primeira oportunidade que surgir. A Polícia Federal confeccionou uma lista de prováveis mandantes. O organograma listou, inicialmente, uma relação de 22 pessoas interessadas em matá-lo. Passaram a ser tratados, em relatórios reservados, como o código *M*, que vai de 1 a 22. *M-1*, por exemplo, é pessoa ligada ao clã Morel. M-2 é Fahd Jamil. Quem eventualmente ler qualquer um dos sucessivos relatórios, precisa ter a chave do código senão ficará sem compreender nada.

Assim é que, em 19 de abril de 2004, o magistrado F.G.S., que atua na área criminal estadual, enviou à Justiça Federal a cópia de uma carta por ele recebida:

> *Estou escrevendo porque não tenho mais a quem recorrer. Sou casada há 12 anos com um vagabundo que está preso há quase cinco anos. Isso não vem ao caso. Meu marido está envolvido em uma história meio estranha. Estão falando sobre matar um juiz federal. Que a fita só não aconteceu ainda porque a história vasou e uma pessoa em que eles não confiam ficou sabendo. Aí, adiaram porque caso essa pessoa falasse... Mas isso é só uma questão de tempo para acontecer e o coitado do meu marido, que não passa de um trouxa, vai ter de assinar porque há muito ele vem assinando bronca dos outros. Quero que vocês compreendam que ele nada pode contra o Marcelo e o Siqueira. Ele é apenas um soldado raso. E sem eles, eu e meus filhos já teríamos passado fome, porque eles mandam coisas para nós. Mas eu sou evangélica e sei que Deus não aceita essas coisas, eu tenho muito medo. Se essa coisa vasar, eles matam meu marido, mas eu tenho medo da justiça de Deus, que tem uma mão muito pesada. Espero que se o pior acontecer vocês se lembrem que essa serva de Deus tentou ajudar, na esperança de que vocês não pensem que é um trote. É a maior verdade. Me desculpa por não poder fazer nada. Só escrevi porque tenho medo que meu marido seja o mais prejudicado. Me perdoa por não assinar, mas mulher de malandro que fala demais vira brasa.*

No começo de janeiro de 2004, a Polícia Federal ouvia, em termo de declarações, na superintendência regional de Mato Grosso do Sul, uma mulher cumprindo pena há cinco anos e condenada a 44 pela prática dos crimes de homicídio, assalto, posse ilegal de arma e falsidade ideológica. Constou do depoimento que:

> *No presídio convive com várias delinqüentes deste Estado, dentre elas a pessoa de Lucila Morel de Souza. Que num dia de visitas foi convidada por Lucila para que ficasse em sua companhia, bem como das pessoas de Manoel Evandro de Souza e Leandro Morel, sendo o primeiro filho e o segundo sobrinho de Lucila. Que durante as conversas foi questionada pela pessoa de Manoel Evandro se não conhecia um "pistoleiro bom" para indicar. Que a declarante informou que um bom nome seria o de João Ferreira do Nascimento, vulgo Ferreira ou Ferrerito, conhecido pistoleiro, traficante e assaltante da região de Ponta Porã. Que no domingo seguinte a essa visita novamente foi convidada por Lucila Morel para ficar em sua companhia. Que nesse mesmo dia a pessoa de Manoel Evandro se fez presente, bem como fez a seguinte afirmação à declarante: "Já está tudo certo com o Ferreira e dessa vez o safado do Odilon não vai escapar". Que a declarante perguntou a Manoel Evandro o que "o safado do Odilon havia feito", tendo a pessoa de Lucila se adiantado e respondido: "dizimar a minha família é pouco". Que até então a declarante pensava que "o safado do Odilon" seria algum traficante que teria se envolvido com Manoel Evandro ou Lucila, e que os mesmos gostariam de eliminá-lo. No transcorrer das conversas, ficou claro que a pessoa de "Odilon" tratava-se, na verdade, do juiz federal que trabalha nesta Capital. Lucila também afirmou que "se a pessoa de Odilon não estiver em seu caminho, qualquer juiz lhe concederá o benefício de progressão de pena, haja vista que vários pedidos de progressão foram apresentados e não deferidos, e que em breve iria apresentar um novo pedido de progressão. Que Lucila também lhe disse que se o pedido cair nas mãos de Odilon, fatalmente será negado. Que nesse domingo ouviu a pessoa de Manoel Evandro afirmar que "estaria aguardando o pagamento que Cidinho e Claudinho iriam lhe fazer para pagar Ferreira, dinheiro esse oriundo do tráfico de drogas, bem*

como que Ferreira havia exigido inicialmente o pagamento da metade do valor combinado e a outra parte após a realização do serviço. Que neste ato a declarante informa que não sabe mais quais os valores que foram combinados entre Ferreira e Manoel Evandro. Que tomando consciência dos fatos que lhe eram apresentados, e reconhecendo a gravidade deles, não tendo interesse de se envolver em mais um crime, ligou para o número 102 e obteve o telefone do Fórum Federal desta Capital. Que então passou a fazer diversas ligações com o objetivo de falar com a pessoa do juiz federal Odilon, a fim de lhe narrar todos os fatos acima mencionados. Que após inúmeras tentativas, pois as pessoas que a atendiam não se dispunham a transferir a ligação para o juiz Odilon, e tendo narrado a uma das atendentes que o caso seria de risco de vida e que envolvia a família Morel, é que conseguiu falar com o juiz Odilon. Que na conversa que manteve com o juiz narrou-lhe rapidamente os fatos, sendo na seqüência orientada pelo mesmo a aguardar a presença de uma pessoa de sua confiança para que apresentasse os fatos de maneira completa. Na data de 21 de janeiro de 2004, a declarante perguntou, durante o período de visitação, se iria sair o "serviço", tendo Manoel Evandro respondido: "Sim, o Ferreira já está em Campo Grande, na casa de Tácila, mandou um beijo para você, e disse que se você quiser que ele venha te visitar, é só pedir autorização. Que a pessoa de Tácila reside na rua Ivolândia, nas proximidades do Jardim Aeroporto, nesta Capital. Que a declarante ainda questionou a Manoel Evandro se o serviço não seria difícil de ser realizado, e que o mesmo respondeu:"Ferreira já havia estado perto do homem, no negócio dos Bugres, e que a guarda é baixa". Que a declarante questionou a Manoel Evandro o momento em que o "serviço" iria acontecer, ao que o mesmo respondeu: "O 'serviço' seria o mais rápido possível, aproveitando a confusão dos bugres com os fazendeiros". Que no transcurso das conversas, Manoel Evandro teria dito que estaria de posse de metade do valor que seria pago a Ferreira, que havia sido repassado ao mesmo pela pessoa de Siqueira". Que a declarante perguntou

> *a Lucila quem seria Siqueira, tendo então sido informada pela mesma que se tratava da pessoa de Sebastião Siqueira, que conforme exposto por Lucila seria também uma pessoa que possui grandes negócios em Corumbá e Campo Grande, e que se sentia prejudicado pelas decisões proferidas pelo "pilantra do Odilon".*

A mulher de 38 anos, nascida em Aquidauana, era fonte aflita que ficou sabendo dos planos para matar o juiz. O que o pistoleiro considerava "guarda baixa" seria a facilidade de aproximação, porque naquela época o juiz estava intermediando, pessoalmente, negociações entre índios e fazendeiros, que de vez em quando se atritam. O juiz foi à aldeia da reserva local, fumou cachimbo com os índios, dirimiu conflitos em momentos de grande tensão. Como isso estava acontecendo com freqüência, o pistoleiro achou que seria fácil chegar perto do juiz.

Uma pista pode surgir onde menos se espera. E quando se trata do mundo do crime, conversas em pátios de presídios ou nas celas podem adquirir uma importância fundamental. A prisão é, paradoxalmente, um lugar onde se sabe de quase tudo sobre o mundo criminal, quando existe a ponte atual entre dentro e fora dos muros. Muitas verdades não estão nos processos, estão além das muralhas. Assim, o planejamento da execução de um juiz considerado incômodo pelo crime organizado triunfante e dominante em várias regiões pode ser combinando, falando baixinho, com alguns sussurros, num lugar onde quem não for familiarizado com esses assuntos horrorosos não vai entender. A mulher, no caso, era muito importante, embora anônima na multidão, tinha a oportunidade de se aproximar de alguém do clã Morel, em circunstâncias não previsíveis. O depoimento prosseguiu:

> *Que ainda durante as conversas com Manoel Evandro, este disse à declarante que "Ferreira não aceitava fazer o serviço se não recebesse todo o valor, e que a outra metade receberia das pessoas de Cidinho e Cláudio, após o recebimento de uma partida de maconha, aproximadamente 2 mil quilos, que estaria chegando nesta Capital na próxima sexta-feira.*

Que Manoel ainda informou à declarante que 200 quilos desta droga seriam repassados para o advogado de nome Mario Sergio, em pagamento de honorários advocatícios, e que o restante seria transportado para a cidade do Rio de Janeiro, local este onde Cidinho e Claudinho já teriam comprador para a droga. Que tem conhecimento de que Cidinho trata-se da pessoa de Aparecido Miranda da Costa, que inclusive já foi preso por assalto e tráfico de drogas. Que Mario Sergio é uma pessoa de estatura média, calvo, barriga saliente, e já teria sido preso por tráfico de drogas. Que João Ferreira mede cerca de 1,70m, de cor bronzeada, cabelos castanhos, crespos e curtos, olhos castanhos-claros e costuma vestir-se no estilo caubói, sempre usando calças jeans apertadas, botas bico fino e camisa xadrez. Que João Ferreira reside em Pedro Juan Caballero e possui uma moto Kawasaki, modelo ninja, amarela e preta. Que neste ato, sendo apresentada uma fotografia de um homem de nome João Ferreira Nascimento, a declarante o reconhece como sendo o pistoleiro de alcunha Ferreira. Que a declarante tem conhecimento de que João Ferreira já foi preso no Estado do Paraná por tráfico de drogas, pelo DOF na região do Copo Sujo, por envolvimento em furto de veículo, e em Campo Grande, também por participar do furto de veículo de uma "pessoa importante", que não sabe informar o nome.

O DOF mencionado no depoimento é o Departamento de Operações de Fronteira. Como o nome diz, é a Polícia da fronteira. Copo Sujo é a referência informal sobre um entroncamento rodoviário. O que parece ser uma novidade – o pagamento de advogados em grande quantidade de drogas – não é. Por trás delas estão execuções sumárias de pessoas que, de novo, confundem o sagrado exercício do direito de defesa com atividades ilícitas. À vista dessas revelações, a Polícia fez várias investigações sobre o plano de matar o juiz, que depois de decretar a prisão de um oficial superior-megatraficante da Polícia Militar, surpreendido com 200 quilos de cocaína, expulso da corporação, passou a ficar na alça de mira de outro magistrado, que fica longe de Campo Grande. De fato, ele transmitiu orientações para um advogado sem escrúpulos convencer uma mulher, também traficante, a denunciar o juiz nesses termos: ela teria sido condenada por vender cocaína porque teria se recusado a pagar uma quantia em dinheiro para livrá-la do processo. Ciente da trama – planos para matá-lo ou atingi-lo moralmente –, o juiz Odilon de Oliveira determinou que a Polícia Federal instaurasse inquérito imediatamente, para apurar tais fatos. Do inquérito constam muitas trocas de telefonemas entre a traficante, seu advogado e o magistrado *on-line*, interessadíssimo em prejudicar ainda mais o juiz já ameaçado de morte. O megatraficante fardado conseguiu a liberdade através de um artifício conhecido no mundo jurídico como "remédio heróico". No caso, foi bem covarde, embora o nome do remédio seja *habeas-corpus*. O conteúdo dessas conversas, monitoradas e gravadas, mostra uma desfaçatez sem limites dos interesses do tráfico e novo tentáculo do polvo do crime procurando neutralizar um de seus inimigos. A prova está bem guardada e faz parte de uma farta documentação que mostra como é difícil ser honesto e continuar vivo na fronteira. Além dos bandidos convencionais, era preciso enfrentar outro tipo que age à margem da lei, mas faz de conta que a respeita. Outrora chamado de colarinho, essa figura – elegante, unhas polidas, ternos sob encomenda, camisas engomadas e gravatas importadas – é de provocar náuseas, apesar da fragrância da colônia que costuma usar. O caso foi encaminhado às esferas superiores da administração da justiça e arquivado por "falta de provas", embora fossem abundantes, suficiente para considerar o inimigo togado e impune absolutamente indigno da função. Mais um seboso estava mais perto do que o juiz poderia imaginar. O advogado em questão, Sérgio Franzoloso, seria degolado sobre a mesa de trabalho de seu próprio escritório em Campo Grande, tempos depois, a mando do PCC. Não é preciso dizer mais.

Tudo isso apurado, chegou a hora de convocar Lucila Morel de Souza, natural de Carapó, separada judicialmente que, acompanhada por advogado, prestou declarações na Polícia Federal em Campo Grande:

> *Estou cumprindo pena por tráfico de drogas. A partir de 27 de fevereiro de 2004, passei ao regime semi-aberto, estando atualmente residindo*

na casa de minha irmã. Sobre os fatos narrados em uma carta anônima denunciando que eu, em conluio com outros traficantes condenados pelo juiz federal Odilon de Oliveira, estaria contratando pistoleiros para matá-lo, tenho a dizer que em momento algum mantive contato com qualquer pessoa, com a intenção de contratar pistoleiros. Esclareço que estou cumprindo pena há oito anos por um delito cometido no passado. Fui julgada e condenada pelo doutor Odilon de Oliveira. Porém, quero deixar claro que não tenho nada contra a pessoa do referido juiz e em momento algum tentei contratar pistoleiros para matá-lo. Estou terminando de cumprir minha pena e seria até uma burrice de minha parte tentar matar o referido magistrado. Se tal fato ocorresse, eu seria considerada uma das principais suspeitas. O que pretendo agora é apenas voltar ao convívio de minha família e procurar reconstruir minha vida. Estive em Dourados por alguns dias, fazendo tratamento de saúde. Fui ao presídio da cidade para visitar o detento Roberto Razuk, que é meu amigo particular. Não mantive contato com outras pessoas envolvidas em tráfico de drogas. Nunca ouvi comentário e nem tenho conhecimento de qualquer pessoa que tenha intenção de contratar ou que tenha contratado pistoleiros para matar o doutor Odilon ou qualquer outro juiz, sendo certo que nunca tentei contratar nenhum pistoleiro para este fim. Não sei dizer quem teria escrito a carta anônima fazendo acusações contra mim. Acredito que deva ser alguém que não goste de minha pessoa e por isso fez essas falsas denúncias.

Se o papel aceita tudo, como se costuma dizer, o depoimento de Lucila Morel deixou claro que cada um fala o que quer. A Polícia também ouve muita gente, acredita ou desacredita, e até finge que acredita. Aparente e formalmente, não havia como desmenti-la. O que importa são os passos seguintes, que conectam ou fazem desistir, mostram caminhos e direções, permitem ou não esclarecer determinados fatos, descobre culpados, comprova inocências.

Assim é que virou peso na balança o ofício 08/2004, da 3ª Superintendência Regional do Departamento de Polícia Rodoviária Federal que, poucos sabem, é a segunda polícia com existência prevista no artigo 144 da Constituição Federal. Ferreirinha, o pistoleiro preferido para matar o juiz, era o assunto do ofício enviado ao magistrado ameaçado, expedido pelo fato de um pedido feito por chefe de Núcleo de Inteligência da Polícia Federal em Ponta Porã. Nele, o agente federal solicitava "diligências no sentido de identificar um elemento de nome João Ferreira (arrastador de veículos), visto que narcotraficantes residentes na fronteira Brasil-Paraguai contrataram o meliante em epígrafe para assassinar Vossa Excelência". Relata o ofício, com dois carimbos vermelhos de *confidencial*: "Após diligências, conseguimos identificar o meliante; trata-se de João Ferreira do Nascimento, o qual já tinha sido preso por policiais desta Delegacia em 22/03/2000, que na oportunidade conduzia uma carreta roubada, que seria entregue ao receptador Carlos Pinasso, em Pedro Juan Caballero/PY. Ato contínuo, o agente de polícia federal fez contatos com a Superintendência Regional do Departamento de Polícia Federal e nos solicitou que tais informações fossem repassadas para ni.srdpf@gov.br. Segue em anexo a documentação repassada para a Superintendência Regional. Colocamos à disposição de Vossa Excelência toda nossa estrutura material, pessoal e logística".

Um detalhado relatório de inteligência da Polícia Federal, assinado apenas por *CLN*, avaliou a situação delicada, com cheiro de morte no ar. A identificação do documento é *Informação*. Quer dizer que se trata de fatos apurados e considerados certos, comprovados, ao contrário de *informe*, que na análise de informações quer dizer que se trata de relato bruto, a ser ainda burilado. Veja a gravidade do relato da preciosa *Informação* coletada em pleno epicentro do crime organizado e distribuída em circuito fechado em setembro de 2004, especificando em código quem é *M* e quem é *I*, mandantes e informantes:

> *O "I-01" (informante 01) é pessoa antiga na região de Ponta Porã/MS. Vive no meio de traficantes. Presta serviço a vários deles. Atualmente vem trabalhando para o "M-18". Já trabalhou muito tempo para o "M-07", que se encontra preso há um ano e meio.*

Conhece diversos prováveis "M", dentre eles M-06, M-07, M-08, M-09, M-10, M-11, M-18, M-19, M-21.

No dia 10/09/04, sexta-feira à tarde, narrou-me o seguinte:

Em 09/09/04, acompanhou o M-18, que se encontraria com o M-21, em fazendas deste, no Paraguai.

Primeiro, foram à Fazenda Suíça, do M-21, situada na saída de Ibidiau, de quem vai para Concepción/PY. Fica a uns 4 km da localidade Ibidiau.

O M-21 não estava na Fazenda Suíça. Então, o M-18 e o I-01 se dirigiram para outra fazenda do M-21 (Fazenda Liberdade). Fica na Colônia Rio Verde, indo para Assunção. No trevo, entra à esquerda como se fosse para Capitán Bado/PY. Depois, entra numa placa onde está escrito Estância Torovevê, anda uns 18 km. O rio Pané corta a Fazenda Liberdade (Departamento de Concepción).

Na Fazenda Liberdade, o I-01 viu os M-21 e M-18 conversar sobre as buscas realizadas em propriedades do M-21 e das pessoas relacionadas a ele (M-21). O M-21 se referia à apreensão de uma partida de cocaína, em São José do Rio Preto/SP, recentemente.

O M-21, bastante irado, se mostrava surpreso. Seus advogados haviam levado para ele uma cópia do auto de prisão em flagrante do motorista que conduzia o caminhão com a cocaína. M-21 não entendia como os agentes federais conheciam fatos relativos à cocaína, que só ele (M-21) sabia. Como, por exemplo, as várias idas e vindas do caminhão, a partir de Mato Grosso, transportando carga comum pelo mesmo trajeto que depois iria fazer com a cocaína. Se não fosse abordado nessas idas e vindas, significaria que o caminhão poderia transportar tranqüilamente a cocaína.

O M-21 não se conformava com essas descobertas pela Polícia Federal, uma vez que somente ele (M-21) e uma outra pessoa de extrema confiança sabiam dos detalhes mais sigilosos sobre a cocaína apreendida.

O M-21, segundo o informante, estava muito furioso e até modificava suas feições quando se referia ao Juiz Odilon de Oliveira como mandante da realização de buscas em locais relacionados ao M-21.

O Juiz teria sido muito "atrevido", muito "ousado" ao mandar dar buscas em residências e propriedades de sua família e de sua namorada (Lucimara).

M-21 estava revoltado com as buscas na casa de Lucimara e, a todo momento, xingava muito o Dr. Odilon: "Esse juizinho de merda está tentando acabar com minha vida e com tudo o que eu tenho... o que esse cearencinho de merda está pensando?"

O informante sempre repetia que o M-21 estava muito furioso, disposto a pegar o juiz... "que fulano e fulano são uns frouxos... é hora de nos unirmos para pegar esse cearencinho de merda..."

M-21 citou que o Dr. Odilon havia mandado apreender um veículo Golf Sport, cor prata, de uso de sua namorada Lucimara. M-21 disse que o veículo estava retido em Pedro Juan Caballero. No meio da conversa, ainda na Fazenda Liberdade, chegou o referido veículo, sinal de que tinha dado certo a tentativa de suborno ao juiz de Pedro Juan, teria dito o M-21. O informante disse ter ouvido que o suborno foi de dez mil dólares, estando aí incluído o pagamento adiantado de futuros outros favorecimentos.

Chequei e realmente o Dr. Odilon havia expedido vários mandados envolvendo o M-21 em relação à cocaína apreendida em São Paulo. Havia mandado apreender diversos veículos. O de Lucimara era um deles. Chequei que o Dr. Odilon tinha mandado um ofício para o juiz de Pedro Juan Caballero mandar o veículo para a Justiça Federal de Ponta Porã. Confirmei que o juiz de Pedro Juan realmente tinha liberado o veículo no dia em que o informante esteve nas fazendas do M-21.

O informante revelou que ouviram a conversa entre o M-21 e o M-18, na Fazenda Liberdade, as seguintes pessoas, todos sob o comando de M-21: Magrão, Nego, Nélio Alves, Índio e mais 02 peões.

Fiz checagem e comprovei que Magrão é Carlos Roberto da Silva, com processo na Vara Federal de Ponta Porã. Nego seria José Carlos da Silva. Nélio seria piloto do M-21. Índio, segundo o informante, é um pistoleiro de confiança do M-21. É muito bravo. O informante esclareceu que Índio não presenciou a conversa nem foi visto, naquele dia, pelo informante. Mas o informante sabia que Índio estava na Fazenda Liberdade.

M-21 recomendou que seus homens evitassem andar do lado brasileiro, pois se algum fosse pego pela Polícia Federal poderia ser torturado para revelar alguma coisa.

Da Fazenda Liberdade, o informante voltou com seu patrão (M-18) para a Fazenda Suíça. Já tinham passado por ela antes de irem para a Liberdade. Daí a pouco chegou na Suíça o M-21, este acompanhado de Neguinho e Magrão. Neguinho, segundo o informante, diz ser primo de M-21. Na Suíça, M-21 voltou ao assunto, sempre xingando e jurando pegar o Dr. Odilon.

O plano, segundo o informante, não mais seria matar o juiz com um tiro de fuzil, porque a morte seria rápida, sem sofrimento. O plano é seqüestrar e levar o juiz para local distante e seguro. Seria submetido a sofrimento. O próprio M-21 queria ter o prazer de oferecer para o seqüestrado um prato com comida podre e humilhar bastante o juiz. Ficaria assim amarrado até morrer sofrendo.

Outro plano consistiria em derrubar com um tiro de bazuca o avião em que o Dr. Odilon tentasse voar para o Paraguai. Se o juiz voltasse a voar em helicóptero em território paraguaio, o plano seria procurar alvejar o helicóptero.

Procurei saber e comprovei que o Dr. Odilon havia voado em helicóptero da Polícia Federal durante a última operação (Aliança XII) no Paraguai. Sobrevoou plantações de maconha e esteve no encerramento, em Cerro Corá/PY.

Constatei que entre autoridades paraguaias estava em Cerro Corá o representante da SENAD (do Paraguai) em Pedro Juan Caballero. Fiz isto porque o informante disse que o segundo na hierarquia da SENAD em Pedro Juan Caballero é um passador de informações aos traficantes. Ganha salário por mês e informa tudo o que se passa do lado brasileiro, segundo disse o informante.

O informante ouviu M-21 comentar com M-18 que o Dr. Odilon sempre ia à Governadoria do Departamento de Amambai, em Pedro Juan, conversar com o governador Acevedo. M-21 citou que isto se dá num veículo preto importado. Comprovei que o juiz já foi algumas vezes à Governadoria tratar com o governador sobre extradição de traficantes.

Recentemente, no dia (...) eu próprio e o DPF (...) estivemos na Governadoria, a pedido do Dr. Odilon. Fomos no carro do juiz, um Toyota preto, placa "Brasil". É provável que os traficantes tenham pensado que o juiz também estivesse nele. Os vidros são escuros.

De uma dessas fazendas, M-21 telefonou para o sujeito da SENAD (2ª pessoa), que estaria com uma lista de pessoas relacionadas pela Justiça Federal para serem procuradas no Paraguai. M-21 queria saber se seu nome estava nessa lista.

Na Fazenda Suíça, em determinada fase da conversa, M-21 e M-18 passaram a conversar de portas fechadas no escritório da fazenda. O informante não sabe o que os dois conversaram lá dentro.

O informante I-01 disse que o M-21 falou que agora ia tomar a frente das providências para pegar o Dr. Odilon. Sempre se referia ao Dr.

Odilon como um "juizinho de merda... que se julgava o tal para mandar vasculhar a casa de sua namorada e propriedades suas..." M-18, depois, perguntou se o informante I-01 tinha alguma desavença com Índio, pistoleiro de M-21. O informante disse haver respondido que não.

Essa pergunta deixou esse agente pensando que M-18 estivesse estudando a possibilidade de I-01 se juntar a Índio para pegarem o juiz. Aí, teria havido combinação entre M-18, patrão do I-01, e M-21, patrão de Índio.

Pelo que conheço do I-01, este agente acha que I-01 não aceitaria essa empreitada. No máximo, fingiria aceitar o serviço. É que I-01 se declara muito grato ao Dr. Odilon em razão de haver sido beneficiado por delação premiada e se tornado informante. O I-01 fez compromisso de freqüentar dia a dia a vida dos traficantes, de quem já era velho conhecido, para colher dados e passar informações à Polícia Federal sobre possíveis planos de morte contra o juiz.

O I-01 informou que Jacaré (cabelo crespo, baixinho, dentes ralos, miudinho), Bigode e Índio, além de outros, são pistoleiros de M-21. Índio é o de maior confiança.

Este agente acredita que são verdadeiras as informações passadas pelo I-01, pois este reproduziu várias coisas, ditas pelo M-21, que realmente ocorreram na Justiça Federal em torno das diversas medidas tomadas pelo juiz antes e depois da apreensão da cocaína em São Paulo. Até a quantidade de cocaína o I-01 citou. Certamente ouviu do M-21. O I-01, quando levado à presença do Dr. Odilon por esse agente, chegou até a corrigir o juiz quando este disse que eram 500 quilos, citando a quantidade exata.

O informante disse que M-21 sabe que este agente está encarregado da segurança do juiz. O M-21 e o M-18 já conheciam este agente.

Faz parte do plano de seqüestro a "compra" deste agente, que entregaria o juiz nas mãos "deles". O M-21 e outros traficantes sabem, segundo disse o informante, que este agente é homem de confiança do juiz. Para isto acontecer, uma pessoa iria contatar este agente e tentar o suborno. Este agente pretende gravar e filmar esse provável encontro. Pede providências nesse sentido. Este agente lembra que o serviço de inteligência fique atento a qualquer detalhe e mantenha este agente informado de tudo para evitar surpresa.

Após ouvir o relato do I-01, este agente providenciou, logo em seguida, um encontro entre o Dr. Odilon e o I-01. Este repetiu ao juiz o que disse a este agente, menos a parte que se refere ao plano de tentativa de subornar este agente para entregar o juiz. O informante disse que não contaria esta parte ao juiz porque o Dr. Odilon poderia ficar preocupado e pedir para este agente deixar sua segurança. Este agente entendeu revelar esta passagem ao juiz.

Antes que o leitor se pergunte se não seria perigoso mencionar a situação delicada de I-01, pois teoricamente se poderia deduzir, no mundo do tráfico, qual poderia ser a sua identidade, esclareça-se: I-01 está morto. É a única coisa que se pode revelar.

No mês seguinte do mesmo ano em que foi redigida esta Informação, foi a vez do grande alvo fazer ele próprio um comunicado, dando conta de uma situação delicada – os traficantes se aproximando cada vez mais e ensaiando o bote fatal. Alguns detalhes serão suprimidos, aqui, por razões insuperáveis de segurança.

No dia (...) o agente (...) responsável pela minha segurança comunicou-me que (...), senhor (...) encontrava-se no recinto do prédio da Justiça federal, em Ponta Porã/MS, e que tinha uma notícia urgente de meu interesse.

Em meu gabinete se encontrava o procurador da República (...), momento em que autorizei a entrada da referida pessoa, que trajava (...). Apresentei-lhe o procurador da República e lhe disse que pudesse falar.

A pessoa, visivelmente assustada, narrou que, momentos antes, reaparecera em (...) uma (...), que não via há (...), ocupando ela um veículo (...), cor (...), em cujo interior havia (...) Devido ao tempo decorrido, o (...) me disse não se lembrar o nome dessa pessoa, mas a definia como (...) e contando com (...) de 40 anos.

Essa (...) desceu do carro, entrou (...) e narrou a (...) que tinha acabado de ouvir de (...), cujo nome não declinou, mas que atua (...), que o começo daquela tarde alguns traficantes, entre eles um tal de (...), haviam se reunido e decidido que matariam este juiz na porta (...), na chegada ou na saída.

Antes de dar esse recado ao (...), a (...) perguntava se ali (...) um juiz. Ouvindo resposta afirmativa, a (...) contou o que ouvira de (...) A (...) pediu para que (...) desse um jeito para avisar ao juiz imediatamente. O (...), fingindo não querer se meter na história, disse à (...) que não iria procurar o juiz. Ouvindo isto, a (...) disse que, de imediato, para não ficar com a consciência pesada, procuraria por um orelhão bem distante e dele, anonimamente, telefonaria para a Polícia Federal.

Visivelmente preocupado, (...), no momento que narrava o ocorrido, perante minha pessoa e a do procurador da República, recomendou que eu tomasse cuidado. (...) disse que a conversa foi "muito rápida" e (...) se ausentou imediatamente. Enquanto o (...) me fazia o relato, recebi uma ligação telefônica do (...), de Ponta Porã/MS, que me perguntou se eu freqüentava (...) Respondi que (...) e dei-lhe (...) Então, o (...) me disse que acaba de receber um telefonema anônimo de uma mulher, denunciando que traficantes haviam decidido matar-me (...) Entendo logo que (...) do telefonema não poderia ser outra pessoa a não ser (...) que levara os fatos, momentos antes, ao conhecimento do (...) Eu disse ao (...) que, naquele momento, estava ouvindo, em meu gabinete, a mesma denúncia.

Depois que ouvi o (...), telefonei para (...), de Ponta Porã, para que ele viesse ao meu gabinete ouvir a delação, o que foi feito. Na minha presença e também do procurador, (...) repetiu tudo para (...), que lhe fez várias inquirições, inclusive sobre as características físicas (...) Senti que (...) não estava mentindo, nem haveria razão alguma para fazê-lo, ainda mais porque pouco nos conhecemos.

Dias antes, o referido agente (...) confidenciou-me que um ex-agente de polícia federal, de cujo nome não me recordo, teria ouvido de um rapaz, este do meio da delinqüência e já havendo ingerido algumas doses de bebida (o episódio ocorreu num bar), que um juiz que freqüentava (...) iria "se foder". Um pistoleiro, simplesmente para se vingar de seu ex-patrão (traficante), que o havia sacaneado, mataria este juiz na (...) e depois citaria seu ex-empregador como mandante. O pistoleiro já estava com viagem pronta para mudar-se para (...) O pistoleiro, que seria uma pessoa (...), com aparência (...), teria dito que estivera por duas vezes na (...) A primeira vez, sem arma, para sondar, ocasião em que teria conversado com (...). Na segunda vez, foi com uma pistola ponto 380, mas não pôde executar o plano por causa da presença de crianças no interior da (...)

Efetivamente, na época em que isto teria acontecido, duas meninas, uma com (...) e outra com (...), eram levadas por suas mães e ficavam brincando (...) enquanto suas mães (...). Sugiro que deva haver melhor comunicação entre todos os agentes responsáveis pelas investigações nos setores de inteligência. Tudo deve ser centralizado e fazer parte de um banco de dados, para que seja possível a montagem de um mosaico a respeito. Odilon de Oliveira, Juiz Federal.

Na análise da *Informação*, a inteligência apurou quais seriam alguns personagens do relato, graças ao eficiente I-03. Uma *Informação* complementar acrescentava que M-21 tinha perguntado a I-01 se já havia conseguido liberar suas pistolas, apreendidas em processo na Justiça Federal de Ponta Porã. M-21 estava contente, bem sorridente, debochando: "O juizinho Odilon não vai mais incomodar ninguém". M-21 disse que havia combinado com M-19 para matar o juiz, mas o escolhido não fez o serviço a tempo e acabou sendo assassinado. Outra revelação: "M-21 disse que tendo M-19 morrido antes de realizar o serviço, conversou com Cezinha e o primo dele, Flávio. Estava "tudo certo". Se Cezinha não desse jeito, o M-21 já havia conversado com o Pavão, que disse ter um pessoal em Minas Gerais que faria o serviço. Nessa mesma hora, chegou o advogado (Dr. Edson), não sabendo se de Ponta Porã ou de Cuiabá) do M-21, passando a conversar com este. Nesse instante, o I-01 se distanciou e o advogado e M-21 entraram no escritório sozinhos. Não sabe o que os dois conversaram".

O I-01 informou, ainda, que numa sexta-feira M-21 conversou por 40 minutos, debaixo de um pé de manga, na casa de M-18, com Carlos Flores, conhecido por Carlinhos Cabrito, grande traficante que estaria associado a Jarvis Pavão e a Irineu Soligo, o Pingo.

O quebra-cabeça do crime, muito mais organizado que se pensa e muito mais desconhecido do que se imagina, exigia mais e mais da inteligência policial federal. M-18 foi preso com um avião cheio de cocaína, mas mesmo assim ficaram outros 260 quilos da droga escondidos num matagal próximo à pista de pouso. Os traficantes queriam recuperá-la e M-18, mesmo preso, conseguiu passar a informação. Comentários a respeito de Cezinha para I-01: "Se tivesse feito o homem (Dr. Odilon), não teria havido essa prisão. Se não tivessem dado moleza a esse juiz, a gente não estaria assim, correndo para um canto e para outro, sem poder trabalhar". Relatório da inteligência informa desabafos irritados: "O culpado de tudo é o juiz federal e o governador Acevedo. O governador irá morrer. Se não for durante o mandato, será defunto logo que deixar o cargo. Cezinha disse que o juiz fica confiando na blindagem da Cherokee, pensando que é para fuzil. Mas na verdade não é. Está enganado. Vai morrer como uma pombinha, sentado. Cabeça Branca também tem comentado que o juiz vai morrer sentado, como um passarinho". Outro trecho da *Informação*: "O I-01 disse que esteve visitando seu ex-patrão, numa prisão em Assunção, quando lá se encontravam Carlos Duro (condenado pelo juiz), Mauro Parra, Dameto e Nélio Alves de Oliveira, além de dois colombianos. Comentaram que estava na hora de todos os traficantes formarem um consórcio para "matar o Odilon". Cezinha é o encarregado de organizar o plano. Os traficantes acham que o Dr. Odilon é o responsável por tudo o que vem ocorrendo com os traficantes no Paraguai (prisões, extradição...). Cezinha disse que se a Polícia Federal realizar operação contra ele, no Paraguai, não irá capturá-lo vivo, pois não vai se entregar. Vai resistir. Tem muitas armas pesadas e uns oito homens do PCC. Pingo fala o mesmo. Tem muitas armas. Quando há operações no Paraguai, Pingo se esconde numa aldeia indígena".

Aqui está, *en passant*, mais uma referência oficial da inteligência federal ao Primeiro Comando da Capital. O plano de matar o juiz federal tem semelhanças com as execuções do juiz de Presidente Prudente e o juiz de Vitória, no Espírito Santo. Nunca se fez essa ligação. O relatório da inteligência, sem querer, insinua isso. Há uma verossimilhança muito grande entre o que se articulou contra o juiz Odilon de Oliveira e a morte do juiz capixaba Alexandre Martins de Castro Filho. O seqüestro do repórter da TV Globo tem um fio de meada semelhante ao do juiz morto em Presidente Prudente: uma falsa queixa de roubo de carro. Coincidência? Não, as mesmas instruções do PCC aos executores de uma parte da empreitada: um Fiat Uno em Prudente, um Vectra em São Paulo. Nos dois casos, as primeiras pistas que conduziriam ao esclarecimento e os encarregados das investigações "lograrem êxito", como gostam de dizer os policiais. O consórcio de traficantes também fez planos para matar Celso Schuch, juiz das Execuções Criminais na cidade de Dourados.

Na história, que parece coisa de cinema, mas é apenas a realidade do tráfico brasileiro, aparece o prejuízo causado a Jarvis Pavão, aborrecido porque um de seus aviões teve problema mecânico e foi obrigado a aterrissar de barriga. Pavão e Maurinho, o co-piloto, puseram fogo no avião. O traficante possui quatro fazendas no Paraguai. Gosta mais de ficar na "4 Filhos". Dizia, no começo de 2005, aborrecido, pensando em mudar-se para a Bolívia ou para a Colômbia, sempre culpando o juiz Odilon pela "falta de sossego", "não agüento mais a pressão" e criticando parceiros de tráfico: "Não agüento mais essa vida; Todo mundo já se reuniu e decidiu dar um fim no juiz, e até agora ninguém fez nada. A gente fica nessa agonia". Um dos empregados fixos de Pavão é um advogado de Londrina, Paraná, conhecido como Francisco. "Seria encarregado de conseguir documentos falsos para os traficantes". O consórcio da morte age como se este fosse um procedimento rotineiro e de negócios. Sempre mostra seu lado implacável e sinistro, como na execução do receptador de carros roubados Dezinho, que gostava de fixar-se na região de Salto Del Guayrá. Ele foi emboscado na sua fazenda em Cuiabá. Não escapou ninguém: nem ele, nem a mulher (ex-miss Paraguai) e familiares, num total de onze pessoas. Os corpos sumiram. Supõe-se que tenham sido enterrados.

Os algozes tiveram um único momento de misericórdia: pouparam apenas um bebê, deixado choramingando sob uma árvore.

Em Pedro Juan Caballero, os traficantes contrataram um engenheiro exclusivamente para que ele dissimulasse, dentro dos mais variados veículos, esconderijos para grandes quantidades de cocaína. O engenheiro, com experiência na indústria automobilística, sabia disfarçar o pó como poucos. Ganhou bastante dinheiro, mas um dia disse que queria abandonar tudo, que chegava de correr riscos, que queria levar uma vida tranqüila, sem sobressaltos. Pediu demissão aos traficantes. Deixou o emprego. Perdeu a vida.

A inteligência informa que M-18 foi encarregado de tentar apresentar propostas na Suprema Corte. Preços oferecidos em janeiro de 2005: US$ 350 mil para ganhar direito à prisão domiciliar ou ser posto em liberdade, alegando-se oficialmente "erro judicial". Até o reparo ser feito, o traficante teria tempo suficiente para fugir. E US$ 100 mil para permanecer preso em Assunção e não ser extraditado para os Estados Unidos. Relato da inteligência: "Ainda não houve decisão. M-18 ainda não teria dado o dinheiro. Todavia, M-18 deu US$ 35 mil. A mulher de M-18 depositou. I-01 acha que era para autoridades do presídio, onde há mordomias: apartamento com televisão, geladeira, ar condicionado, guarda-roupa embutido, CD, DVD, fogão, *freezer*, como se fosse um hotel cinco estrelas. Recebe amantes, que ficam hospedadas na própria "cela". No presídio há churrasco quase todos os dias". Possui dois celulares. Intermediador entre M-18 e a Suprema Corte seria um fiscal (promotor) de Pedro Juan Caballero, que teria um tio no tribunal. I-01 conversou rapidamente com esse fiscal, que resumiu o esquema: simulação de erro judicial ou engano da carceragem. Carlos Duro, Dametto, Mauro Parra e outro fizeram acerto para não ser extraditados para o Brasil. I-01 ouviu dos próprios extraditandos".

O relatório de inteligência policial federal 001.05, emitido da Base Guaycurus, confirmou que "as principais quadrilhas de traficantes da área de fronteira Ponta Porã/Pedro Juan Caballero estão se consorciando com o objetivo de assassinar o juiz Odilon". Especificou: "Segundo as informações que dispomos, os traficantes Luís Carlos da Rocha, vulgo "Cabeça Branca", Irineu Soligo, vulgo "Pingo", Ivan Mesquita (preso recentemente no Paraguai quando recebia 262 kg de cocaína), Jarvis Chimenes Pavão, Carlos Alberto da Silva Duro (preso em Assunção - PY) e Newton Cezar Antunes Veron, vulgo "Cezinha", entre outros, decidiram pela morte do Juiz Federal Odilon de Oliveira, a qual ficaria a cargo de Newton Cezar Antunes Veron e seus homens". Desse relatório, oito linhas foram dedicadas a uma situação extrafronteira, interestadual - de novo, o PCC mostrando a sua cara. Diz o relato reservado:

> *Ainda de acordo com as informações desta Base, Cezinha é um dos principais líderes, aqui na região de fronteira, da organização criminosa conhecida como PCC - Primeiro Comando da Capital e seria responsável principalmente pela compra de cocaína na Bolívia e na Colômbia e pelo envio da droga para o PCC, além de ser o principal "matador" do PCC na fronteira, pois a ele e seus homens são atribuídos diversos assassinatos ocorridos na área de fronteira. Cezinha teria a seu comando diversos elementos do PCC, os quais estariam morando em Ponta Porã e em Pedro Juan Caballero.*

O relatório de inteligência, que passaria a fazer parte do acervo da Coordenação Geral de Prevenção e Repressão a Entorpecentes do Departamento de Polícia Federal, fornecia nomes e apelidos de traficantes, telefones, áreas de atuação. Nomes e apelidos podem não querer dizer nada para quem ignora os fatos. Para a inteligência, dizem muito, por vezes querem dizer tudo. Querem dizer Cezinha. Querem dizer PCC. E são: Veron, Jéferson "Neguinho", Rodrigo, Luiz Antunes "Pica-Pau", Conrado, Ramon, Nanico, Titinha.

A inteligência conseguiu apurar que o juiz Odilon seria morto se eventualmente sua segurança estivesse "moscando", distraída. Pensaram em derrubá-lo a tiros. Andando. Dentro do carro. Planejaram aproximar-se dele com facas escondidas nas meias e em momento considerado oportuno cortar-lhe a garganta. A rotina do juiz começou a ser observada e analisada pela inteligência do crime. "Tais homens sabem de detalhes do dia-a-dia do juiz e estão arquitetando a melhor forma de matá-lo". Anotaram o lugar de almoço aos domingos, como a churrascaria Garfo de Ouro. "Os traficantes já pensaram em tentar matar o juiz dentro da própria Justiça Federal, utilizando homens bem vestidos, portando carteiras falsas da OAB. Uma alternativa seria alugar uma casa próxima à entrada da Justiça Federal e aguardar uma oportunidade para alvejar o juiz com tiros de fuzil com luneta. Recentemente, foi falado em utilizar uma perua *Van* com porta lateral, de onde alguns homens surpreenderiam o juiz e sua escolta e metralhariam a todos".

Esse relato mostra que a inteligência para combater o crime já tem um inimigo adicional, que é a inteligência do crime organizado montada para combater a Polícia e, se considerado necessário, o Poder Judiciário e o Ministério Público. Descobriu-se que bandidos montam consórcio, como se fosse uma comunidade de informações paralela, que partilha o que consegue descobrir para alcançar um objetivo comum. O que o Estado não faz, na maioria das vezes, o crime já está fazendo. O relatório de inteligência revela que I-01 teria informações de que nessas articulações, um advogado, prenome Elton, "tem fornecido detalhes sobre o cotidiano do juiz e a segurança que é feita no prédio da Justiça Federal". Segundo I-01, haveria a possibilidade desse Elton "arranjar algum encontro do juiz com outras pessoas, as quais seriam assassinas".

Cada vez mais delicada, a situação exigiu novas e aprofundadas investigações, que resultaram na secreta Operação Guarda Costas. De novo, I-01 em ação: o peão de um traficante preso, ligado a Fernandinho Beira-Mar, diz "ter ficado sabendo" que a Polícia Federal estava planejando – em março de 2005 – uma grande operação em Ponta Porã, empregando 170 homens. O peão disse que Fahd Jamil teria pedido ao governo do Estado para usar de força política e retirar o juiz da fronteira. Esse fato, diz a *Informação* 014.05, foi confirmado por Cabeça Branca, que se encontrou com I-01 na padaria Maravilhas Del Trigo, em Pedro Juan Caballero, próxima à Governadoria, e disse: "Precisamos acabar logo com o juiz Odilon, pois agora ele está mexendo até com os Turcos (Fahd Jamil e outros)".

Neste ponto, exatamente, surge a revelação em caráter reservado, "informações para uso estritamente policial", depois distribuídas para outros setores de inteligência, mostrando o poder de organização do bando:

> *Cabeça Branca disse que o pessoal das FARC ofereceu dinheiro, guerrilheiros e o que for preciso para acabar com o juiz Odilon, pois a atuação recente das Justiças brasileira e paraguaia estaria causando uma diminuição nas vendas de cocaína das FARC para os grandes traficantes brasileiros erradicados no Paraguai. As FARC estariam comprando uma fazenda no Paraguai. As FARC teriam dito também que gastariam qualquer quantia com os ministros da Suprema Corte Paraguaia para evitar que Ivan Mesquita fosse extraditado para os EUA.*

Não é recente o interesse dos Estados Unidos em bloquear a remessa de cocaína tendo o Paraguai como origem. No início dos anos setenta, Auguste Joseph Ricord foi preso na cidade paraguaia de Ita Enramada, fronteira com a Argentina, acusado de chefiar uma organização que durante cinco anos – 1965-1970 – introduzira nos Estados Unidos cinco toneladas e meia de heroína. Um avião da Força Aérea dos Estados Unidos já esperava no aeroporto da Capital, mas os paraguaios não quiseram entregá-lo. Ricord somente foi extraditado depois que um dos generais que o protegiam teve câncer no cérebro e morreu depois de tentar uma cirurgia salvadora nos Estados Unidos. Logo após, três juízes do Tribunal de Apelação manifestaram-se em conceder a extradição. O Tribunal Federal de Manhattan o condenou a vinte anos de prisão e o presidente da Corte, John Cannela, disse que a quantidade de mortes e sofrimentos provocados pela remessa de toneladas de heroína "possivelmente igualariam o total de vítimas na guerra do Vietnã". A pressão sobre o Paraguai continuou, para extraditar traficantes considerados perigosos, até a DEA, órgão máximo de repressão ao tráfico, instalar-se em Pedro Juan Caballero, camufladamente, num prédio especialmente construído para a Secretaria Nacional de Drogas, SENAD.

Cabeça Branca disse mais, segundo I-01: "Vou resgatar a Cherokee que o juiz Odilon faz uso. Meu pessoal viu esse carro sendo abastecido no posto Esso que fica nas esquinas das ruas Marechal Floriano e Guia Lopes, com as portas abertas e a chave no contato. No carro havia apenas um policial federal. Se tiver oportunidade, seqüestro o motorista, levo ele para o Paraguai, onde será torturado e morto depois que a gente tirar o serviço dele. Também quero resgatar uma Mercedes Benz minha que está sendo usada pela Polícia Federal em Campo Grande". I-01 informa que Cabeça Branca também era o dono da Fazenda Luzipar. "No portão, fica um policial paraguaio com rádio. O policial comunica-se com Cabeça Branca quando percebe qualquer movimento estranho de pessoas e veículos". O traficante, ainda: "Tenho dois amigos policiais federais que estão em Santos e pretendo montar um esquema para que esses policiais sejam removidos para Ponta Porã a fim de facilitar o plano de matar o juiz Odilon".

Cada vez mais grave a situação do juiz, o superintendente da Polícia Federal em Campo Grande enviou para ele o ofício confidencial 2039/05, cujo assunto era: "medidas para a preservação da vida de Vossa Excelência e da Equipe de Policiais Federais que realizam a sua segurança". O final do ofício dava uma dimensão do que se tramava abertamente contra o juiz: "Queremos ressaltar que foi determinado (...) que priorizasse as atividades relacionadas à segurança de Vossa Excelência, mesmo com o prejuízo de outros trabalhos em andamento". Foram feitas quatro recomendações, não reveladas aqui por estritas razões de segurança do magistrado. Também não se pode, pelo mesmo motivo, revelar detalhes sobre um plano alternativo dos traficantes, cogitando de envenenar a comida do juiz em determinado lugar.

Mais um ato de ousadia, em *Informe* de junho de 2005, cuja fonte foi I-10. Menciona uma conversa em roda de advogados. Um deles falou em oferecer uma quantia de R$ 500 mil para o juiz deixar a cidade. A essa altura, Odilon era o autor da metade dos pedidos de extradição de traficantes brasileiros retidos no Paraguai. Outro, de barba grande, rebateu: "Não tem importância ele não aceitar, pois já existe um plano bem elaborado para matá-lo". Na roda havia "um advogado japonês e outros provenientes de São Paulo". De novo, I-01: "Ouvi de uma terceira pessoa pertencente à vagabundagem que chegaram a Ponta Porã duas Blazers pretas, sem placas, com um grupo armado e bem treinado para matar o juiz. O citado grupo estaria escondido na casa de um oficial de polícia paraguaia em Pedro Juan Caballero e teria sido contratado por..."

Muito articulada, a inteligência mencionou a seguir, através de *Informe*, sobre uma reunião realizada na cidade de Umuarama, Paraná, com a presença de um traficante foragido. O assunto era uma tentativa de desmoralizar um ministro do Superior Tribunal de Justiça, que havia cassado a liminar concedida por outro ministro, que inicialmente havia revogado a prisão de dois irmãos traficantes. O ministro-alvo, segundo I-09, "estaria incomodando o crime organizado, com seus posicionamentos e palestras". Um advogado esteve na reunião. Fica claro, aqui, que o crime organizado, além de suas atividades, ficou suficientemente atrevido para questionar decisões judiciais e até o conteúdo de palestras feitas por autoridades judiciais. Um depoimento formal ratificaria, em 12 de janeiro de 2006, na Superintendência Regional da Polícia Federal em Mato Grosso do Sul, as informações obtidas pela inteligência policial. O depoente, EAM, que esteve preso com um empresário, contou sobre algumas conversas no cárcere.

> *Estive preso com o empresário (...), que me disse ser amigo de (...), que tem negócios em Foz do Iguaçu e faz parte de um "consórcio" de criminosos que atuam na fronteira Brasil-Paraguai. O empresário me disse que tinha interesse em integrar esse "consórcio" para matar o doutor*

Odilon logo que conseguisse sair da cadeia, pois o juiz havia decretado a prisão dele.

Esse depoimento tinha uma sincronia com carta anônima recebida pelo juiz, no Fórum de Ponta Porã. Um "novo amigo" procurava, nessa carta, "alertar sobre uma trama contra a sua pessoa". Recomendava muito cuidado com Zuzão, bacharel ligado aos traficantes Daniel e Tulu. "O Daniel está morrendo de medo que o senhor mande reabrir o processo dele sobre tráfico e o mande para a cadeia, porque o seu pai está escondido e não pode protegê-lo".

Até o hábito regular de exercitar-se com corridas, ao amanhecer do dia, foi percebido pelo consórcio, incluindo o fato disso acontecer também sob escolta policial federal. Inesperadamente, o juiz tomou conhecimento, depois de receber duas visitas, que uma nova fonte de informações poderia ser cultivada, longe do Mato Grosso do Sul: um preso cumprindo pena na Penitenciária de Tremembé, no Vale do Paraíba, em São Paulo, para onde se deslocou uma equipe da Polícia Federal, chefiada por uma policial.

O súbito informante tinha sido policial militar em São Paulo, serviu no quartel do Primeiro Batalhão de Choque da Polícia Militar e foi preso pela primeira vez pela prática de roubo, sendo condenado a quatro anos e três meses. Contou que roubava malotes de correio, de conteúdo considerado muito importante pelo empresário que o contratou. Segundo ele, o empresário era ligado a traficantes de cocaína e maconha, por sua vez relacionados com outros empresários da Baixada Santista, formando uma sociedade com a participação de policiais civis e militares de São Paulo. O informante citou um delegado, sem mencionar que ele havia se matado no ano anterior ao seu depoimento, ou fazer alguma revelação concreta, dando a impressão de pretender vingar-se do policial. O policial, de fato investigando um assassinato no Guarujá, achava que tinha informações sobre o mandante, influente político de Mato Grosso. O delegado suicidou-se em circunstâncias surpreendentes, porque era jovem, seccional de polícia, eficiente e aparentemente sem problemas psicológicos. Suspeitou-se de assassinato, mas a perícia comprovou que ele planejou cuidadosamente a própria morte. Até o delegado geral de Polícia, Marco Antonio Desgualdo, especialista em investigações sobre homicídios, esteve no local onde o delegado foi encontrado morto. A arma foi encontrada ao lado do corpo, e um toca-CDs girava sem parar a leitura de um capítulo bíblico do livro de Salmos, feita por Cid Moreira. Uma sintomática cena de despedida, além da porta do apartamento estar trancada por dentro e a compatibilidade, para suicídio, da trajetória e ângulo dos tiros.

O declarante de Tremembé contou que na Fazenda Alvorada do Sul, região Mato Grosso do Sul-Paraguai, funcionava um laboratório de refino de cocaína próximo à cabeceira da pista de pouso. "Em várias oportunidades, ocorreu o descarregamento de produtos químicos que eram acondicionados em tambores, os quais eram jogados no Rio Piquiri. Eram utilizadas duas aeronaves pequenas, monomotor e bimotor, para o transporte dos carregamentos". Segundo o declarante, o esquema do tráfico usava "praticamente a mesma estrutura das Forças Revolucionárias da Colômbia – FARC – para contrabandear armas, sendo certo que esse armamento era distribuído para membros do Primeiro Comando da Capital – PCC, que atuavam na Baixada Santista".

Assim, investigando no Vale do Paraíba, a Polícia Federal de Campo Grande descobriu que uma mulher ligada ao PCC, "que atua na região de Itaquaquecetuba (SP)", mesma cidade de onde partiu um comboio de 12 membros do PCC mortos pela Polícia Militar na rodovia Castelinho, tinha-se casado com Leão, um "conhecido membro" da organização criminosa, por sua vez interligado a uma Torre, escalão superior do crime. Embora não relacionada diretamente com as ameaças ao juiz Odilon, essa investigação levou a Polícia Federal a obter informações paralelas sobre o assassinato de um empresário na cidade do Guarujá, praticado por policiais do Mato Grosso do Sul, que foram presos e levados para a Penitenciária de Tremembé. As declarações, mais nebulosas do que concretas, apontavam ainda na direção do traficante Naldinho, preso com Edinho, filho do jogador Pelé, e a conhecida traficante Maria do Pó. As declarações do informante voluntário incluem uma autodefesa e um pedido. A defesa: "Enquanto trabalhei para os integrantes da Torre, nunca tive qualquer poder decisório, simplesmente cumpria ordens". O pedido: Estou com medo por minha segurança e peço meu ingresso no programa de proteção a testemunhas e uma revisão processual, pois acredito que tenha havido erro na fixação do montante da pena a ser cumprida".

Os fatos relatados poderiam ser interpretados melhor, com a ajuda de I-01, o primeiro de uma lista de informantes cuidadosamente elaborada e selecionada. Mas I-01 foi assassinado em 28 de março de 2006 e mesmo morto sua identidade não poderá ser aqui revelada. O agente da inteligência policial, em ofício confidencial feito dias depois, informou que "arrecadou o relato a saber". Circunstâncias: "missão de inteligência". O fato: "... foi assassinado na cidade de PJC/PY por determinação do crime organizado estabelecido na fronteira dos dois países". Detalhe: "possivelmente (...), em companhia de outro homicida, teriam assassinado um pistoleiro conhecido por (...), que trabalharia para (...). Aliado ao crime, a desconfiança de que (...) contribuía com informações para a segurança física do juiz federal Odilon, determinou (...) a eliminação de (...).

O relatório, contendo vários nomes, situações e suspeitas, aponta com certeza a figura de uma mulher, comerciante em Ponta Porã. Ela e (...) estiveram no velório de I-01, "onde choraram com vigor". Mas... "(...) seria tia de (...) e a mulher que sabe de tudo o que acontece e o que vai acontecer, também da prévia morte de (...) I-01", eliminado com nove tiros de calibre 9 milímetros, disparados por um matador pilotando motocicleta. O registro da morte de I-01, feito por um jornal de Pedro Juan Caballero, não estava à altura do currículo secreto da grande fonte da inteligência brasileira: "*Las autoridades suponen um "ajuste", basadas en informaciones de que (...) era um conocido sicário de esta frontera*".

O juiz ameaçado de morte colocou no papel, em depoimento formal prestado na Superintendência da Polícia Federal em Mato Grosso do Sul, para o delegado matrícula 11.165, as razões que o transformaram num homem marcado:

> *Condenei mais de 100 traficantes, aplicando 916 anos de prisão, além de quase R$ 3.000.000,00 em multas. Confisquei mais de R$ 12.000.000,00 em dinheiro proveniente de lavagem. Seqüestrei 12 fazendas, totalizando quase 13 mil hectares. Seqüestrei seis residências, duas delas na Capital e as outras em Ponta Porã, sendo uma delas*

pertencente a Fahd Jamil. Seqüestrei um apartamento em Ponta Porã e outro no Paraná e mais um no bairro do Morumbi, em São Paulo. Foram seqüestrados dezenas e dezenas de lotes urbanos. Houve também a apreensão, pela Polícia Federal, de dezenas e dezenas de veículos, sendo declarados perdidos aqueles relacionados aos processos em que foram julgados. Doze traficantes foram extraditados e expulsos do Paraguai, por minha solicitação. Todos eram processados pela Justiça Federal e pela Justiça Estadual. É crível que vários traficantes ou organizações criminosas atuantes na fronteira Brasil/Paraguai tenham alimentado insatisfações com o meu trabalho. Confirmo que efetivamente recebi várias ameaças anônimas.

Os dados aqui revelados mostram que a coleta de informações passa por um processo seletivo. Não se pode fornecê-las a todos, sem distinção, porque passam por um rigoroso caminho para sair da categoria "informe" e fazer parte da confiável "informação". A execução de I-01 é um exemplo típico de como a própria fonte precisa ser exaustivamente instruída para não cometer nenhum erro de comportamento. Indiscrições podem produzir resultado fatal. Os fatos mostram, também, que no caso do crime organizado existe a contra-informação. I-01 foi executado sem ouvir nenhuma pergunta. Os matadores descobriram, não se sabe como, o que ele fazia. I-01 é que não desconfiou que estava sendo monitorado: estacionou seu carro, um Volkswagem modelo Golf, perto de um telefone público. O pistoleiro encarregado de matá-lo já estava à espreita.

Obter uma boa informação pode custar alguns agrados para a fonte, freqüentar lugares desagradáveis, contatar pessoas mais desagradáveis ainda e nunca exibir maior interesse no detalhamento de um determinado fato embora ele possa ter a maior relevância. A discrição é fundamental, e a verdadeira inteligência é uma arte, dominada por poucos. Não se trata de imitar o personagem de cinema James Bond, mas a informação correta pode partir de uma fonte inesperada. A contra-informação também se infiltra, compra, suborna. A informação não pode ser vulnerável, em hipótese alguma, ao espírito de corpo, porque algumas vezes o inimigo ronda por muito perto, pode ser companheiro de trabalho, amigo de um amigo, trabalhar no mesmo prédio onde se busca exaustivamente um fio de meada. Teseu precisa de Ariadne. O minotauro aguarda o menor vacilo. A caverna do crime organizado é cheia de labirintos. Mito e o primado do real se encontram com a História contemporânea. Cuidado, não dá tempo para trocar ou recuperar a vida. Aquiles disse isso para Agamenon. O delegado Sérgio Fleury disse isso para o cabo Anselmo, nos anos de chumbo da ditadura militar, e o ex-guerrilheiro, catequizado pelo cacique da repressão política, levou antigos companheiros da luta armada à morte e à prisão. Foi um ator perfeito. I-01 não teve tempo para, mesmo vivendo perigosamente, aprender a lição de viver com dupla personalidade. Fleury mudou o rosto de Anselmo com uma cirurgia plástica. I-01, seguro de si, continuou com a mesma cara e mesmos hábitos.

O juiz ameaçado aprendeu a andar no fio da navalha, a fazer omeletes sem quebrar ovos, a ter um olho no padre e outro na missa. Vive encurralado pelo perigo que lhe tirou direito a lazer e qualquer descontração. Já percebeu que um simples passeio no *shopping* pode transformar-se em aventura imprevisível.

Na casa-esconderijo, contenta-se em refugiar-se nos livros, trabalhar nas sentenças, preparar um uísque com água de coco transformada em pedras de gelo e, sempre que possível, largar tudo e enternecer-se com o sorriso inigualável, o abraço e o olhar brilhante do neto.

Odilon é peão em tempo integral para montar, chicotear e esporear o banditismo. Sem rodeios.

Mas, como diria Érico Veríssimo, o juiz é cavalo do neto.

Capítulo VIII – Dominado. Escancarado

Há um mecanismo, disponível para juízes e promotores, que permite manter em sigilo, dentro dos autos, a identidade de testemunhas consideradas extremamente importantes e que pelas informações prestadas correm riscos potenciais.

Num dentre muitos relatórios reservados, o Ministério Público de São Paulo mostra – através do seu Grupo de Atuação Especial de Repressão ao Crime Organizado (GAECO) – que três advogadas serviram de pombo-correio ao PCC para rebeliões serem deflagradas no interior do Estado. Uma advogada, por exemplo, em contato com um dos chefes da facção preso na cidade de Getulina, repassou ordens que, dois dias depois do encontro, começaram a resultar em ataques e mortes para 15 agentes penitenciários. Presos, os três advogados-informantes foram denunciados por formação de quadrilha, motim de presos, dano ao patrimônio público e cárcere privado.

A advogada conversou com Anderson de Jesus Parro, o Moringa, em 26 de junho de 2006. Ele a mandou levar recado da morte para *Magrelo*, cumprindo pena em Flórida Paulista. Segundo os promotores, mandante e mensageira "bem evidenciam a audácia e organização da quadrilha, efetivamente integrada pela advogada". Antes, no dia 5 de junho, a mesma advogada esteve no parlatório de Presidente Wenceslau para receber ordens de Orlando Mota Júnior, o Macarrão: rebeliões deveriam ser programadas nos presídios de Lavínia e Flórida Paulista. Na conversa, gravada no parlatório, fica claro que essa advogada passaria a ser um elo entre Macarrão e Marcola. O contato intermediário, segundo a conversa, seria com o preso vizinho de Marcola, Luiz Henrique Fernandes, o LH. Palavras gravadas, de Macarrão para a advogada: "fazer quebrar" e "colocar no chão" penitenciárias em Itirapina e Araraquara. A advogada contatou rapidamente o preso Cláudio Rolin de Carvalho, o *Polaco*, na penitenciária de Junqueirópolis. A ordem foi repassada. "Os fatos que se seguiram foram devastadores", acusaram os promotores do GAECO. Os três presídios foram semidestruídos (prejuízos de R$ 28 milhões para o Estado), funcionários ficaram reféns e sofreram tortura. Uma advogada confessou: "Ganhava mais dinheiro trabalhando para o PCC do que exercendo minhas funções de advogada". A Receita Federal informou que ela havia movimentado R$ 186.881,51 em sua conta, no ano de 2004.

Outro advogado levava telefones celulares e dinheiro para dentro dos presídios. Nas conversas com Macarrão, interceptadas, disse que achava bom ter "um encargo de confiança para tornar-se um dos principais pombos-correio da facção criminosa, em função da facilidade que a proximidade de seu escritório proporciona". Para os promotores, ficou nitidamente provado que os três advogados "desvirtuaram a relação profissional, transmitiram ordens constantes das lideranças da facção a outros presos, que possibilitaram atos de violência e destruição, que, conforme é notório, deixaram um rastro de barbárie, sangue e mortes".

Ameaçados de morte assim que o PCC descobriu que eles estavam presos, os advogados rapidamente mudaram de lado, porque o medo provocou o interesse de receber proteção pessoal. Sabiam que poderiam ser mortos do mesmo jeito como transmitiram recados para pessoas serem assassinadas. Pediram benefícios oferecidos pela delação premiada e pediram para entrar num programa de proteção. Essas informações do Ministério Público foram repassadas para a Comissão Parlamentar de Inquérito sobre Tráfico de Armas. Dois meses antes, o prisioneiro Júlio César Silvério, o Julinho do Ouro, tinha sido assassinado em Campo Grande. Ele tinha prestado depoimento ao GARRAS (Grupo Armado de Resgate e Repressão a Assaltos e Seqüestros), informando quais eram, em detalhes, as ligações do advogado assassinado em seu escritório, William Maksoud Filho, com o PCC. Forneceu nomes e apelidos. Segundo a Polícia de Campo Grande, Julinho teria sido "secretário" do PCC em Mato Grosso do Sul. Essas informações do Ministério Público foram repassadas para a Comissão Parlamentar de Inquérito do Tráfico de Armas.

Essa ligação interestadual não é de se estranhar. Neste momento, já se sabia que o PCC também já havia se instalado em Pernambuco, para traficar drogas e assaltar carros-fortes e bancos. A CPI do Tráfico de Armas apontou as razões da ofensiva: Pernambuco é grande produtor de maconha e entreposto de armas contrabandeadas do Suriname. A Secretaria da Segurança Estadual confirmou a presença do PCC nos presídios pernambucanos.

Com o Comando Vermelho, a relação do PCC ficou mais uma vez comprovada com a prisão de um irmão de criação de Alexander Dunhill Duarte, o Barriga, que tinha um apartamento triplex no Guarujá, possuía um automóvel Mercedes Benz C-180, placas do Rio, e coordenava a distribuição de drogas no litoral de São Paulo, na região de Campinas e na Favela do Botafogo, Rio de Janeiro. Tudo em parceria com o irmão Júlio César Martins, o Gordo. O Departamento de Narcóticos apreendeu com eles 150 quilos de cocaína e atestou, de novo, a conexão CV-PCC.

A desejável, em matéria de segurança pública, interligação entre as Polícias, quase utópica em face de mútuas idiossincrasias e más vontades recíprocas, aconteceu entre as organizações criminosas. PCC–CV unidos. Divergências entre elas, sim, como o Terceiro Comando e a Ada, Ação dos Amigos, no Rio de Janeiro, capazes de guerrear entre si, invadindo pontos de venda de drogas, matando inimigos, seqüestrando desafetos, torturando para arrancar informações, capazes de semear horror com naturalidade. Como se fosse a coisa mais normal do mundo, seqüestraram um taxista, levaram-no para a Vila Cruzeiro, mataram dois homens na frente do motorista, colocaram os corpos no porta-malas e depois mandaram-no abandonar carro e mortos perto de uma delegacia. Na mesma época, traficantes cortaram a cabeça de um jovem considerado incômodo e a deixaram sobre a capota de um carro, na zona sul da cidade. Esses métodos são praticados em várias partes do Brasil. Em Fátima do Sul (MS), o traficante Paulo César Batista, o PC, foi encontrado morto dentro de seu carro, com seis tiros na cabeça. Antes de matá-lo, os assassinos lhe deram um banho de pasta de cocaína e enfiaram uma trouxa de maconha na boca. A droga só pôde ser retirada quando um médico legista fez um corte profundo no rosto do cadáver. Sinais, mensagens, códigos, assinaturas: na fronteira, Valdemar Antonio Lopes foi encontrado com um cadeado prendendo os lábios. O carro dele foi incendiado. O recado quer dizer que ele falou demais. O quê? Sobre quem? Só os assassinos e seus mandantes sabem.

O PCC mudou o código interno das prisões. Antigamente, a tatuagem era uma das principais marcas registradas. O primeiro livro de registro da entrada de presos na Penitenciária do Estado, hoje Penitenciária Feminina do Carandiru, chamava-se "Matrícula dos Sentenciados". Entre os anos 1920 e 1940, entre os casos que mais geravam condenações estavam a passagem de notas falsas, aviltamento por chicote e furto de animais. Os arquivos históricos dessa época mostram que a maioria dos autores de furto e roubos tinha entre 21 e 25 anos de idade, faixa etária que entrou no século XXI reduzida para 18-23. Gino Amleto Meneghetti, lendário ladrão que caminhava pelos telhados com a leveza dos gatos, foi examinado pelo psiquiatra José de Moraes Mello, que o descreveu com rigor: "O prisioneiro é amoral, com reações psicopáticas, ausência de sentimentos éticos e apresenta delírios de perseguição". Gino, italiano de Vicopisano, se definia como autor de crimes por "vingança social". Um saltimbanco nascido na França, Edouard Mautret, tatuou nos pés, com tinta azul, a frase *Mort aux Condes*. Morte aos agentes de polícia. Foi preso em São Paulo nos anos vinte. A tatuagem tinha sido feita em 1901, na cadeia de Alger, na Algéria.

Do presídio de ontem ao presídio de hoje, pode-se perceber que celas, corredores e muralhas compõem labirintos misteriosos. Especialistas, funcionários e diretores de presídio fazem diagnósticos abruptos e superficiais repetindo as palavras do antigo psiquiatra. Muitos criminosos se definem como Gino Meneghetti: vingadores sociais. Milhares de tatuagens continuam transmitindo códigos carcerários de personalidade.

Mas os que se dizem vingadores podem ter outros objetivos. O PCC é uma prova disso. Se a vingança fosse apenas contra o inimigo opressor, nada justificaria as cabeças decepadas, os tórax abertos a faca, a eliminação física ou moral cada vez mais brutal. Muito menos as autoridades de segurança terem concluído, em agosto de 2006, uma primeira lista de 412 contas bancárias movimentadas por pessoas ligadas à organização criminal. Fica claro que além de militantes o PCC tem simpatizantes fora das grades. Desde gente que odeia a Polícia, pelas mais variadas razões, até aos que colhem dividendos com todas as ações, sinistras ou não. Se fosse apenas uma organização solidária com os mal-aventurados, o PCC não se preocuparia em auferir lucros cada vez maiores. Chegou a espantar certos setores da própria segurança quando, numa segunda reunião consecutiva de gestão integrada, feita no quartel do Comando Militar do Sudeste, em São Paulo, além das 412 contas bancárias a terem sigilo suspenso, apareceu uma relação de 982 números de telefone de pessoas que movimentariam o dinheiro dessas contas. Um batalhão do crime. São bandidos? Nem admitem pensar. Seriam pessoas normais – irmãos, soldados do crime, guerreiros. O caminho do PCC é o mesmo caminho do dinheiro.

Passou a fazer mais sentido a letra de um CD pirata, estilo funk, que começou a ser vendido em barraquinhas de camelôs. O título do CD é "Funk PCC 2006". A letra: "Vou embaçar a sua vida/ Já sou seu pesadelo/ Se você não acredita/ Escuta aí, é o baile inteiro/ Quem manda é o PCC/ Fez São Paulo estremecer/ Daqui pra frente é só terror/ A guerra vai começar/ Todos os presídios vão se levantar". A união PCC-CV é celebrada na letra: "Sou CV-PCC/ Preparado para o duelo/ E se fechou tudo/ Foi o poder paralelo". Para eventuais incautos, uma advertência musical: "Tu tá ligado, amigo/ Nessa parada/ Nóis mete bala/ Pisa em cima/ e Sai dando risada".

A guerra, teoricamente, seria contra a sociedade. Mas... "eu vou chegar chegando/representando os irmãos do Primeiro Comando/Sempre atentos aos *salve*/ que vem do monstrão/ seqüestro, assalto/ ou atentado à corporação".

O círculo militância-simpatizantes-torres-soldados-sintonias é capaz de produzir comportamentos até aqui considerados inacreditáveis. Um deles é o fato do manifesto contra a opressão, transmitido à coação pela TV Globo, ter sido escrito num computador de presídio. Essa história também é secreta, e nasceu com o depoimento de um presidiário, perante um juiz de Direito, feito numa dependência forense de São Paulo. O magistrado garantiu: "Os dados do senhor vão ficar só com a gente, não vão ser passados para mais ninguém". De fato, um provimento da Corregedoria Geral da Justiça (32/2000) garante a segurança da preservação da identidade para certas testemunhas. Por determinação judicial, as revelações foram transmitidas, em caráter de "máxima urgência", para a diretoria do Departamento Estadual de Investigações sobre o Crime Organizado (DEIC);

a secretaria do Grupo de Atuação Especial de Repressão ao Crime Organizado do Ministério Público; o secretário estadual da Administração Penitenciária; o secretário estadual de Segurança Pública e o Juiz de Direito Corregedor dos Presídios. O começo do diálogo juiz-testemunha:

– O senhor pediu para ser ouvido aqui, parece que tem algumas informações...

– Estou falando diretamente sobre coisas... Pode trazer conseqüências para mim.

– Na verdade, aqui vou ter o depoimento. Os dados vão ficar em absoluto sigilo.

– Assim espero.

Mais seguro, o presidiário, ansioso por falar, disse: "Estamos num barril de pólvora, infelizmente o partido mostra poder e força, mas não mostra intelectualidade. Em (... a identificação do presídio), mandam, desmandam, fazem o que querem. É impossível conviver num clima desses, eu tenho família lá fora. É muita pressão, são 1.500 ladrões, são 60 "irmãos". Se tiver uma cadeia partidária e saírem 1.440, sobrariam 60. A pessoa tem de dançar conforme a música deles. Se mandar fazer buraco, tem de fazer buraco. A gente sabe de tudo, é coisa séria, a bola da vez é o Ministério Público (...) Se a sociedade souber o que está para vir... as pessoas nem dormiriam, é muita coisa".

O relato menciona um plano de fuga, com as participações dos temíveis "Rodinei" e "Popó". E no presídio do informante: "Toda ação coordenada parte dali. Tem cela com até quatro celulares. Celular é mato, você tropeça. Ladrão sai com dois celulares, conversando. São as "torres" que comandam aqui dentro. Nesses seqüestros que estão "caindo", a Polícia está certíssima. O que tiver de acontecer é na mão do Ministério Público, que está esmagando, é o grande opressor. Em toda ação, eles falam que o Ministério Público é o culpado de tudo – o regime disciplinar rigoroso, propondo saidinhas...". Segundo o declarante, numa fuga em massa, articulada pelo PCC, "quem não quis fugir foi expulso do partido, tomou gancho".

No depoimento, tomado em agosto, o declarante menciona o receio dos presos com transferências para a penitenciária federal construída em Catanduvas, no

Paraná. Contudo, disse, "estão planejando fuga, porque acreditam que a mudança para outro sistema não vai acontecer antes das eleições, e o governo não vai querer cadeia de São Paulo pegando fogo". O preso falou de seus temores ("a minha família corre risco na rua, eu corro risco lá dentro"). Depois, fez uma revelação importante para o rastreamento de dinheiro, porque o declarante disse que os depósitos para pessoas interligadas ao PCC são feitos em conta-poupança (citou os exemplos de contas usadas no Bradesco e na Nossa Caixa): "Em toda movimentação da droga (inclusive o tráfico na prisão), quem está preso é irmão, é obrigado a pagar. Para quem está preso, é 500. Quem está na rua, é 1.500. Quem está preso vende droga para que se deposite na conta do partido os quinhentos e pouco que precisa no mês. Quando cobrir a conta, deposita na conta dele, que é para a mãe, a esposa, outro tipo de conta. São muitas contas". Deu para entender, justamente aqui, porque o secretário da Segurança Pública de São Paulo, Saulo Abreu, levou uma enorme pilha de papéis na reunião de gestão integrada no Comando Militar do Sudeste, realizada exatamente uma semana depois desse depoimento.

Mas que ambiente é esse onde vive o declarante? "Ali é uma torre, é líder, nunca vi um lugar para ter tanto irmão". Outra informação sobre inversão de papéis. Normalmente, dentro de qualquer presídio, preso sempre chama as autoridades internas de "senhor". Polícia é "senhor". Juiz é "senhor". Promotor é "senhor". Sempre "senhor" ou "senhora". Jornalista também é "senhor" ou "senhora". Todos são, respeitosamente, senhores ou senhoras. O declarante informa: "Ali literalmente mandam os funcionários chamá-los de *senhor*. Mandam pedir licença para passar. A determinação é cumprida à risca – "lógico, ficam com muito medo de morrer a família, de matarem. Os presos transitam na cadeia, fazem reuniões".

O juiz insistiu em perguntar se "tem algum promotor em vista". O informante respondeu: "Com certeza". O declarante mencionou a existência de uma espécie de conselheiro dentro do cárcere – "o chileno, ele foi o *cabecelha*" – que costuma dizer: "Olha, vocês mostraram força e poder, mas enquanto não tiverem intelectualidade não vão em cima. O MP (Ministério Público) considera vocês como bandidos. Só que eles são bandidos de fardas (*sic*). Todo mundo rouba o que quer e o que não quer, tem o título, é eleito, tem tudo. Lá é ladrão, vão ter PCC roubando com eles também. Nós somos escória, eles têm diploma, têm capa para roubar, nós vamos ter a nossa".

O declarante analisa a catequização: "É uma escola, é uma doutrina. A gente é soldadinho. Somos doutrinados".

A catequese fascina porque a situação da maioria das prisões é péssima. Cálculos do Departamento Penitenciário Nacional (Depen), ligado ao Ministério da Justiça, indicam que a média nacional de presos que entra no sistema é de 9.300 condenados por mês. No contraponto, são libertados, também em média, 5.800 prisioneiros. E sendo assim, no ano 2007 o Brasil poderá atingir a marca de 476 mil prisioneiros, enfrentando um déficit de 223 mil vagas. Se a solução imaginada for construir novas prisões, normalizar a situação exigiria sete novas penitenciárias por mês. O Depen teme, em documento interno, "a desarticulação institucional entre os órgãos de execução penal", admitindo um "grande descompasso" entre a necessidade de prender, por força de condenações judiciais, e o que o governo tem condições de fazer para abrir vagas. O Depen fez relatório para mostrar que "o País passou a prender, ou a manter preso, mais do que o dobro de indivíduos em uma década. Ou seja: de 114 mil em 1991, equivalentes a 0,7% da população, o número de presos aumentou para 308 mil (0,17% da população) no final de 2003. O Depen acusa a sociedade de adotar uma "perspectiva elitista", por ser notório o ceticismo sobre presos de baixa condição social cumprir pena e ao ser libertado ingressar no mercado de trabalho. Daí, segundo o Depen, o aumento da criminalidade ser uma tendência mundial. O órgão do Ministério da Justiça interpretou que somente em "pouquíssimos casos" seria possível ligar a permanência no cárcere ao controle da criminalidade. A desejada concepção de reeducação fica, define o Depen, "cada vez mais superada" e manter alguém preso "talvez só esteja a servir para intensificar processos de exclusão social, estes sim geradores de criminalidade".

O órgão oficial do governo descreve as prisões como "masmorras". A expressão foi usada por um dos desembargadores de São Paulo ao classificar o regime disciplinar diferenciado (RDD). O Depen vai além na sua avaliação: sugere que se faça uma espécie de pacto institucional, porque "perdeu-se de vista o compromisso de promover a reintegração social dos apenados"; acusa que nasceu uma "perversa ligação entre a política de repressão e a miopia das instituições político-jurídicas". Cada um pode pensar o que quiser, mas entre a Lei de Execuções Penais, onde estão previstos direitos e obrigações, e o Regime Disciplinar Diferenciado, que apenas pune, o fato é que existe um abismo intransponível. O RDD era administrativo, a critério do sistema prisional paulista, uma versão ligeiramente mais amena do que as antigas celas fortes, onde presos eram trancados sem direito a sol, e nem uma saída, durante dias a fio. Podiam ser semanas, meses. No primeiro ano do governo Luís Inácio Lula da Silva, o RDD virou lei federal.

Depondo na CPI do Tráfico de Armas, o chefe Marcola disse que punir rigidamente resultará, apenas, na criação de "um monte de monstros, um monte de pessoas revoltadas que não vão se intimidar". Sem querer, Marcola criou uma sinergia de pensamento sobre esse assunto com Nelson Mandela, por três décadas prisioneiro político na África do Sul: "Costuma-se dizer que ninguém conhece verdadeiramente uma Nação até que tenha estado dentro de suas prisões. Uma Nação não deve ser julgada pelo modo como trata seus cidadãos mais elevados, mas sim pelo modo como trata seus cidadãos mais baixos".

O Conselho Nacional de Política Criminal e Penitenciária, também ligado ao Ministério da Justiça, recebeu, após os ataques do PCC, um documento da Comissão de Direitos Humanos da Câmara Federal, assinado por Luiz Eduardo Greenhalgh: "O transbordamento dos muros das prisões para ganhar as ruas é uma característica das rebeliões atuais. No começo de julho, agentes penitenciários de São Paulo foram assassinados diariamente. As facções de criminosos engendraram, a partir das prisões, redes organizadas com ex-presos, familiares e outras pessoas submetidas à sua influência. Esse método de atuação é potencializado por ódios decorrentes da violência e da corrupção policial". Segundo Greenhalgh, a sociedade despreza os presos: "Não há sensibilização suficiente para provocar a mobilização eficaz face às condições de saúde deploráveis, os ambientes superlotados, a ausência de atividades laborais e educativas. A crise no sistema prisional não é um problema só dos presos. É um problema da sociedade, que passará a sofrer o agravamento das conseqüências de sua própria omissão".

Os problemas crônicos apontados, com base em levantamentos e estudos de Pastorais Carcerárias e Comissões estaduais de defesa dos direitos humanos, indicavam nove problemas graves a ser superados prioritariamente: 1) Superlotação. Celas abarrotadas fazem os presos, em vários presídios, organizar turno para dormir, ficar de pé ou sentado e rodízio para ir ao banheiro – o "boi", um vaso aberto, que exala permanente mau cheiro; 2) A promiscuidade provoca agressões mútuas, sevícias e tortura, acobertadas pela impunidade dominante; 3) Falta de assistência judiciária. Pedidos de revisão processual ou benefícios decorrentes da Lei e Execução Penal não são providenciados. Muitos presos fazem pedidos de *habeas-corpus* diretamente às Cortes Superiores (circunstância única em que não é preciso recorrer a um advogado). O Supremo Tribunal Federal recebe muitas cartas de presos que se transformam em rábulas e lançam o infortúnio de suas histórias em folhas de papel arrancadas de caderno. Escrevem a mão, às vezes muito bem, exibindo sólida argumentação. As cartas são devidamente registradas e protocoladas. Encarcerado há 25 anos, Juarez Carlos Assumpção escreveu da Penitenciária da cidade de Bauru, pretendendo sair do regime fechado para o semi-aberto, argumentando que já cumpriu 1/6 da pena, chorando com palavras: "A Justiça pretende recuperar o paciente, purificá-lo ou santificá-lo pelo leito do fogo da prisão, onde as brasas, mais que o corpo, queimam o espírito"; 4) Falta de tratamento médico. Presos doentes, precisando atendimento dentário (chegam a improvisar formas artesanais e dolorosas de extração) ou com feridas expostas, ficam a um canto, duplamente segregados porque rejeitados pelos companheiros, que temem contrair infecção; 5) Falta de banho de sol. Lugares superlotados não permitem que os presos se movimentem no pátio. Muitos ficam trancados dias e noites, por falta de espaço e lugar apropriado para se exercitarem, o que leva muitos ao delírio; 6) Má qualidade de comida e água. Servidas prontas, nem sempre as marmitas possuem um mínimo de tempero e sabor, fazendo os presos aguardarem com muita ansiedade o dia de visita, única oportunidade de receber uma comida melhor. A água de torneira nem sempre preenche requisitos mínimos de higiene; 7) Revista vexatória e falta de autorização para visita. A rigidez da revista costuma atingir a todos. Por causa de alguns, o preço da revista é alto para todos. Sofrem mais as mulheres, obrigadas a se abaixar, serem apalpadas. O visitado sofre porque quem passa por isso é a mulher, a filha, a parente. A lista é limitada. Os presos não dizem isso, mas a maioria dos parentes e amigos prefere abandoná-los; 8) Ociosidade. Muitos presos gostariam de trabalhar, mas não desfrutam dessa oportunidade por inexistência de trabalho. Primeiro, porque uma ocupação distrai. Além disso, a lei determina que para cada dia trabalhado, três serão descontados da pena; 9) Insuficiência de programas de trabalho e ressocialização. O trabalho é impossível para todos, inclusive para serviços internos. O preparo para recuperar a liberdade é deficiente, tanto que, mesmo em regime semi-aberto, muitos não retornam quando são beneficiados com as saídas temporárias em datas especiais.

Essa matéria-prima de sofrimento é forte aliada do PCC. O nascimento da organização foi inspirado, no discurso retórico, na situação desumana que muitos vivem. Em muitos casos, são dramas inumanos. O PCC sempre alegou que direciona sua luta nesse sentido. São coisas distintas: a precariedade do sistema penitenciário, que provoca reações semelhantes à plataforma oficial do PCC por órgãos da própria administração pública, e a imposição de idéias e ações que pretende legitimar o Estado da delinqüência, como se praticar crimes fosse profissão para ladrões, traficantes, assassinos e associados em bando. De longe, alguns teóricos falam em reservar a prisão "apenas" para os presos de "menor potencial ofensivo". Ignoram que a maioria dos presos tem maior potencial, embora seja verdade que muitos autores de crimes graves conseguem ficar em liberdade e autores de crimes miseráveis sejam trancafiados, embora a própria lei preveja que não devam ficar presos se o que fizeram estiver dentro do chamado "princípio da insignificância". Já se viu muita discrepância, como uma mulher que furtou um vidro de creme para os cabelos ficar encarcerada por dois anos, e matadores, com todas as circunstâncias agravantes, permanecerem soltos.

É preciso estudar, ainda, o efeito perverso causado pelos que lesam o Erário e como traumatiza o fato de estarem soltos autores dos mais variados tipos de crimes – alguns deles, os mesmos praticados pela maioria que está no cárcere, composta predominantemente de autores de crimes contra o patrimônio, crimes contra a pessoa (homicídios, tentativas de matar e lesões corporais) e traficantes. Se a criminologia é a ciência que estuda o crime e o criminoso, esse caldo cultural está exigindo que se pense urgentemente nas ciências de comportamento. São muito fortes os sinais de que a sociedade não se divide apenas entre criminosos e não criminosos. E não só porque existem os criminosos não descobertos como os impunes, cerca de 150 mil, vivendo normalmente. Uma corrente mais radical apregoa que seria difícil estabelecer diferença entre delinqüentes e não delinqüentes – todos, como seres humanos, seriam criminosos potenciais. Acrescente-se que existe ainda uma cifra oculta da criminalidade, construída a cada dia por crimes que foram praticados, mas as vítimas preferiram não apresentar queixa na Polícia. Porque duvidam que vá acontecer alguma coisa e, principalmente, que bens subtraídos sejam devolvidos. Neste caso, a matéria-prima disponível para estudos seria formada por delinqüentes considerados inferiores, insuficientes para se ter uma visão do todo. Exatamente por isso, um provérbio do sistema prisional diz que "rico só vai para a cadeia em dia de visita". O fato é que a realidade do mundo marginal e do mundo dos presídios continua muito longe do que se discute em seminários, simpósios, painéis, comissões de inquérito. Não existe denominador comum na discussão sobre tais temas, e as perspectivas são de que se continue por muitos anos longe do que deveria ser permanentemente debatido. Os pontos de vista, e também as idiossincrasias, parecem inconciliáveis. Uns dizem que é preciso humanizar a pena. Outros garantem que o preso precisa sentir o impacto dessa pena. Divergentes, corrigir, ressocializar, regenerar, transformar e punir constroem o mosaico anacrônico do sistema penitenciário. O princípio dominante avalia quem é perigoso ou não pelo crime cometido e não pela análise do autor do crime. Como se houvesse um misterioso e eficiente aparelho chamado *perigômetro*.

O PCC nasceu nesse contexto. No passado, cada diretor de presídio fazia uma seleção de presos considerados "piranhas", categoria de condenados a longas penas e sem ânimo de recuperar a liberdade. Como no inferno de Dante, entraram na cadeia deixando lá fora toda esperança. Foram concentrados, em São Paulo, na Casa de Custódia e Tratamento, que por isso mesmo era conhecida como Piranhão, referência a uma concentração de "piranhas" – prisioneiros que nada mais tinham a perder, não se intimidavam com ameaças de aumento de pena e eram remunerados por outros presos, interessados em manter a aparência de "bom comportamento", para concretizar vinganças pessoais. Portanto, a idéia de concentrar líderes do PCC em determinados lugares jamais foi inovadora. Os diretores das prisões faziam permanentemente um jogo de empurra-empurra chamado de "pingue-pongue", cada um deles *organizando* a sua lista particular de indesejáveis para removê-los de um presídio para outro. O intercâmbio era permanente. Se é difícil controlar os líderes do PCC de hoje, os *piranhas* do passado chegaram a ser selecionados, com aval médico psiquiátrico (os perigosos recebiam sumário diagnóstico de portadores de "sintomas de doença mental" (*sic*) e transferidos para o Manicômio Judiciário, na época hospital-presídio reservado para inimputáveis – quer dizer, aqueles que em virtude de doença mental ou de desenvolvimento mental incompleto ou retardado eram, ao tempo da ação ou omissão, na definição do Código Penal, inteiramente incapazes de entender o caráter criminoso do fato ou determinarem-se de acordo com esse entendimento.

O PCC nasceu da mãe-prisão, as grades geradoras de muitos filhos, que ali encontram os amigos de rua, os parceiros de quadrilhas, acertam contas por desavenças na divisão da cidade em áreas de prática do crime, discutem relações claras, duvidosas ou inadmissíveis com a Polícia, sabem que aquele ladrão preso tem um irmão que é policial truculento, que prefere atirar a pensar antes de apertar o gatilho. Filhos capazes de seduzir mulheres visitantes, filhos procurados por um tipo de mulher que aprecia muito o homem que tem coragem de transgredir a lei, filhos que convertem advogadas em amantes e, sarcásticos, difundem o provérbio que circula em circuito restrito: "Para dizer só a verdade, ninguém precisa de advogado". Principalmente se for daquele tipo que picotou e jogou no lixo o juramento ético para o exercício da profissão e preferiu "correr junto", fazer parte de um bando e, obediente, seguir todas as instruções de chefes de quadrilha.

Foi exatamente isso que aconteceu com Adriana Tellini Pedro, uma advogada do interior de São Paulo, unida sentimental e criminosamente a Lobisomem, um bandido do PCC preso na cidade de Franca. Interrogada pela CPI do Tráfico de

Armas, a advogada confessou que passava informações sobre seus próprios clientes, para que eles fossem assaltados. "Fiz tudo por amor", disse ela sobre Evandro, seu amor-bandido. Foi, entre outros, o caso de um processo sobre partilha de bens em que ela atuou. O marido saiu da audiência e ela telefonou para Perna, dando a ele todas as informações necessárias para o cliente ser assaltado. Na orientação para outro cliente ser assaltado, a advogada explicou: "O escritório é mamão com açúcar, não tem guarda". A advogada conversava tanto ao celular que sua conta de gasto mensal chegava a 3 mil reais. Depois de alguns meses de namoro, segundo ela mesma contou, o namorado passou a exigir boas informações para roubos e defesa para parceiros de crime. "Defendi 8 criminosos do PCC". O presidente da CPI não se conteve: "Você colocou a vida de pessoas em risco". Perna, um dos contatos de Adriana, fugiu da prisão em 11 de junho de 2006 e já na madrugada do dia seguinte foi preso nos fundos do escritório da advogada.

O papel das mulheres-advogadas é o mesmo das mulheres sem diploma do PCC. Quase cem delas estavam no meio de 2006 um anexo da Casa de Custódia de Taubaté, justamente o lugar onde a facção nasceu: 54 transferidas da Penitenciária Feminina de Santana, ex-Penitenciária do Estado, exclusiva para homens, e 32 da Penitenciária Feminina da Capital, onde uma presa foi assassinada na série de rebeliões do mês de maio. As mulheres do PCC agem com seus homens. Controlam centrais telefônicas, fazem levantamentos para ataques, tombam juntos – como Ana Paula de Souza, companheira de Evilson Rodrigues da Silva, ambos mortos em confronto com a Polícia quando pretendiam executar, aleatoriamente, agentes penitenciários de um presídio em São Bernardo do Campo.

A mãe-prisão gerou o PCC, com todos os vícios, regras particulares de comportamento, senso ético à margem da lei, alvos a serem atingidos a qualquer preço, a banalização da vida. Pelas regras da mãe-prisão, faz parte do cotidiano afiar longos punhais nas próprias barras de ferro das grades, para enfiá-los no corpo do infeliz condenado, berrando inutilmente, som ecoando no silêncio constrangedor dos que sabem que alguém está sendo morto. É aqui que o discurso se desvanece. O que vale é a lei do mais forte, jamais a do mais fraco. É preciso ter um mínimo de prestígio para não sucumbir, se for jovem, da violência sexual. É preciso saber ficar quieto mesmo se discordar de uma decisão de grupo ou de um chefe de facção. É preciso obedecer a voz de comando e ficar calado. É proibido pensar muito. É mandamento saber sofrer calado. "Quando eu durmo, eu fujo", filosofou o preso caçador de utopia. É necessário escrever "Paz" em faixas e berrar a palavra mesmo sendo matador e torturador. Que os presídios são um cancro da sociedade, é insofismável. Que eles precisam mudar, não há o que discutir. Que a prisão não cumpre o seu papel e a sociedade não sabe o que colocar em seu lugar, é fato. Que a sociedade é indiferente, outro fato. Admita-se: o PCC ocupou todas as vagas de coveiro no gigantesco cemitério de poesias que se chama presídio.

Capítulo IX – A Noite dos Generais

O contraste das relações crime-repressão pode predominar, mas muitos atos nunca fizeram e jamais farão parte dos autos.

Rambinho, o agente federal Marcos Antonio Soares Assunção, em Mato Grosso do Sul, chegou a ser o número 1 em nome da lei na repressão ao tráfico de drogas. Cabelos longos, fuzil nas costas, encarnava o personagem de cinema com eficiência, colocando em perigo o domínio do tráfico na fronteira e atingindo expoentes do pó como José Elias dos Santos, o Bagual, um dos principais gerentes de Fernandinho Beira-Mar.

O ódio era grande. O policial federal caçador de traficantes foi emboscado por traficantes, que arquitetaram o plano da morte com um informante traidor do policial. Confiante que estava indo para um encontro em que receberia preciosas informações para mais uma grande apreensão de drogas, Rambinho deixou-se envolver pelo abraço da morte. Já inerte, o corpo recebeu um pontapé nas nádegas.

O ódio era recíproco. O responsável pela morte de Rambinho virou peneira humana depois de uma longa caçada. Tudo registrado como "resistência e morte", nos termos da lei, naturalmente.

Bagual iria para a prisão, anos depois, surpreendido com um avião que transportava 300 quilos de cocaína.

Na prisão de Dourados, padecia com sua obesidade mórbida. Não conseguia abaixar-se nem para amarrar o cadarço dos sapatos. Precisava perder mais de 80 quilos para sobreviver. Conseguiu autorização judicial para fazer a cirurgia, saindo do presídio e voltando com uma dieta rigorosa para cumprir. Tudo graças ao juiz Celso Schuch, das Execuções Penais. Mas esse mesmo juiz era odiado no Presídio Harry Amorim Costa, dominado pelo PCC. Quando os presos colocaram a prisão numa lista de depredações, Bagual, forçado moralmente a defender o juiz que o tratava humanamente, ficou mal diante dos olhos da facção criminosa. Teve diálogos difíceis. O juiz, diante das hostilidades, autorizou-o a recuperar-se num lugar do sistema penitenciário fora do regime fechado. Nesse lugar, ficou aguardando a liberdade, enquanto na fronteira se dizia que assim que ele voltasse assumiria o comando do pó em nome de Beira-Mar. Procurado nesse lugar em que cumpre o resto da pena em segurança, Bagual comportou-se como um escoteiro. Negou até qualquer ligação, embora notória, com o avião dos 300 quilos. Disse que queria começar vida nova, longe do crime, falando com voz suave, mansa, como se nada tivesse a ver com o que falavam insistentemente dele. Fora do sistema, mostraria para os líderes ramificados do PCC quem dava as cartas. Ali, aguardando dias melhores, a prudência o mandava seguir o estilo samurai: apenas esperar.

Há momentos em que o genérico "órgãos da persecução penal" e a representação oficial do crime organizado ganham nomes e rosto. O duelo da lei contra o crime adquire identidade.

Assim, os líderes do PCC que destruíram a penitenciária de segurança máxima em Dourados foram cuidadosamente identificados. Eram exatamente 17. Os dezessete "generais" do comando do crime, com poder de dar ordens, destruir e matar em nome do PCC, tendo a seu serviço obedientes e destemidos "soldados".

Aqui, agora, um segredo que não será revelado por nenhuma das partes: nem a repressão, nem os "irmãos" do PCC. O ajuste de contas foi físico. Os "generais" engoliram em seco, mesmo quando foram transferidos para um outro presídio, na cidade de Naviraí. Assimilaram a pedagogia que não está escrita em lugar nenhum.

Os "generais" apanharam, e bastante, na calada de uma noite. Os escolhidos para bater conheciam as manhas da prisão, a filosofia das relações presos-policiais, a esquisita ética que se chama "engolir o sapo" (digerir, sem nenhuma reação, alguma coisa que pode até ser humilhante) e o respeito mútuo entre aqueles que cumprem o seu papel, inclusive ser bandido e ser polícia. No caso, era quem batia procurando explicar por que aquele era um grupo de homens que precisava apanhar. Tudo esquisito, mas próprio de uma cultura das grades. Por causa dessas regras, o traficante Elias Maluco, que comandou a execução horripilante do jornalista Tim Lopes, no Rio de Janeiro, pediu no momento em que foi capturado: "Prende, mas não esculacha".

No Mato Grosso do Sul, quem apanhava, escutava: "Estou te dando esse cacete, mas não é porque eu não gosto de você. Cada um na sua". O "general" tinha de entender por que estava apanhando e que tinha mesmo de apanhar, segundo a concepção dos que batiam. A questão, nesse ajuste de contas a pancadas, é saber argumentar e, por incrível que pareça, convencer.

Bater sem deixar marcas. Uma técnica. Nada de exame de corpo de delito com resultado positivo. Isso é coisa para burocrata. Olho no olho, quem batia e quem apanhava arfantes, suor escorrendo, palavra professoral de quem batia: "Se você for para o inferno, eu vou também".

O espancado era forçado a concordar. Sim, ambos estavam no mesmo barco, fazendo o que não poderiam fazer, segundo as regras convencionais ora rompidas. Sim, o policial não pode bater. Sim, o bandido não pode destruir, matar, condenar a execução sumária, divertir-se com a morte ou as precauções em preservar a vida dos agentes oficiais do sistema. Então, um e outro se encontrariam algum dia, no mesmo lugar, o suposto inferno, com o que cada "general" concordou, para ouvir em seguida como seria esse encontro absurdo entre fora da lei e agente da lei. Como era um monólogo surreal, o espancador retomava a linha de raciocínio sobre o reencontro de ambos nas profundezas infernais: "Aí eu vou te falar: não te disse que a gente iria se encontrar?".

O cansado espancador, como se encenasse o papel em que ele seria um dos atores principais da peça secreta, escolhia o momento certo para dizer, como se fosse o mais desconsolado dos homens: "Isso não é vida!".

O "general", diante do inimigo mortal, até que parecia concordar, embora sem balbuciar nenhuma palavra, que aquilo não era mesmo vida. Passar por aquilo, pelo menos, não. Hora e vez, no teatro com porções psicológicas, de atingir a veia do bandido: "A sua mãe merece sofrer o que sofre por sua causa?".

O "general" quieto fazia do próprio silêncio um discurso transparente. Nunca alguém havia falado assim com ele. De repente, surpresa: o homem que batia assumia ares de bom samaritano. Arfante como o bandido à sua mercê, perguntava: "Quer um pouco d'água? Um cigarro?".

A água veio, numa caneca de lata. Em seguida, um cigarro da paz. Após as pancadas, a água. Com direito a algumas tragadas de nicotina. Os generais, um por cada vez, experimentaram a sensação da Síndrome de Estocolmo, na qual o seqüestrado se simpatiza com o seqüestrador. E simpatiza porque ele representa a diferença entre estar vivo e estar morto, o contato com o mundo exterior, a chama de alguma esperança. A água desce bem. O cigarro, acham que ajuda a espairecer.

Os "generais" sentiram-se fragilizados. Os agressores do Estado fizeram perguntas sobre as mães, providenciaram visitas, bilhetes e recados posteriores. Perplexos, poderiam conferir, depois, que informações da prisão chegaram aos familiares.

A sessão de pau acabou. Foi vigorosa, deixou cicatrizes morais, mas nada visível na pele. O grupo que desceu o pau nos "generais" procurou esclarecer, cada um a seu modo, o significado daquele momento. Basicamente, assim: "Vamos detonar vocês. Cada um no seu papel. Você é bandido, eu sou polícia. Sei ser o maior filho da puta, que nem você".

O linguajar não convencional é direto, contraponto na linguagem da prisão, com o novo palavreado criado pelo PCC."Tem idéia", por exemplo, quer dizer que é possível dialogar, talvez chegar a um acordo. Fora da prisão, quer dizer que com dinheiro é possível resolver qualquer situação. Isso é ter "idéia". Não ter idéia nenhuma é fim de conversa, "cana dura", a prisão, fim de linha. Aqui, "canas", os policiais, podem se entender com os "malas", os bandidos, expondo posições conflitantes. Como num gueto exclusivo com dialeto próprio, inacessível para não iniciados.

Nasceu na fronteira um movimento silencioso entre policiais. São mais jovens, corretos, honestos, decentes. Querem mudar por completo o *status quo.* Sabem que, num futuro não muito longínquo, estarão ocupando os principais cargos de direção da Polícia. No cotidiano de suas atividades, sabem que a frieza da lei jamais poderia permitir um momento como este. Querem servir à sociedade de maneira eficiente, não admitem ser pressionados e coagidos pelos bandidos, e muito menos ter medo deles. Fizeram um pacto de solidariedade num grupo restrito. Pretendem seguir juntos, coesos, solidários, para saber o que fazer quando o poder estiver nas mãos deles. Relacionam-se fraternalmente com alguns juízes e promotores, e suas idéias – aqui no exato sentido da palavra – permitiram que se relacionassem até socialmente. Nenhum deles quer saber de bandido dando cartas na fronteira. Acham que é possível mudar. Fazem algumas coisas à sua maneira, na certeza de que esse estilo é o melhor para a sociedade. Também sabem que essa postura pode provocar repulsa e indignação. Não querem saber, e por isso baixaram o pau nos *generais* do PCC. Na pancadaria, o grupo que quer novos tempos e não admite a situação atual que se vive na fronteira, interagiu.

A sessão de cacete imposta aos generais deixou-os desmoralizados, intimidados e perplexos. Sabiam que não adiantaria reclamar. A "caceterapia", adicionada a diálogos estimulando reflexão e conselhos, fez os "generais" sentirem-se como soldados rasos. Antes da sessão surreal, subordinados dos generais tinham feito um refém sofrer na penitenciária de Campo Grande e presos experimentaram o que quer dizer antropófago. A violência em grau máximo foi cobrada na sessão de pau. Uma sessão doída, sofrida, intimidativa, inesquecível.

Os generais ruminaram o sofrimento inesperado, depois de algumas horas, em Naviraí. A inteligência explícita saboreou o triunfo moral. Algoz e benfeitor, as duas figuras se misturaram entre mau e bom, inflexível e tolerante, com gente que bate e ao mesmo tempo afaga, com quem profere impropérios mas também sabe pronunciar palavras amáveis. Bandidos e policiais frente a frente. Os dois lados sabem que, nas ruas, esse momento *sui generis* poderia ser completamente diferente. Invertidos os papéis, os policiais estariam condenados à morte. Dias antes, um manuscrito do PCC circulava nas prisões de Mato Grosso do Sul, Paraná, Pernambuco e Minas Gerais: "Não conhecemos fronteira, não tememos barreiras e nada nos deterá nesse processo de expansão. Juntos venceremos".

Capítulo X – PCC Notifica

Depoimentos que se tornariam os últimos em vida, tomados pela Comissão Parlamentar de Inquérito da Assembléia Legislativa do Estado, com intervalo de uma semana, entre 23 e 30 de agosto de 2001. Resumo oficial das reuniões ordinárias:

"Depoimento do Dr. José Ismael Pedrosa, diretor da Casa de Custódia e Tratamento de Taubaté, convidado por esta CPI para prestar esclarecimentos sobre as circunstâncias relativas à morte do detento Idemir Carlos Ambrósio, vulgo Sombra, ocorrida naquela unidade prisional. Ao longo de sua fala, o Dr. Pedrosa fez um relato sobre o episódio e discorreu ainda sobre aspectos da Casa de Custódia, no que foi inquirido pelos senhores deputados. Depoimento do Dr. J.R.A. advogado, que foi questionado pelos senhores deputados acerca de suas supostas relações com o detento Idemir Carlos Ambrósio e com a organização criminosa Primeiro Comando da Capital";

> *"Depoimento da Dra. Ana Maria Olivatto, advogada, convidada para prestar esclarecimentos a esta CPI sobre as circunstâncias relativas à morte do detento Idemir Carlos Ambrósio, vulgo "Sombra", ocorrida na Casa de Custódia e Tratamento de Taubaté. Ao longo de sua fala, a depoente foi questionada pelos senhores deputados acerca do assunto supracitado e de supostas relações dela com a organização Primeiro Comando da Capital e sobre outros aspectos concernentes ao sistema prisional do Estado, particularmente os relativos à Casa de Custódia e Tratamento de Taubaté".*

Sem que se saiba, com a necessária antecedência, quais são exatamente os personagens (e suas respectivas importâncias) desses depoimentos, o significado deles perde o sentido na tentativa de reconstruir os fatos. É preciso saber para perguntar. Mocinhos e bandidos só falam quando quem interroga sabe conduzir perguntas e tem munição factual para buscar respostas. Não foi o caso. Quem não sabe de nada continuará sem saber. Pode acontecer até um desperdício na convocação para depor, se a comissão não estiver bem preparada. Ingenuidade absoluta é ficar imaginando que CPI seja um confessionário e que cada pessoa intimada chegue lá e conte espontaneamente tudo o que sabe. Pedrosa era chamado de "piolho de cadeia", e isso no sistema equivale a um elogio, relativo à experiência no trato com a vida dos enjaulados, e jamais como ofensa. Ele foi diretor da Casa de Custódia e também da Casa de Detenção, ao tempo em que a Tropa de Choque da Polícia Militar invadiu o presídio e deixou um saldo de 111 mortes. Ele pediu para a PM entrar, com o aval de três magistrados, mas a responsabilidade pela invasão repousou sobre os ombros do coronel Ubiratan Guimarães, comandante da tropa. Entre Pedrosa e Sombra, uma coincidência: ambos estiveram na Casa de Detenção, os dois passaram pela Casa de Custódia. Pedrosa foi assassinado por vingança posterior à tranca dura, a cela vinte e duas horas por dia na Casa de Custódia, e antes disso sofreu o pesadelo da filha ter sido seqüestrada. O PCC esperou Pedrosa aposentar-se para matá-lo. Como era mais um assassinato com "assinatura" dos matadores, a morte queria dizer: você trabalhou a vida inteira no sistema. Quase quarenta anos. Viu de tudo, fez de tudo, conheceu de tudo. Seguiu as regras da Lei do Cão, e não a Lei Penal, e por isso não tem direito a desfrutar do ócio da aposentadoria. Nada de descansar, vida mansa, tranqüilidade ao cair da tarde. Não, você puxou cadeia, encarnou o sistema, agora é a nossa vez de exigir a sua cabeça porque você representa tudo isso. Nós encarnamos o crime organizado, e também sabemos punir. Você não terá direito ao sonhado justo pijama. Pijama, para você, só de madeira. Assinado: PCC. *Sombra* perdeu a vida nas eternas rivalidades da liderança naquele nem sempre decifrável mundo das grades. A mulher declarante era uma advogada, mas o peso do significado de seu nome estava principalmente no fato dela ser, então, a senhora Marcola, emergente líder do PCC. Olivatto seria assassinada.

Você já pôde ver qual é a história dos três, nas ramificações do cada vez mais poderoso PCC, que nada teve a ver com essa síntese glacial dos depoimentos. Tanto que não se prestou atenção alguma em um dos detalhes importantes da história: nascida em 1993, a organização criminosa começou a mostrar suas garras, ostensivamente, a partir de 2001. Este seria, a rigor, o marco histórico porque somente então o PCC se tornaria ostensivo, passando a exibir-se em vez de manter qualquer discrição e a se apresentar como um comando-poder organizado. 1993 é o ano do ovo embrião, que foi sendo aquecido por autoridades chocadeiras durante oito longos anos, até quebrar a casca e sair, sem cambalear, a passos largos e decididos, ameaçador, perigoso, com plumagem de inofensivo e defensor intransigente de direitos.

À véspera do 13º aniversário formal, 31 de agosto de 2006, o PCC, que já tinha feito panfletagens nas proximidades de estações do metrô e de ônibus, e dentro dos veículos, contratou moradores de rua e adolescentes para novamente distribuir pela cidade um documento que dizia em seu cabeçalho:

> *Direitos, Deveres, Dignidade Humana, Paz. O PCC – Primeiro Comando da Capital Notifica em Nome da Verdade. E punha no encerramento um tipo de assinatura: Paz, Justiça e Liberdade - 1533 - PCC.*

"Notificar", no caso, é fazer uso de uma expressão, comum nos meios jurídicos, que significa o ato para se tomar conhecimento, que precede outras etapas de trâmites legais. No caso, o PCC, através de um dos seus muitos bacharéis do crime constituídos, tinha a pretensão de ser uma nova pessoa jurídica, ou até mesmo uma sociedade, que dá conhecimento – no caso, à sociedade – antes de consolidar alguma medida legal cabível.

O manifesto dizia que "o Governo do Estado tem usado os veículos de comunicação para induzir a justiça e a população a um pensamento equivocado do verdadeiro motivo que nos levou a ações armada (*sic*) contra o mesmo". O manifesto mentia ao ocultar alvos genéricos atingidos impiedosamente e tentava dar um toque de glamour aos ataques. Assim: "O que vem ocorrendo em São Paulo é um reflexo direto do que o próprio Governo plantou dentro do sistema penitenciário estadual, ele colhe o resultado (*sic*). Existem claros desrespeitos as (*sic*) Leis Constitucionais por todo o sistema e aqui será citado (sic) alguns exemplos".

O texto, cheio de erros de concordância, reflete a péssima formação do bacharel empregado do PCC, que exclui ética e moral. O raciocínio para o emprego da luta armada, por exemplo, foi cândido:

"O reflexo das ações armadas são negativos para todos e atingem inocentes. Contudo vão continuar com proporções (*sic*) ainda não vistas, caso a justiça deste País não tome uma providência e investigue pelo menos (*sic*), pois vai aparecer o que o Estado tanto tenta esconder". Contradição pura: admite-se, por um lado, a morte de pessoas inocentes, atacadas traiçoeira e covardemente. E de outro, a ameaça de, mesmo matado quem nada tinha a ver com isso, as ações continuariam de uma maneira como nunca se tinha visto anteriormente. A matança seria feita em nome da "dignidade humana" e da "paz".

O ignorante bacharel-redator deixou-se trair pelo "notifica" do comunicado. Restaria verificar qual seria, segundo o panfleto distribuído por miseráveis das ruas, a violação de direitos: funcionários que usavam máscaras invadiriam celas na Penitenciária Presidente Wenceslau I e II, "atirando e usando bombas sem nenhuma justificativa" e as "agressões covardes" seriam constantes. Além disso, dizia o comunicado: "Por imposição da diretoria, o tempo de visita é de 2 horas, nunca respeitando as famílias (mães, pais, esposas e crianças), são explicitamente tomados como reféns por esses homens, que portando armas de grosso calibre botam as famílias sob mira, ameaçando e xingando até que cheguem nas (*sic*) celas, onde são trancadas com os presos, em prantos e traumatizadas, sobretudo as crianças. O mesmo procedimento é usado na saída. É preciso frisar que já houve disparo de escopeta nesse procedimento dia de visita (*sic*), supostamente acidental".

O documento terminava com mais ameaças: "Daremos nossa vida se necessário, mas a menos que seja dado um basta nessa situação, levaremos até as últimas conseqüências esta guerra por justiça. Violência gera violência, covardia gera covardia. Deveres no sistema sim, mas direitos, justiça e dignidade humana também".

Nos ataques de maio, um solitário investigador de polícia da zona leste de São Paulo, chamado D'Artagnan, saiu na 29ª delegacia, na Vila Diva, distribuindo outro tipo de panfleto. Emocionado com a morte de policiais no final daquela semana que abrangia o Domingo das Mães, mandou imprimir, por conta própria, 1.500 exemplares de um texto divulgado pelo programa *Fantástico*, da TV Globo, na noite de 14 de maio. "Estamos em luto", colocou no título, para depois reproduzir as palavras lidas pelo apresentador Pedro Bial:

Quando erram, nós não os perdoamos. Somos, freqüentemente, implacáveis com eles. Até que, num fim de semana trágico, vislumbramos o que seria de nós sem a polícia. Aos mortos e aos vivos, o Fantástico faz um tributo. Eles são a linha de frente da democracia. Para além de manter a ordem, sua função é garantir nossa liberdade.

Há coisas que consideramos certas, como o ar que se respira, a liberdade, a vida. É fácil criticá-los, são eles que morrem por nós. Num fim de semana, trinta e cinco se foram.

Dia das Mães, dia de enterro dos filhos. Policiais civis... militares... um bombeiro!

> *O nome oficial é agente do Estado, mas desde crianças aprendemos a chamá-lo de "seu guarda". Guardam. Vivem e morrem para nos guardar.*

Quem sabe esta tragédia não seja a oportunidade que nos faltava para refletir sobre esses homens e mulheres, que por tão pouco soldo *protegem algo muito frágil, delicado: a construção do Brasil.*

Sua principal arma não é a de fogo, nem branca, é letra, palavra: o nome da lei.

O PCC seria tema, também, de celebração religiosa na Catedral Metropolitana da Sé, onde o cardeal Cláudio Hummes chamou a atenção pelo avanço da criminalidade e da violência e pediu humanidade no trato das coisas carcerárias. Dois golpes teológicos: um no cravo da violência em grau máximo e outro na ferradura da intolerância e do descaso geradores da desfiguração humana implantada pelo crime em escala impressionante.

Na Penitenciária de Wenceslau, crianças assustadas, viam de fato, o rigor do tratamento dado aos encarcerados, seus pais. Ver o pai custodiado é uma cena terrível para as crianças, inocentes para compreender por que eles estão ali, vigiados ostensiva e hostilmente. O conceito de mocinho e bandido poderá mudar até nas brincadeiras, mas os efeitos dessa situação ainda não interessaram aos chamados "estudiosos". O que se passa na cabeça de uma criança diante de contrastes tão chocantes? Os mal-aventurados não têm direito a precoces problemas psicológicos. Muitas dessas crianças são enganadas pela mãe e parentes. Quando o pai vai para a cadeia, dizem que ele morreu. Uma menina de 12 anos teve a maturidade não descrita em livro algum para descobrir a farsa e descobrir o pai engaiolado no Carandiru. No dia do tão esperado encontro, quando os dois iriam finalmente se conhecer, o pai travou, eletrizado, paralisado, em estado de choque, só pranto incontido. A menina foi adulta, o pai foi criança. Aproximou-se, decidida, abraçou-o e disse: "Calma, pai, está tudo bem". O pai, só soluços, a menina afagando carinhosamente seus cabelos, naquele abraço siamês e suave, encontro feliz e amargo, comovente e triste, emoção que não interessa aos que possuem um paralelepípedo no lugar do coração.

Mas até isso tem outro lado, que só pode ser exibido por criança, pelo simples fato de que criança não tem malícia e nem maldade, imune à contaminação imposta pelos adultos. O menino-neto do delegado Godofredo Bittencourt, no auge dos confrontos DEIC-PCC, criava espontaneamente uma das formas de brincar. Pequenos bonecos seriam bandidos. O neto, com arma de brinquedo, divertia-se derrubando os inimigos de plástico. E consolava com meiguice o delegado: "Eu não vou deixar o PCC pegar você, vovô!". O delegado esgueirou-se para chorar escondido. São terríveis, esses netos, amolecem o coração dos que não se curvam ao mais feroz bandidaço.

Não é só em Wenceslau que as crianças fazem uma longa viagem de ônibus aos finais de semana para ver os pais.

Na hora de ir embora, recomenda-se a elas não olhar para trás. É menos doloroso para crianças filhas de preso e para as mães.

É o que dizem.

Criança filha de policial é instruída cuidadosamente para não dizer na escola e até para os amigos que o pai é defensor da lei. O que para a criança seria um orgulho passa a ser motivo de preocupação. É quase impossível atender ao pedido. Quem vai conseguir explicar para uma criança que o pai deve andar escondido e o bandido pode andar sossegado? É querer demais de uma criança, que nunca vai entender por que o pai esconde numa maleta o uniforme, antes de voltar para casa, e a mãe lava, seca e passa essa roupa às escondidas, nada de varal, para que nem os vizinhos saibam que ali reside alguém que jurou defender a sociedade com a própria vida.

Não existem crianças filhas de bandidos, não existem crianças filhas de policiais.

Existem crianças.

Aberto o confronto direto entre perseguidores e perseguidos, a situação inverteu-se. Durante muitos anos, qualquer um à margem da lei tinha medo da polícia. Na era PCC, o medo trocou de lado. Nos velhos tempos, o investigador Campinho, da RUDI (Rodas Unificadas do Departamento de Investigações), encostava a viatura e chamava, gesticulando com o dedo indicador, alguém que seria detido. Era o suficiente para o homem entrar sozinho (e conformado) no camburão. Nos tempos atuais, a simples aparição de uma viatura policial, em vários lugares da cidade, é o suficiente para provocar uma chuva de projéteis. A reação a tiros passa pela compostura, prisões efetuadas com respeito, a convivência do contraste, a *cana na moral*, ou seja, a prisão sem desrespeito, aquilo que Elias Maluco, o traficante que comandou o massacre de Tim Lopes, pediu: "sem esculacho". E a verdade não dita: entre morrer trocando tiros e ir para a prisão, morrer é melhor. Mais rápido. A prisão é agonia lenta. O bandido sabe o que o espera

Os policiais, únicos a fazer juramento de sangue, ao lado dos militares, quando abraçam a profissão – morrer, se preciso for, mas sempre cumprindo o dever – foram adquirindo, instintivamente, hábitos regulares. Os policiais militares, sempre deixando pelo menos um deles tomando conta do carro policial quando param em algum lugar, mesmo que seja para tomar um cafezinho. Acompanha essa norma jamais dar as costas para um lugar onde transitem mais pessoas, preferindo um lugar que não tenha aproximação possível pelas costas. Assim se faz para escapar de qualquer surpresa. A trabalho, andar sempre vestindo um colete balístico e por causa disso a incômoda proteção contra projéteis de arma de fogo incorporou-se ao uniforme. Mesmo assim, andando na rua com o colete, um tenente-coronel foi alvejado traiçoeiramente na cabeça, quando se aproximava de casa.

E há uma coisa na sociedade que não se diz numa hora dessas, mas é sentimento genérico: raiva de ladrão. Ninguém gosta da figura que pode assaltar na rua, no carro, em casa. Inspira tanto receio que os pais passaram a monitorar os filhos através de telefones celulares a tal ponto que muitos só dormem quando eles voltam para casa. Nem ladrão gosta de ladrão.

Acontece, porém, que ladrão é a maioria absoluta dentro do sistema penitenciário. E dentro da prisão, ao contrário do que acontece na sociedade, o ladrão tem orgulho da sua condição. Ele é um "157", o artigo do Código Penal que define quanto paga em isolamento o autor de roubo à mão armada. E nos pátios e corredores, ele bate no peito e exclama orgulhoso: "Eu sou ladrão!". Ser ladrão é sinônimo de respeito no mundo do crime. A lei é mais rigorosa com ladrão do que com assassino. Ladrão é considerado perigoso, se assaltar recebe pena de 5 anos e 4 meses. Como nunca se contentam com um roubo, as penas que recebem são fictícias: dezenas, por vezes mais do que uma centena de anos. Não existe vida suficiente para cumpri-las. Já quem mata, sendo primário e dono de bons antecedentes, pode responder ao processo em liberdade e até recorrer solto, caso seja condenado. A sociedade só percebe isso diante de casos aberrantes, passando a maior parte do tempo sem perceber que isso quer dizer, rigorosamente, que o patrimônio vale mais e a vida humana vale menos.

Até as conseqüências disso o PCC começou a mudar. Os ladrões tinham o comando interno da prisão, enquanto ele era inútil, mas foram perdendo o lugar, gradativamente, para traficantes, seqüestradores e contrabandistas de armas. Antes voz de comando, o ladrão passou a fazer parte da legião dos obedientes às ordens superiores.

O PCC centralizou o lumpesinato criminal e mandou embora os antigos patrões do crime. Outrora, imperava a divisão da cidade em áreas, quadrilhas, as *pás* – bandos variados que dominavam as zonas norte e leste, oeste e sul, e ainda desfrutavam das variantes proporcionadas pela população diariamente flutuante da zona centro. Com o PCC, esses bandos passaram a se subordinar, na nova hierarquia – e não ordem, como alguns tentam definir, porque não existe ordem na desordem, e sobre isso os critérios, concordâncias ou desaprovações da vida comunitária na prisão são extremamente mais rígidos do que aqueles que regem o comportamento humano em sociedade. É possível argumentar que a desordem, ao menos passageira, é necessária para que se estabeleça um novo tipo de ordem. Mas esse argumento jamais valeu nos cárceres, nem mesmo quando o PCC elegeu como um de seus pontos de encontro o bar Alcatraz (nome do presídio que recebeu Al Capone, em São Francisco), situado, naturalmente, no Carandiru – o bairro que já teve o maior complexo penitenciário do Estado. É melhor que Goffredo Telles Junior, notável professor emérito da Universidade de São Paulo, explique isso, através do seu precioso livro *A Folha Dobrada*: "Antes do efeito, antes da ação haverá sempre uma intenção. Ora, intenção supõe conhecimento. O fim como causa é, em verdade, um conhecimento: é o conhecimento do fim, do efeito. O conhecimento do fim ou efeito é, pois, a condição indispensável da causalidade final. Antes de dispor os meios para atingir seus fins, o homem concebe essa disposição. A ordem ética, portanto, antes de ser uma ordem objetiva no mundo das realidades concretas é, necessariamente, uma ordem de razão, uma ordem ideal, uma idéia de ordem. É, em suma, um pensamento. Antes de ser na realidade, ela já é como idéia". Os rábulas do PCC, com seus textos atrevidos, mas obtusos, nunca entenderam isso. As disciplinas Ética e Filosofia do Direito constam dos currículos nas Faculdades. Os rábulas faltaram a todas essas aulas: a humanização do sistema carcerário não é sinônimo de implantação da supremacia de um Estado Delinqüente. Ser cidadão não é ser ladrão, traficante, matador e ainda falar em "paz". Cidadania não é viver fora da lei, mas dentro das regras sociais, em que a vítima e sua dor são ignoradas. Ser livre não é passar a maior parte do tempo na prisão das grades, dos dogmas, do pensamento hermético, da arrogância em forma de violência. As desigualdades sociais são absurdas, mas não legitimam atrocidades. A criminologia adota o conceito de fatores endógenos e exógenos para que se compreenda as raízes do crime. É uma forma de olhar a sociedade pelo imaginário de um buraco de fechadura. Sim e não eram irmãos, na escuridão do mundo, como definiu o poeta Ledo Ivo.

O investigador D'Artagnam pranteou os colegas policiais mortos.

O neto do delegado caçador de PCC brincava de atirar para defender o avô.

O PCC arregimentou gente de idades variadas, fazendo alguma coisa ou não fazendo nada, e no dia 31 de agosto, data em que as comemorações de aniversário eram temidas, bradou durante minutos, em várias prisões: "Tem que matar juiz! Tem que matar promotor! Tem que matar polícia!". A seqüência hierárquica dos representantes dos órgãos de persecução penal foi rigorosamente obedecida. E decretando simbolicamente a morte de magistrados, membros do Ministério Público e da polícia, o PCC preocupava-se em vender a imagem da constituição de uma ordem paralela, sem precedentes, capaz de perturbar agentes do Estado dia e noite. E o Estado, lento, pesado, burocrático, demorou para ensaiar uma reação. Gastou muito tempo brigando entre si, disputando isonomia salarial, engalfinhando-se para definir quem manda no inquérito policial e determina ou preside investigações, e reclamando de uma posição considerada olímpica demais entre os magistrados – os quais, por sua vez, argumentavam que a distribuição da justiça passa por exigências nem sempre compatíveis com certas maneiras de ser das outras instituições. Em vários momentos, a sociedade assistiu com perplexidade essa queda de braço, que arrancou aplausos do crime organizado a ponto de semear a discórdia entre os que têm a obrigação, por dever de ofício, de combatê-lo. Mas os briguentos institucionais não se importam muito. Afinal, dizem, o povo é leigo, e como tal deve engolir, sem maiores reclamações, as pílulas amargas das doutrinas e dos dogmas. E por isso se deveria achar perfeitamente normal o que os leigos são tentados a pensar: a teoria tripartite da repartição dos Poderes faria Montesquieu remexer ossos na tumba num País onde o Executivo legisla abundantemente, por força de decretos-lei, e o Legislativo investiga, através de comissões de inquérito cujo único destinatário só pode ser, de início, o Ministério Público. Ao Judiciário, naturalmente, cabe executar. Os leigos dizem: há

Poderes que não podem. Não é reação de leigos. É indignação de seres humanos. Não é que não possam entender. É que não devem entender.

Faltava um mês para as eleições presidenciais de 2006 quando surtiu bons resultados uma ação fulminante da Polícia Federal, chamada Operação Facção Toupeira, que surpreendeu 26 assaltantes ligados ao PCC escavando um gigantesco túnel no centro de Porto Alegre para se apoderar de 200 milhões de reais guardados nos cofres da Caixa Econômica Federal e do Banrisul, no mesmo estilo do furto ao Banco Central de Fortaleza, em agosto de 2005, quando foram subtraídos R$ 164 milhões. O interestadual PCC foi atingido em cheio pela polícia da União, que descobriu elos entre a organização criminosa, um ataque ao ABN-Amro Bank, do Paraguai e ligações com roubos a banco no Pará, de onde saíram os primeiros presos que iriam inaugurar um recém-construído presídio federal em Catanduvas, Paraná. Dinheiro do roubo em Fortaleza foi apreendido em Tocantins (RS$ 196,6 mil) e numa casa em Peruíbe, litoral sul de São Paulo (R$ 450 mil), cidade onde pacatos delegados paulistas possuem casa de praia. Por causa do alto consumo de uísque, seus colegas policiais chamam o lugar de Vale da Cirrose. Entre os presos, estava Marcelo Ventosa, ligado preliminarmente ao bando de Alexandre Pires Ferreira, o *ET*, ambos assaltantes de condomínios em São Paulo. Na mesma semana, outro bando ligado ao PCC foi preso antes de atacar uma agência do Bradesco na cidade de Botucatu, de onde esperavam obter R$ 4 milhões. Queriam comprar armas e partir em seguida para um resgate de presos na Baixada Santista, onde a organização possui muitos adeptos. Em Maceió, os federais descobriram outro túnel, de 87 metros, que percorria a avenida Fernandes Lima.

Em Mogi Mirim, quando dominaram os moradores do edifício Manhattan, ao amanhecer de um domingo, e amarraram e espancaram vários moradores, um advogado-vítima preferiu não relacionar os bens perdidos: eram jóias que assaltantes deram a ele como honorários e, segundo provérbio que circula no mundo do crime mas todos detestam, ladrão que rouba ladrão tem direito a anos de perdão. Outro provérbio afirma que "o bom cabrito não berra" – o que quer dizer resignar-se ao silêncio quando se é vítima do próprio estilo de vida. O caso não registrado do advogado seria uma amostra-grátis do que estava por vir, forçando o Ministério Público de São Paulo a oferecer uma denúncia criminal somente contra advogados ligados ao crime, com base no inquérito policial 031/06, feito pela Delegacia de Investigações Gerais (DIG) de Presidente Prudente.

A investigação municiou a CPI do Tráfico de Armas, que interrogou em Brasília a advogada Ariane dos Anjos, que havia sido defensora do líder Marcola. As perguntas eram calcadas em informações de que ela teria se comunicado com uma telefonista-chefe do PCC, Priscila Maria dos Santos, para ser informada, às 18h31 de 14 de março de 2003, dia do assassinato do juiz Antônio Machado Dias, em Presidente Prudente, que a "missão" estava cumprida. O juiz havia sido executado um minuto antes. O relator da CPI, Paulo Pimenta, achou que isso configuraria uma "intermediação". A advogada negou. O nome dela, que havia visitado Marcola naquela mesma tarde, permanecendo com ele das 14 às 16h15 na penitenciária de Bernardes, constava de um depósito no valor de R$ 10 mil, conforme caderno-contábil de Deivid Surur, o DVD, um dos tesoureiros da organização, preso em São Paulo e enforcado na prisão, meses depois, forma de morrer que ele teve direito a escolher. A CPI tinha uma lista de 34 advogados numa simbiose anormal com o PCC. O relator da CPI colocou a advogada em xeque e ela admitiu que, para visitar sem problemas um preso que estava na mesma ala de Marcola, mentiu ao informar que era companheira dele há dois anos, o que facilita o acesso ao interior do presídio. Tentando misturar ironia com firmeza profissional, comentou na CPI: "Sou uma advogada inteligente, mas nesse caso fui meio burra". O relator quis saber se ela recebia dinheiro do crime. Ela respondeu que recebia por pagamento de serviços prestados, e que a origem do dinheiro "não lhe dizia respeito".

Caberia aqui uma discussão sobre investimentos no crime e se seria legítimo acreditar que ele compensa, apesar de todos os riscos, e até que ponto chega o investimento na impunidade, ao se acreditar que dificilmente uma prática criminosa dará errado. A origem do dinheiro para pagar o defensor entrou na pauta de discussões da CPI. Mas não se falou de uma legislação, nos Estados Unidos, que impede a utilização de dinheiro, desde que apreendido com criminosos, para ser usado para pagar honorários. Nesses casos, porém, o Estado garante defensor dativo caso o preso não disponha de recursos próprios para pagá-los. No Brasil, tocar no assunto é a mesma coisa que mexer numa caixa de marimbondos.

O GAECO – Grupo de Atuação Especial de Repressão ao Crime Organizado – usou um grupo de sete promotores para denunciar que advogadas se juntaram a membros do PCC: "Com unidade de propósitos, todos voltados para um fim comum, juntamente com outras pessoas ainda não identificadas, associaram-se em quadrilha para o fim de cometerem crimes diversos, tais como o de tráfico ilícito de substâncias entorpecentes, extorsões, seqüestros, cárceres privados, homicídios, motins, dano ao patrimônio público, entre outros, utilizando-se, para tanto, de armas de fogo".

O Ministério Público é defensor da sociedade, fiscal da lei. Essas palavras colidem frontalmente com os textos panfletários distribuídos pelo PCC. Como inserir "dignidade humana", "paz", nesse contexto? Impossível, porque esta denúncia, datada de 5 de julho de 2006, descreve:

> *Segundo evidenciado, a organização criminosa hoje denominada Primeiro Comando da Capital – PCC, foi formada no ano de 1993 e tinha por meta inicial a prática de extorsões contra detentos e seus familiares e a idealização e determinação de execuções de outros presos, adversos a ela, visando dominar o sistema carcerário, realizando o tráfico de entorpecentes no interior dos presídios e cadeias públicas. Com o passar dos anos acabou por estender suas operações, passando também a realizar inúmeros crimes fora dos presídios.*
>
> *Formou-se, assim, a quadrilha da qual são, hoje, integrantes ativos os ora denunciados. Seus membros se congregaram com o fim predeterminado de abusar da superioridade numérica no sistema para a obtenção de lucro ilícito e, tendo plena consciência do papel que cada qual cumpria na organização, puseram em execução o programa de seu recíproco interesse, aproveitando-se para isso de pessoas que se encontravam fora do sistema penitenciário. Assim, para êxito do projeto, houve uma sofisticada divisão de trabalho.*

Tal estrutura, basicamente piramidal, contou em seu topo com os chamados "fundadores" ou aqueles que, em virtude de seu mister criminoso, alçaram uma posição de prestígio dentro da entidade criminosa, quer por matar outros presos, quer por executar ações cujo retorno fosse especialmente proveitoso para a organização.

O Primeiro Comando da Capital conseguiu ampliar suas atividades e logrou obter a atenção da mídia e, embora seus membros ao menos no início não fossem individualizados, o grupo fazia questão de assinalar as ações praticadas em seu nome, principalmente nos primeiros tempos de atividade, marca registrada que se vê até no presente momento, em especial por ocasião dos atentados à população civil e policiais civis e militares.

Assinam a denúncia os promotores Arthur Pinto de Lemos Júnior, Eder Segura, José Reinaldo Guimarães Carneiro, Roberto Porto, Sandra Reimberg, todos do GAECO de São Paulo, e mais dois promotores de atuação contra o crime organizado sediados em Presidente Prudente – André Luis Felício e Márcio Khune Prado Junior. Em nenhum momento aparece alguma circunstância humanitária atenuante. Exatamente ao contrário:

O apogeu da facção criminosa teve lugar por ocasião da maior rebelião prisional de que se tem notícia no mundo, a chamada megarrebelião. Tal rebelião envolveu vários presídios com ações simultâneas. O símbolo da organização (PCC), inicialmente disfarçado, vinha grafado em forma numérica (15.3.3.), não somente nas armas da organização criminosa, como também em locais públicos dominados por ela, como foi o caso do complexo do Carandiru, hoje demolido.

Posteriormente, por ocasião do aniversário de um ano da chamada megarrebelião, a facção novamente demonstrou seu poder e realizou diversas ações de grande porte dentro do sistema prisional (motins, re-

beliões etc.). Aproveitando-se do manto de generalidade e convencidos seus integrantes de proteção da resposta penal às suas condutas, tais ações foram praticadas sempre pelo mesmo grupo e com as mesmas finalidades. Tal fato transcorreu até quando o método de operação foi primeiramente esclarecido.

Apurou-se então que a organização conhecida como Primeiro Comando da Capital era composta, além dos líderes conhecidos como "fundadores", tal como já explicado, por outros em escala hierárquica inferior, os "batizados", que assim eram chamados porque reconhecidos por líderes como membros da sociedade criminosa e recebendo, na maior parte das vezes, uma cópia do "estatuto", ou seja, das regras a serem obedecidas.

Somava-se ainda a existência das chamadas "centrais", expressão hoje já popularizada, que consistiam sempre em linhas telefônicas instaladas em locais quaisquer, programadas com o escopo de efetuarem a transferência de chamadas ou o que se denomina "teleconferência" (três ou mais pessoas falando ao mesmo tempo). As lideranças e os membros da organização conseguiam obter ilicitamente aparelhos de telefone celulares, normalmente pré-pagos, introduzidos no presídio, com auxílio de advogados, familiares e funcionários públicos corrompidos, com os quais ligavam para as "centrais" que, automaticamente ou com a interferência de operadores, transferiam as chamadas para o destino final. Os aparelhos celulares pré-pagos inviabilizavam a identificação do usuário e necessitavam de outra linha para receber a chamada sempre "a cobrar", dada a inviabilidade da operação de utilização de sem-número de cartões.

A associação criminosa, *societas sceleris*, como se gosta de dizer nos meios jurídicos, é descrita aqui como trabalhoso resultado de uma série de investigações, diligências, *campanas*, observações, rastreamentos, acompanhamentos, vigilâncias, conversas, interrogatórios, declarações, assentadas, inquéritos, denúncias, processos, condenações, absolvições, enorme apuração que permitiram aos promotores assegurar que:

> *Com a expansão da organização, a ordem hierárquica culminou com a criação dos chamados "pilotos". Eram presidiários que detinham poder de mando dentro de determinado presídio ou pavilhão como representantes dos "fundadores" ou em situação semelhante a estes.*

O pavilhão ou presídio sob influência de cada "piloto" ficou conhecido como "raio", dentro do qual nova escala hierárquica se estabeleceu, igualmente de natureza piramidal. O crescimento da organização criminosa e o conseqüente isolamento de seus principais líderes também exigiram do Primeiro Comando da Capital a arregimentação de pessoas que pudessem se valer de suas prerrogativas de advogados para ingressar no sistema penitenciário e com isso levar e trazer notícias, ordens, determinações, orientações, advertências e outras mais, à população carcerária. Os advogados ora denunciados integraram a facção criminosa com esse exclusivo propósito.

> *Assim define-se hoje a escala orgânica da organização criminosa que, por sinal, compartimenta informações de comando de modo que seus integrantes não disponham, todos, das mesmas informações, senão quando a circunstância se apresenta de forma a recomendar a divulgação em forma de ordens, denominadas "salves", retransmitidas dentro do sistema por seus integrantes presos, advogados, familiares e funcionários corrompidos. Ocupando inicialmente a posição de liderança, os denominados "fundadores" eram José Márcio Felício, conhecido por "Geléia" ou "Geleião"; César Augusto Ruriz Silva, conhecido por "Cesinha", e José Eduardo Moura da Silva, conhecido por "Bandejão". Todos eles já denunciados e excluídos da organização criminosa pela nova liderança, hoje centrada no preso Marco Willian Herbas Camacho, conhecido por "Marcola", "Playboy" ou "Barba Azul", segundo evidenciado nos autos do presente inquérito policial.*

Segundo os promotores acusam, *ipsis litteris,* três advogados – duas mulheres e um homem – "deixaram a atividade profissional de defesa de garantias dos seus clientes ligados à facção criminosa e passaram a servir como elo entre seus diversos integrantes, na distribuição de ordens dentro e fora dos presídios". Peremptórios, os promotores afirmam: "Transformaram-se em importantes figuras da organização, já que, com as dificuldades encontradas para a comunicação por celulares ou visitas – que estavam suspensas – viabilizavam: a) transmissão de ordens, travestidos de advogados; b) organização de motins, atuantes como forma de pressionar as autoridades públicas responsáveis pela gestão penitenciária; e c) entrada de celulares, corrompendo funcionários das penitenciárias". A advogada V.D. fez um périplo carcerário que resultou na deflagração de rebeliões em 17 presídios: Paraguaçu Paulista, Martinópolis, Dracena, Presidente Bernardes, Penitenciárias I e II de Mirandópolis, Penitenciárias I, II e III de Lavínia, Riolândia, Pracinha, Flórida Paulista e Centros de Detenção Provisória de São José do Rio Preto, Caiuá, Lucélia, Assis e Junqueirópolis. Promotores: "Nesta ocasião, os presos, em razão das ordens veiculadas pela liderança do PCC e da advogada, causaram perturbação da ordem e da disciplina dos presídios, recusando-se ao comparecimento em audiências e ao atendimento de oficiais de justiça e agentes que compareceram para a movimentação processual correspondente".

A mesma V.D., segundo os promotores, conversou com o prisioneiro Moringa e retransmitiu a ordem: "mandar matar cinco agentes penitenciários". Ressalva dos promotores: "A ordem não foi cumprida, segundo admitido pela própria denunciada por ocasião de seus interrogatórios na polícia, porém bem evidencia a audácia e organização da quadrilha, efetivamente integrada pela advogada".

No mesmo estilo, segundo os promotores, a advogada L.C.F.C. contatou o preso Macarrão, em Presidente Wenceslau, e recebeu instruções para tornar-se elo com Marcola e assim comunicar-se com Polaco, preso em Junqueirópolis, quando foi passada a ordem de "fazer quebrar" e "colocar no chão" as penitenciárias de Araraquara e Itirapina II. Os promotores destacam que a atuação da advogada L. produziu resultados "devastadores, dando cumprimento integral à determinação da cúpula do PCC". Conforme os cálculos do Ministério Público, as ordens repassadas pelas advogadas "deram ensejo direto à perda parcial do patrimônio público do Estado de São Paulo, permitindo que presos do Primeiro Comando da Capital destruíssem as dependências de presídios". Os prejuízos calculados: Penitenciária de Mirandópolis, R$ 6.722.249,04; Penitenciária de Araraquara, onde a estrutura de segurança foi comprometida, R$ 13.125.000,00; Penitenciária de Itirapina, R$ 7.632.869,67. Em todas as rebeliões, agentes penitenciários foram feitos reféns: "Em razão dos maus-tratos, levados a efeito por centenas de presidiários amotinados, as vítimas, nos três presídios, suportaram grave sofrimento físico e moral. Muitas delas foram submetidas a queimaduras com pontas de cigarro, ameaças de morte e lesão corporal em regiões nobres e visíveis (cabeça, costas, nariz etc.)". Na ocasião dos motins, os promotores acusam a advogada L. e o advogado E.D., "acobertados pelo manto das prerrogativas inerentes à advocacia criminal", de "fazer entrar na Penitenciária I de Presidente Wenceslau a quantia de R$ 15.000 em espécie e três aparelhos de telefonia celular, com baterias e carregadores, da operadora Claro".

O advogado, segundo o Ministério Público, que "já tirava proveito econômico do sistema prisional como explorador de mão-de-obra dos presos" (com uma fábrica de bolas esportivas), "não só se desvirtuou dos ideais de sua honrosa profissão como também ensejou mobilidade ímpar às ações criminosas de seus asseclas, dando celeridade e segurança na retransmissão de ordens criminosas, chegando a ponto de, inclusive, preparar levantamento e estudo aptos a dar sobrevida ao PCC". Ainda das acusações contra os advogados: "Resta evidenciado que os três advogados, bem articulados dentro da organização criminosa, desvirtuaram a relação profissional que deve nortear o exercício da advocacia para, escondidos em suas prerrogativas e inscrições junto à Ordem dos Advogados do Brasil, utilizar pretexto para manter contato pessoal com os principais líderes do Primeiro Comando da Capital. Transmitiram ordens constantes das lideranças da facção a outros presos, que possibilitaram atos de violência e destruição, que deixaram um rastro de barbárie, sangue e mortes de policiais civis, militares e população civil inocente".

> *Apurou-se, por derradeiro, que as ações dos três advogados eram compartimentadas de tal forma para que dentro da facção criminosa houvesse divisão de tarefas, porém sem excluir a participação deles em todos os crimes praticados. Estavam cientes, juntamente com os detentos envolvidos, das ordens de destruição de presídios, motins, cárcere privado e outros delitos variados.*

O enquadramento dos três advogados e mais três presos foi feito com base nos artigos 288, 354, 163, 148 e 69 do Código Penal – respectivamente quadrilha armada, motim de presos, dano ao patrimônio público do Estado, cárcere privado qualificado e concurso material de delitos.

Tudo sobre o que você foi informado até aqui, como êxito parcial na reação contra o crime, resulta de uma quebra de procedimentos burocráticos que impedem atuações mais eficientes. O crime organizado mostra mais agilidade, mais determinação. "Os bandidos estão trabalhando mais duro do que nós", dizia William Bratton, o chefe de Polícia de Nova Iorque por ocasião da implantação do programa Tolerância Zero. Comparando os lucros obtidos pelo crime com os lucros obtidos pela Polícia, Bratton provocou uma reviravolta ao comentar: "Nosso lucro não é tão grande como o dos criminosos. A Polícia parece uma empresa que não sabe onde estão seus clientes".

Na burocracia, os horários de expediente são comerciais. Na dinâmica da persecução penal, é preciso fugir da hora de bater o ponto.

Não é possível que um delegado tenha de implorar pela legitimação de uma prisão, como se recebesse um favor judicial por estar servindo a sociedade.

Não tem sentido ser dificílimo encontrar juiz disponível fora do expediente convencional. Quando surgiu o primeiro fio de meada para esclarecer o assassinato do juiz Antonio Machado Dias, era tarde da noite quando as mãos da lei foram colocadas sobre uma figura significativa do PCC. Não havia ninguém no Fórum. Um juiz amigo de um delegado, que morava a mais de cem quilômetros de Presidente Prudente, dispôs-se a "quebrar o galho" e formalizar o decreto de prisão preventiva, decisiva para a seqüência das investigações. Nos presídios, o expediente era permanente: celulares não paravam de tocar.

Não é possível que uma vítima de roubo de carro chegue correndo à delegacia e receba instruções para ir para a casa e registrar a queixa pela Internet. O carro pode estar sendo usado em ações criminosas. Placas e características deveriam estar na rede, informando as viaturas nas ruas.

Não se concebe que a Polícia despreze o seu próprio plantão, que deveria ser um precioso cartão de visitas, mas pode se transformar num tormento de vítima que sofre duas vezes – com o crime que a alcançou e o péssimo e relapso atendimento que recebe.

Não se pode admitir que policiais corretos e dedicados sofram na pele o sentimento causado por colegas que não estão nem aí com os problemas da população.

Os primeiros passos da resistência contra o crime organizado foram dados por policiais, promotores e magistrados que deixaram o papel de lado e foram dinâmicos, deixando o formal de lado e priorizando as ações eficazes que exigem dinamismo, presteza, rapidez, raciocínio, preparo, criatividade e vontade, muita vontade.

O crime organizado esbanja vontade, apetite, impetuosidade, destemor.

A sociedade organizada precisa aprender a canalizar os mesmos sentimentos para enfrentar o crime estruturado, tornando essa prática uma rotina de trabalho em toda a sua estrutura, e não apenas em algumas delas.

Não se pode encerrar o expediente anticrime, limitando-o a plantões que podem servir apenas para registrar ocorrências, e nada mais, quando o crime organizado se aproveita disso para atacar a pleno vapor.

Não se pode continuar contando apenas com as exceções, mas com unidade, continuidade e ação permanente. Quando esse dia chegar, se chegar, organizações como o PCC poderão até existir. Mas ficarão nas sombras, com medo de mostrar muito o rosto, sabendo que a audácia lhes poderá ser fatal.

Capítulo XI – *Mea Culpa*

PCC é uma sigla contra-ataque.

Na polícia, existem unidades-comando. A primeira, sempre é Comando Uno, nos códigos pelo rádio de comunicação. No DEIC, por exemplo, a diretoria é Júpiter. O diretor é Júpiter I. A ROTA, Rondas Ostensivas Tobias de Aguiar, tem os comandos de companhia, sempre primeiro.

Primeiro Comando da Capital, nome cuidadosamente pensado, junta o número um, para traduzir o topo da criminalidade hierarquizada. Depois vem o Comando, a chefia, o centro de poder, e a seguir a identificação do lugar onde ele está com seus superiores instalados, a Capital.

PCC é para rivalizar com os comandos da polícia, que são da capital e do interior. É a matriz.

Ele foi crescendo, se espalhando, de uma forma completamente diferente da que se tinha visto antes. Se o Comando Vermelho nasceu na Ilha Grande, Rio de Janeiro, outro Comando veio à luz no Vale do Paraíba, São Paulo. Ali a mãe-prisão deu à luz seu mais vigoroso rebento. Saído das entranhas do Piranhão, matou até o lendário diretor José Ismael Pedrosa, do mesmo modo que o Comando Vermelho executou a diretora do presídio Bangu I, Sidneya Santos de Jesus. Pedrosa era durão, inflexível, mantinha a disciplina com mão de ferro. Sidneya cortou concessões e privilégios. De maio a agosto de 1999, percebeu que 48 presos receberam 3.060 visitas de advogados. Ela colocou escutas no parlatório para descobrir o que conversavam tanto. Sobre processos, não era. As escutas revelaram advogados fazendo planos sinistros com os traficantes Marcinho VP, Charles do Lixão e Sapinho da Previdência. Diálogos entre bandidos: combinaram quanto custariam os pistoleiros, como seria a cotização das despesas. Sidneya encaminhou as escutas para os incompetentes de plantão. Disseram que a escuta ambiental, muito usada em presídios italianos de segurança máxima, não poderia ser usada porque eram ilegais. Tradução surreal: você pode saber que estão planejando a sua morte, mas não pode fazer nada a não ser esperar, porque burocratas legais acham que você só tem o direito de aceitar o fim antes do fim. Sidneya foi executada quando chegava em casa num final de tarde de setembro de 2000.

A polícia tinha deixado de se preocupar com as coisas da cadeia, mesmo sabendo que experiências passadas exigiam atenção constante. Os trabalhadores da polícia, e da inteligência dela, não perdem tempo com teorias importadas em sarcófagos e sabem que mais cedo ou mais tarde passado e presente se interligam no mundo do crime. Grades e ruas também. Por isso, sempre existiram álbuns de fotógrafos, retratos-falados que vão ajudar a identificar alguém, arquivos com os mais variados registros. O rígido controle social, na ditadura militar, foi imposto pela polícia política, o DOPS. Departamento de Ordem Política e Social. A polícia do pensamento, de origem anterior a George Orwell e seu romance *1984*. Exigia cadastro de moradores de prédios de apartamentos, observava sindicatos e associações, acompanhava reuniões, planos e projetos, infiltrava-se por todos os cantos.

Na esfera comum, a polícia dos tempos do arbítrio absoluto prendia quem quisesse, a pretexto de fazer averiguações, e os policiais se dividiam em órgãos especializados, capazes de definir quem fez alguma coisa pela simples observação do estilo adotado na prática do crime, o *modus operandi*.

Naqueles tempos, o chefe da Delegacia de Roubos, o encorpado negro Deodato, que tomava um longo gole de cachaça, virando a garrafa que era só sua, para depois entrar destemidamente em algum esconderijo de bandidos dando tiros com uma espingarda de repetição, centralizava todas essas informações. Nos finais de semana, os bandidos que ele havia capturado eram informados, ao serem visitados na cadeia pelos familiares, que *seu* Deodato – ele mesmo! – havia mandado comida e roupa para os filhos, e até mesmo presentes em certas datas especiais. Isso depois de serem submetidos a prolongadas sessões de pau, pau-de-arara e choques, para confessar seus crimes. O jeito Deodato de ser transformou-o no depositário de preciosas informações, diante das quais casos que interessavam nunca ficavam insolúveis. As más línguas dizem que, quando quer, a polícia descobre o que quer, mergulhando nos subterrâneos e obtendo as preciosas revelações de maneira que um cidadão comum jamais poderia imaginar. Deodato era e foi assim – e sua carreira terminou de maneira inesperada, atingido por um único tiro, disparado por uma mulher enciumada, num encontro em apartamento clandestino.

Nos tempos modernos, inteligência finalmente virou Departamento de Polícia. O mais novo deles, o caçula, mas finalmente o Governo paulista descobriu que não poderia viver sem investigação pura, e portanto sem inteligência – não do latim *intelligentia*, mas dos inglês *intelligence,* serviço de informações.

Consagrou-se um erro. polícia e imprensa, juntos, sem ter a menor noção do que é preservar certas informações que, sendo de domínio público, prejudicam o interesse maior e coletivo da sociedade. "Não se mostra ouro para o bandido", dizem na polícia. Mas no caso jazidas inteiras, algumas apenas aparentemente esgotadas, foram garimpadas e presenteadas.

Primeiro, com a revelação de que seria possível identificar chamadas telefônicas, o que contribuiu para solucionar dezenas de casos. O sistema foi tão banalizado que acabou sendo comercializado. O seqüestrador retraiu-se a tal ponto que hoje uma investigação desse tipo passa por múltiplas etapas, que os policiais chamam de "gincana". É melhor, para todos, que os principais procedimentos não sejam conhecidos.

Em seguida, na reincidência de tornar público o que seria melhor não revelar, a divulgação sistemática das interceptações, os "grampos", com diálogos completos, planejamentos, pedidos, lamúrias, confissões. É uma grande arma para a polícia, desde que não se saiba que podem existir "grampos" individuais, coletivos, seqüenciais, que passam a monitorar até quem recebeu determinadas ligações. A tecnologia passa por cima de restrições judiciais. A revelação da possibilidade de realizar escutas ambientais. Tudo isso deveria ser naturalmente sigiloso. Mas ao mesmo tempo fica público, nas guerrilhas institucionais e na ânsia de mostrar serviço e êxito nas operações em andamento.

Investigação de verdade não pode permitir que o investigado saiba quais são os caminhos percorridos e os passos que o investigador está dando. O investigado tem é de ser surpreendido. Elementar. Tudo isso, entretanto, poderia ser resolvido harmoniosamente entre quem está investigando e a imprensa. Nem todos da polícia sabem o que alguns de seus setores específicos estão fazendo. A Divisão Anti-seqüestro e o Departamento de Narcóticos de São Paulo são exemplos de órgãos policiais que ficavam completamente afastados de outras unidades policiais, exatamente para evitar indiscrições, inconfidências, precipitações decorrentes de comentários infelizes. É perfeitamente possível um entendimento harmonioso entre o grupo restrito de uma investigação e o grupo igualmente restrito de jornalistas especializados no acompanhamento de determinado caso, esperando o momento para agir e para divulgar. Já foi assim no passado. Não é mais no presente.

Mais um equívoco duplo interligou policiais e imprensa, novamente. A tentativa de valorizar determinadas ações policiais levou a transformar muita coisa que nunca foi do PCC em crime organizado. De pequenos traficantes a pífios estelionatários, de ladrões inexpressivos a autores de assassinatos, a sigla do crime organizado passou a contemplar indistintamente a todos, como se a facção congregasse poderosos e fracos e ainda tivesse o dom da ubiqüidade para estar em toda parte, simultaneamente. Falou-se em PCC nas delegacias de bairro, em departamentos, em cidades do interior, em cadeias, em centros de detenção, em penitenciárias. Até mesmo nos ataques, surgiu o fenômeno chamado de "rabo de cometa": vândalos de idades variadas atacando indiscriminadamente nos mais diferentes lugares. Em frente ao DEIC, por exemplo, muitas vezes policiais perderam a paciência com adolescentes e jovens que passavam de carro urrando e xingando, divertindo-se com as precauções adotadas para a proteção do prédio da avenida Zacki Narchi. Eram detidos para averiguações, tomavam alguns safanões, ouviam impropérios à curta distância, mas a idiotia não pode ser capitulada penalmente.

A mistura desses componentes, somada à negativa da existência do óbvio – a própria facção criminosa – levou a discussões inúteis e sem-fim. Falsos especialistas saíram da toca para falar sobre o que não entendiam. Enquanto o desentendimento reinava na superfície, o PCC submerso continuava seus planos.

Basicamente, abriu caminhos a tiros, mortes e dinheiro, conquistando mercenários e falsos ideólogos para tentar legitimá-lo na luta contra a sociedade injusta. Falou-se em andar de cima enfrentando o andar de baixo. No morro descendo para o asfalto. Em "eles", os novos opressores, e "nós", os genericamente ameaçados.

A polícia, estimulada a ser inerte e omissa, foi estimulada a ir para as ruas. Todas as viaturas da ROTA saindo em comboio caça-bandidos, sempre no período da noite, foi outra surpresa. Por muito tempo, ela foi utilizada por políticos, que prometiam colocá-la "nas ruas". Os ideólogos tinham preferido mantê-la sob cabresto curto, sendo mobilizada até para ficar tomando contra do prédio dos adolescentes infratores da Febem. De repente, por causa do PCC, a ROTA foi para as ruas por ordem direta do comandante geral da corporação. E essa polícia, que se constitui no Primeiro Batalhão de Choque, saiu do ostracismo deliberado para ser "tropa de elite" outra vez, em mais um incrível exemplo de metamorfose nos conceitos sobre organização policial.

O equívoco de governo insistiu, ao longo de anos, que a polícia não deveria revistar ninguém, não poderia interceptar nenhum veículo, deveria evitar abordagens a qualquer custo e numa perseguição policial, mesmo se fosse alvo de tiros de bandidos, não deveria revidar. Tudo isso seria "inconstitucional", e por isso tinha de ser evitado. A idéia era de que nas ruas transitavam apenas cidadãos corretos e sendo assim não faria sentido aplicar ações repressivas aleatórias. Era uma ficção. Nesses tempos, para conversar com o secretário da Segurança (que detestava a polícia), o delegado geral de polícia precisava solicitar audiência, como se a pauta fosse sempre de escritório e não de segurança pública. E o comandante geral da Polícia Militar, para segurar-se no cargo, satisfazia as mais absurdas vontades do secretário, mesmo consciente de que para um profissional de polícia tudo aquilo estava errado. O crime aplaudiu quando esse secretário ousou propor a extinção sumária da Polícia Militar, embora dependesse fundamentalmente dela para execução da constitucional polícia ostensiva. A sociedade era uma cobaia indefesa.

A polícia está cheia de erros, precisa de mudanças radicais, os tempos atuais evidenciam que critérios antigos estão sendo corroídos pelos ácidos do crime moderno. Uma polícia abriga gente menos honesta, outra é mais arbitrária. Para alguns, combatê-las é considerado mais importante do que combater o crime, como se a cidadania tivesse de escolher o que seria menos mal. A assepsia policial é necessária, mas sem que isso seja traduzido como salvo-conduto para criminosos.

Nas prisões, processo paralelo seguiu livre curso. Rebeliões em penca, autoridades rezando na hora de tomar decisões em motins, religiosos comandando ações policiais, ópera-bufa assistida com entusiasmo por grupos específicos de presos depredando, destruindo, invertendo posições de Estado e segregados.

Os dois caldos culturais se misturaram. E o criminoso habitual, hoje mais jovem e oriundo de várias classes sociais, percebeu o governo vacilante, querendo fazer médias e compensações, esquecendo-se de suas obrigações constitucionais, e passou a ter domínio de muitas situações – no contato direto com a polícia e dentro dos presídios. O governo foi tão frouxo que simplesmente fechou um departamento inteiro da polícia, criado em 1983, no lugar do DOPS, para "apurar e investigar as infrações penais contra a economia popular, a ordem econômica e as relações de consumo e as infrações previstas no Código do Consumidor". Era o DECON, Departamento de Polícia do Consumidor. Ele foi extinto sob uma singela explicação da cúpula policial: "lá dentro havia corrupção". Parecia que o DECON era o único lugar na polícia inteira onde tais desvios pudessem acontecer.

Os criminosos sabem acompanhar e avaliar muito bem os termômetros de atuação policial – desde os policiais que trabalham numa área até suas chefias e comandos. Sabem quando é tempo de atacar. Sabem qual é a hora de recuar. Nada ideológico. Tudo pragmático.

Criou-se, então, uma situação de fato, um código operacional de policiais. Os corretos passaram a sentir vergonha da situação em que "trabalhar dá truta", rude expressão interna para dizer: quem procura cumprir seus deveres, acaba se complicando funcionalmente. Muitos policiais com vocação passaram a ficar sem espaço, preteridos, propositadamente encostados, totalmente alijados dos cargos principais. A tal ponto que se criou a situação dos que ficavam designados para um lugar misterioso chamado jocosamente de "Nasa". Em órbita. Sem função.

Muitos honestos desistiram e anteciparam suas aposentadorias.

Muitos desonestos começaram a apresentar-se como democratas subitamente convertidos, à semelhança do que o PCC faz quando diz que representa a massa carcerária oprimida. Faziam de conta que cumpriam as regras constitucionais, prendendo somente em situações de flagrante, o que os impediria de levar detidos para as delegacias. Álibi perfeito para negociatas na rua, para satisfação dos que pensam que defender o Estado de Direito é deixar de fazer qualquer coisa que crie embaraços para criminosos. Os superiores ficavam satisfeitos com os novos mutantes da democracia. Os subalternos acharam maravilhosos os ventos da corrupção, que sopraram com ímpeto historicamente nunca visto.

Acrescente-se ao mapa do caos, em repetidas doses, que é difícil legitimar uma prisão em horários noturnos, em dias de feriado, nos finais de semana, como se a criminalidade interrompesse suas atividades nesses períodos. O policial correto ficava num dilema: para resolver um crime, tinha de formalmente cometer outro – no mínimo, a prisão formalmente ilegal. Totalmente desanimador. E a legitimação fora de hora era vista como um grande favor, e não serviço prestado à sociedade.

A gota final: a perseguição implacável contra os policiais subalternos que, por causa de seus baixos salários, são obrigados a buscar complementação de renda com alguma atividade fora da polícia. Os chamados "bicos". Os policiais de gabinete, sarcasticamente chamados de "maçanetas" na própria classe (porque sua atividade maior é abrir ou fechar portas, ganhando mais e não correndo riscos), foram para cima dos "bicos", que no mais prático dos sentidos é atestado de idoneidade. Corrupto não faz "bico". Nem precisa. Mas existe um tipo de "bico" aceito e com *status*: o magistério. Juizes, promotores, delegados, peritos gostam de dar aulas. Garantem um dinheiro a mais e ainda proporcionam prestígio acadêmico. Alguns *bicos* são feitos em pleno horário de expediente, com carro oficial, mas nesse caso se considera que tudo está bem. Muitos gastam a maior parte de seu tempo em cursinhos particulares que prepararam candidatos a concursos públicos. O que não pode é o policial fazendo "bico" de segurança.

O problema, entretanto, não é apenas de hipocrisia. Para ter o "bico", o policial precisa estar na polícia. Pode acontecer até que esse trabalho extra lhe renda mais.

Mas uma coisa não existe sem a outra. E esse policial, financeiramente acuado, não quer meter-se em complicações, que podem significar afastamento das funções e conseqüentemente a perda do "bico". E o que quer dizer "complicações"? Quer dizer investigação prolongada, horas extras que o Estado não vai pagar, perigos, tiros, ferimentos e talvez mortes. Chamado para uma ocorrência, o policial reflete sobre tudo isso, enquanto a sirene geme abrindo caminho.

A percepção do criminoso é diferente. No passado, ele sabia que seria preso e interrogado de uma forma que apanhar fazia parte do jogo cruel. Preso, ele gastava tempo treinando receber golpes de pau nas costas e no peito, preparando-se fisicamente para uma eventualidade futura. Hoje, ele sabe exatamente até onde pode ir, conhece os limites, quem foi comprado, quem tem moral para bater, quem precisa fazer de tudo para ajudá-lo. O novo jogo, subterrâneo, é sórdido. O PCC percebeu, investiu na imundície da sociedade desarticulada, transformou dinheiro em *abre-te sésamo*, gazua capaz de arrebentar portas, janelas e cadeados.

A visão do *iceberg* fosforescente permitiu chegar aos últimos tempos: sem crime organizado, a individualidade no crime havia praticamente desaparecido. Haviam ficado para trás os tempos de João Acácio Pereira da Costa, o Bandido da Luz Vermelha, de Gino Menheghetti, do esquartejador de mulheres Francisco Costa Rocha, batizado Chico Picadinho pelo irreverente *Notícias Populares*, jornal policial que se gabava de ser o *Diário Oficial da Boca do Lixo*, como anunciava o jornaleiro que andava pelas ruas do centro no início das madrugadas. No lugar deles, surgiram bandos, quadrilhas, gangues. "Em São Paulo, bandido não é conhecido por nome ou apelido", diziam, orgulhosas, as autoridades policiais.

Coube uma vez mais ao PCC inovar. Chefões como Sombra, Cesinha e Geleião abriram caminho e na esteira vieram Gegê do Mangue, Julinho Carambola e... Marcola, o supremo articulador. Será ele, até o próximo desafeto, o imponderável ambicioso, o irrequieto invejoso.

Ser famoso no mundo do crime resulta em grandes vantagens entre os pares, que não costumam respeitar ninguém, mas aprenderam, mais do que nunca, a reverenciar o primeiro comandante, não só da Capital, mas de outras cidades e outros Estados. Só que isso traz uma desvantagem automática e obriga a viver em estado de alerta sem-fim: como chefetes gostariam de ser promovidos a grandes chefes, o número 1 fica permanentemente, queira ou não, na alça de mira. É o cadáver mais barato do sistema penitenciário. Foi assim. É assim. Será assim.

O *mea culpa* das origens é exigente. Faz cobranças implacáveis. Não escapam: governo, polícia, teóricos sobre o crime, sistema judiciário, sistema penitenciário, sociedade e... o próprio PCC.

O Governo porque lutou não contra o crime, mas gastou tempo e energia para mentir sobre a sua existência comprovada da organização criminosa. Sim, o governo mentiu. Um membro do partido do governo achou melhor confessar isso publicamente. Antes das eleições de outubro de 2006, o ex-presidente da República Fernando Henrique Cardoso escreveu no *site* do partido: "O sistema prisional, há que reconhecer, não foi capaz de dar tratamento adequado à massa de presos, deixando ao PCC espaço para demagogia em nome da melhoria de condições da vida de prisioneiros. Sem falar no uso continuado de celulares, da cumplicidade entre criminosos e advogados, às vistas cúmplices, algumas vezes, das autoridades carcerárias". O impacto da frase foi grande, embora não fosse além da constatação do óbvio. Um tiro político que acertou o candidato Geraldo Alckmin pela frente e pelas costas, transfixando. O projétil de grosso calibre chegou às urnas.

A polícia preferiu adotar oficialmente a visão míope para escamotear a verdade e criando métodos para tentar impedir que a imprensa tomasse conhecimento dos fatos. A Secretaria da Segurança Pública montou um esquema para assessorar não a imprensa, mas para agir contra ela, imaginando que seria possível controlar tudo o que se divulga, priorizando as notícias "a favor". As de grande interesse da sociedade, se colidentes com a deliberação de ter sempre alguma coisa escondida sob o tapete, eram consideradas antigoverno. Quando a polícia, no Vale do Paraíba, descobriu que a facção estava por trás e na frente da execução do ex-diretor Pedrosa, chegou uma ordem da Capital proibindo a divulgação do caso. A idéia era minimizar, como sempre, a audácia da empresa do crime. Na era do auge do PCC, a restrição ao trabalho da imprensa foi infinitamente superior aos mais sombrios e obscuros tempos da ditadura militar. Joseph Goebells, ministro da Informação e Propaganda do Reich, não faria melhor. Quando todas as autoridades responsáveis pela segurança pública foram obrigadas a dar entrevista coletiva para tranqüilizar a população, diante dos sucessivos ataques, o comandante geral da Polícia Militar disse, professoral: "Não interessava para nós colocar certas situações na imprensa". A frase quer dizer que se pretendia tornar acessível apenas o que interessava – mas a imprensa não se deixou pautar por essa visão tão estapafúrdia que as próprias entidades de classe da PM denunciaram que não foi divulgada, internamente, a informação sobre a iminência de ataques, o que deixaria os quartéis em estado de sobreaviso. O Comando da corporação negou esse fato, disse que essa informação foi dada, mas admitiu que ela não tenha chegado à "ponta da linha", ou seja, não chegou a quem mais deveria chegar.

Os teóricos perderam-se em palpites, mesmices, análises precipitadas ou despidas de conteúdo, falando sobre crime em sentido genérico, sem ter a menor idéia do que significava, na essência, PCC.

O sistema judiciário, lento, não ofereceu respaldo em situações dramáticas. O Ministério Público queixou-se, oficialmente, de que pormenorizada denúncia nem sequer foi recebida. Um promotor que participou das investigações sobre o PCC, Gabriel César Zaccaria de Inellas escreveu, ao prefaciar um livro de outro promotor, Márcio Sérgio Christino, também apurando os mesmos crimes, que seu trabalho, em forma de denúncia, fora rejeitado em primeira e segunda instâncias. O conteúdo perdeu para a forma. As advogadas Valéria Dammous e Libânia Catarina Fernandes Costa falaram muita coisa sobre o PCC quando se perceberam tragadas pelo terreno movediço da lei e da ordem. Fizeram um acordo de cartas marcadas chamado delação premiada: quem está enrascado, abre o jogo e em troca ganha redução de pena. Sabe que está num beco sem saída. Isso é bonito no papel, mas considerado muito feio dentro da cadeia. Na Penitenciária de Ribeirão Preto, tiveram de ir direto para o "seguro", as celas especiais de proteção, porque as outras presas colocaram as duas de imediato na lista de traidores da organização. As duas advogadas ficaram juntas numa mesma cela com a ex-estudante de Direito Suzane von Richthofen, que planejou cuidadosamente o assassinato dos pais em São Paulo. As três se julgaram, por longo tempo, espertíssimas e inteligentíssimas, pelo simples fato de que o estudo dos Códigos fazia parte de suas vidas. No cárcere, passaram a partilhar juntas o que pode acontecer com quem prefere rasgar esses códigos. Na prisão, quem fala demais é considerado dedo-duro, alcagüete, ser desprezível. Delatar e ser premiado é confessar essa condição imperdoável. Legislador que não conhece cadeia passa por cima dessa situação irreversível. O benefício foi oferecido aos ladrões cavando túnel para assalto em Porto Alegre. Ninguém quis, por saber que fazer acordo com a repressão oficial é assinar a própria sentença de morte. Não quiseram a condição de viver duplamente presos, rondados sem cessar pelo fantasma da vingança pelo assassinato.

O assassinato de dois magistrados, um em São Paulo e outro no Espírito Santo, foi um choque térmico, como se mártires fossem necessários para se acordar da sonolência cada vez mais perigosa e adotar medidas enérgicas.

O sistema penitenciário fez sindicâncias, descobriu raízes do PCC, mas sonegou informações na fase em que era imprescindível a colaboração policial nas investigações. Não adianta nada ter informações e guardá-las para si. O que se voltaria a chamar de "ações de inteligência" exige, no caso, que a polícia tenha condições de investigar as conexões internas e externas. No auge da crise, o sistema penitenciário apresentou plano, através de uma fundação, para que mulheres presas pudessem trabalhar num serviço de telemarketing dentro dos presídios femininos. Isso poderia significar a oficialização de contatos proibidos, como qualquer um seria capaz de prever. O projeto foi abortado imediatamente quando a fundação que cuida de trabalhadores presos passou a funcionar sob nova e responsável direção.

A sociedade não escapa do *mea culpa*: não aprendeu que segurança pública, no mais amplo sentido, não fica restrita à polícia e nem às prisões. Para evitar que o crime aconteça e prolifere, ela tem de colaborar e fazer a sua parte, nem que seja mínima. A indiferença é perigosa, letal, e as políticas preventivas, que passam pelas atividades sociais, já mostraram, com vários exemplos, do tanto que é possível evitar. Fechar os olhos não adianta nada. É inútil fazer contas isoladas de quanto custa um preso. Se a conta tivesse alternativa – custo do sistema penitenciário somado aos salários e benefícios pagos em todo o sistema penal, dividido pelos índices de reincidência que passam de 70%, a sociedade ficaria sabendo quem está custando muito caro para ela. A sociedade paga tudo, sem retorno, mergulhando os condenados num poço de maldades que produzirá seres revoltados que mais cedo ou mais tarde voltarão às ruas. Vão querer se vingar da "sociedade". E a sociedade sem rosto pode ser qualquer um.

A última parte do necessário *mea culpa* é endereçado ao PCC, que provocou uma repulsa inédita contra os presos em geral. Vistas como escolas do crime, as *Faculdades* do PCC tornaram-se símbolo de idiossincrasia explícita, colocando todos os enjaulados numa mesma situação. As lutas para se alcançar dignidade no tratamento ao preso, nos investimentos para a sua recuperação, na ampliação do conceito de laborterapia, na quebra do estigma contra aquele que cumpriu pena, encontraram pela frente um bloco monolítico de resistência. O PCC produziu ódio na sociedade contra os presos, tornando frágeis as pessoas responsavelmente engajadas na consciente defesa dos legítimos direitos humanos. A única atenuante está inclusa no *index* da resistência: o comportamento unilateral de grupos e militantes que jamais se preocupam com as vítimas, sempre esquecidas e abandonadas e ainda transformadas em socialmente responsáveis pelo que aconteceu a elas: arquitetos de pensamentos impenetráveis conseguem ver no culpado uma vítima e na vítima um culpado.

A bandeira a favor de tratamento humano estava levantada há muitos anos, empunhada pelos mais variados tipos de mãos, todas empenhadas em levar alento e esperança para o mundo prisional – sentimentos e preocupações caladas por vergonhoso silêncio quando a morte e a destruição atingiram cidades. Subitamente, os presos que queriam uma chance na vida viram desaparecer as possibilidades de ganhar a sonhada oportunidade. O preço pago pela massa carcerária em geral foi muito caro. Nenhum benefício chegou às prisões por conseqüência da atuação do PCC. Seus líderes e membros construíram pontes invisíveis, ultrapassaram muralhas sem fugir, corromperam em alta escala, mas objetivamente nada reverteram em benefício dos realmente sem oportunidades na vida, mas nada interessados em integrar a crescente ordem dos hunos urbanos. O PCC conseguiu forçar uma reação inevitável, a implantação do punitivo e asfixiante regime disciplinar diferenciado, o Piranhão em terceira dimensão. O RDD alcança objetivos.

Mas arrebenta psicologicamente, reduz o ser humano a um trapo. Não se trata de fazer descrição piegas e sim de constatar que para um humano essa jaula é insuportável. Discutir se ela é a única solução para monstros, como se costuma dizer, é história diferente: apesar de tudo que possam ter feito, os criminosos não são seres extra-terrestres. Quando quis se insurgir contra o que tinha provocado, era tarde demais. O PCC é o pai do RDD. Erro estratégico.

O *mea culpa* é um *salve* geral no PCC.

O *mea culpa* não é capuz, é carapuça.

Mea culpa. Mea máxima culpa.

No desespero em busca de uma solução, o derrubado – porque ficou em situação insustentável – secretário da Administração Penitenciária, Nagashi Furukawa, sugeriu que os prisioneiros considerados barra-pesada deveriam ser mandados para uma ilha distante, onde não haveria espaço para problemas disciplinares de qualquer espécie. Além do mar, a polícia usaria lanchas como muralhas móveis. A ilha existe, já foi presídio e se chama Anchieta, no litoral norte de São Paulo.

Um presídio funcionou ali. A antiga Ilha dos Porcos foi Porto das Palmas, presídio político, convertido em Ilha Maldita e Ilha do Diabo, grande palco de uma grande rebelião em 1952. Foram cerca de cem mortos em confronto com a polícia – naquele tempo, a Força Pública – ou nas impiedosas pauladas de preso contra preso na disputa selvagem por um lugar na única lancha disponível para a travessia. Policiais também foram assassinados. Disso tudo, sobraram ruínas, escombros. Não há que se falar em reocupar a Ilha Anchieta. Há muito tempo nada mais resta daquilo que um dia foi presídio. De onde o secretário foi tirar a idéia de usar essa ilha?

Ainda na década de 1950, rebelião, incêndio e mortes na Casa de Custódia e Tratamento de Taubaté, concebida para se cumprir um regime complementar de cumprimento de pena, chamado "medida de segurança". Era o sistema chamado duplo binário: pena e medida de segurança. A medida era considerada cessada somente quando o preso demonstrasse não ser mais "portador de periculosidade". Seria extinto. A Casa e Custódia, para esses fins, foi única no Brasil. Os psiquiatras eram temidos, porque a liberdade dependia de um laudo.

Na Anchieta, um capitão gostava de recepcionar os presos recém-chegados com uma sessão de chicotadas. O capitão chegou ao posto de coronel, e como coronel assumiu a direção da Casa de Detenção, que foi presídio misto até uma grande rebelião.

O coronel Fernão Guedes de Souza fazia, diariamente, uma preleção para os presos que chegavam ao presídio. Nesta fase, em vez do chicote Guedes usava palavras cortantes: "Quem quiser ajuda e merecer, eu ajudo. Quem quiser se entortar, eu acabo de entortar". A Detenção teve ala de presos políticos. Ali, o vice-diretor, Luiz Philippe Florence Borges, filho de reverendo presbiteriano, em estilo mais suave, cativava os presos com palavras simpáticas de introdução às palestras: "Companheiros marxistas!". Lá dentro, a prática do cotidiano desfazia o mito de que presos comuns receberam lições de presos políticos, que em nome de uma causa, ou de uma revolução, haviam participado de ações que a burguesia, diziam, insistia em chamar de roubos, quando na verdade eram desapropriações em prol da sublime causa do povo. Mas, por razões várias, os políticos preferiram não se misturar com a galera dos pavilhões 8 e 9, e o resultado desse isolamento foi que os presos comuns não gostavam dos colegas aprisionados por razões políticas. O diretor fazia de conta que concordava com os companheiros marxistas, mas tomava cuidado para não se comprometer. Os militares consideravam promíscuos contatos excessivos.

De novo, quem não conhece cadeia não vai entender uma situação dessas. Mas lá dentro dela fazia todo sentido: o relacionamento de preso para preso sempre foi repleto de abusos e desumanidades. O ataque sexual ocorria dentro da Casa de Detenção, mesmo ao preso portador de epilepsia. O rapaz de boa aparência depilado e fotografado para ser vendido ou alugado em outras celas por cafetões inimagináveis. O preso por estupro sendo estuprado por seguidas vezes, tatuado por seus "donos", exploradores do lenocínio, mercadores do sexo. O punhal sendo afiado nas próprias grades para matar. Morte, sempre presente, pressentida, esperada, anunciada. O isolamento no "seguro", com presos duplamente presos, com medo de sair da cela até para o banho de sol. Presos amarelados, que por causa da cor da pele habitam o pavilhão conhecido como "amarelão". Guedes, ex-chicote, criou um sistema punitivo interno para punir os desumanos demais, particularmente os estupradores. Era noite quando um grupo de punição feroz entrava nas celas dos estupradores, já selecionados, com capuz no rosto e correntes nas mãos. Era a surra com correntes, dilacerando, abrindo sulcos, deixando marcas. Surras totalmente aprovadas pelos que não apanhavam. Surra moral. Não havia como identificar nenhum inquisidor carcerário, embora alguns tentavam isso pela voz – batiam gritando palavrões sem-fim. Pode parecer paradoxal, mas os presos detestam os estupradores. Sempre pensam que, "lá na rua", estão suas mulheres, suas filhas...

S.M.S., prisioneiro por 60 dias no Carandiru, por crime de lesão corporal de natureza leve, começou a chorar diante do juiz na hora de assinar o termo de responsabilidade para a suspensão condicional da pena. O juiz espantou-se. O rapaz de 22 anos gritou: seria melhor que tivesse morrido. Porque "durante todos esses dias fui constrangido por diversos meios a manter relações com outros presidiários. Numa das vezes, cheguei a ser amarrado pelos pulsos". Um de seus "donos", um certo Nardinho, gravou o seu nome, com picadas de agulha, no braço esquerdo de S.M.S.

Na Casa de Detenção, um negro gigantesco, apelidado Lótar, em alusão à parceria com Mandrake, o mágico das histórias em quadrinhos, recebia o novo preso com uma proposta irrecusável: queria ser possuído pelo recém-chegado. E se não houvesse concordância, ele passaria do papel passivo para o ativo.

O irmão de um indefeso preso estuprado esperou pacientemente pela vingança, que aconteceu no pátio, na hora do jogo de futebol. O irmão contou-lhe o estupro, aos soluços e pranto incontido. Aproximou-se, sorrateiro, e deu o primeiro golpe, profundo, nas costas do estuprador. A vítima virou-se, jorrando sangue, e levou mais dez estocadas no peito. Havia mais de mil homens no imenso pátio, mas ninguém foi testemunha de nada. O assassino, dominado pelo ódio, manteve a faca avermelhada na boca durante minutos. Ganhou o apelido de "Vampiro".

A fama do assaltante, latrocida (na cadeia falam "latrocineiro") e estuprador João Conde era grande quando ele chegou à Detenção. Tinha sido o "monstro do Morumbi". No primeiro dia de pátio, foi envolvido por longo abraço e quase um cinematográfico beijo por parte de um provocador que queria ficar famoso. Estuprar um monstro seria a glória. Os espectadores se agitaram e sabiam: Conde, em liberdade, era o machão, perigoso bandido. Ali dentro, brevemente iria ser... mulher.

O jovem criminoso percebeu o que aconteceria no dia seguinte. Teria de encarar a situação à moda da casa. Durante a noite, limou cuidadosamente um pedaço de ferro, fabricando o seu pontiagudo estilete. Pela manhã, enfiou a perigosa arma sob a camisa. A massa carcerária aguardava ansiosa no pátio. O preso desafiador aproximou-se de novo. Os demais sorriram, com deboche. Ele comentou "você até que é bonitinho", enlaçou-o pela cintura e fez novamente o gesto de que iria beijá-lo. Conde puxou o estilete e cravou-o com força. Um grito, o sangue. O preso arregalou os olhos e o "monstro do Morumbi" ficou segurando firme, procurando aprofundar mais e mais o punhal que parava no cabo. Conde ganhou moral entre os presos, mas a lei dos homens, que não é a "Lei do Cão", puniu-o com mais vinte anos de prisão.

Nunca são os dóceis que assumem a liderança. É só reparar no histórico de cada um. No que fizeram fora, no que fazem dentro. A crueldade interna do PCC foi tão grande que respeitados matadores internos foram descartados. Pedrinho Matador, por exemplo, era um assassino dentro da prisão. Matou mais de vinte. Dizia que sentia muito prazer em apunhalar, apunhalar. Como advento do PCC, não matou mais ninguém. O terror deixou de ser ele, as facas mudaram de mãos e ele passou a ser mais um comandado, mantido a distância, sem importância nenhuma.

Não era psicopata, como se imaginava: Pedrinho simplesmente resignou-se a ser mais um. Virou *robô.*

Um juiz-corregedor de Presídios contou inutilmente, para ficar nos anais de mais uma CPI na Câmara dos Deputados: "A brutal superlotação, e a ausência de celas individuais, garantia de preservação dos detentos dóceis e recuperáveis, têm favorecido o deplorável contato de primários ou simplesmente daquele que prevaricou ocasionalmente com criminosos de alta periculosidade, na mais incrível promiscuidade, amontoados às dezenas nas mesmas celas, sem a menor terapêutica ocupacional, brotando daí toda sorte de conseqüências: o ataque sexual violento, o vício, a brutalidade, fazendo com que boa parte daqueles que nutriam disposição de recuperação cresça na imoralidade e se veja solicitado para novas experiências no crime".

O PCC não se mexeu para alterar esse quadro, apenas passou a exercer o domínio e a tutelar seus apaniguados, desde que eles tivessem algo a oferecer – em contribuição ou em atividades como vender rifas com estranhos prêmios, como a mulher do fraco próximo, à revelia.

O PCC passou a exigir que se fizesse a escatologia do sistema carcerário. Como ficará a situação que envolve comandos de presos, autoridades da persecução penal e toda a sociedade?

O andamento dentro do prazo dos processos (ninguém se conforme em ficar a mais um dia só além da pena cumprida), a alimentação pelo menos razoável, o espaço para tomar sol e esportes, algum tipo de trabalho e a descarga da vontade sexual sempre foram elementos decisivos, em toda a história dos presídios, para a ambicionada ordem e a desejada disciplina. Os três primeiros itens são indiscutíveis e o quarto, controverso. Os presos adicionam cigarros e outras drogas como a maconha, o *crack*, a cocaína e até bebida alcoólica, que valem muito mais nas celas. Mulheres e bebês são usados para a entrada clandestina de drogas em fraldas, sob a calcinha e o sutiã, na vagina e no ânus. Por isso, elas são obrigadas a se abaixar, humilhantemente, na hora da visita. Via corrupção, tudo isso entra a qualquer hora, dentro de pastas, veículos, caixas, caminhões, entregas pelo correio, num exercício de imaginação como não se vê em nenhum outro lugar.

A estrutura do Estado tem mostrado insuficiência diante dessa situação em que o jovem criminoso – maioria – cresceu comparando salários dos que trabalham normalmente e as agruras do mercado informal com os ganhos de procedência ilícita. É um disparate em relação ao mundo que despreza a vida, vende drogas e pratica crimes contra o patrimônio. Para reverter esse quadro, religiosos fazem investimentos de ordem moral, acenando com a perspectiva de radical transformação e uma vida honrada, discurso que não chega a todos, mas atinge a muitos peregrinos nesse vale de lágrimas. Os técnicos, em geral, nutrem desprezo por esse tipo de atividade, que tendem a considerar alienante. Algumas organizações investem em atividades para os párias da sociedade, mas nem todas são automaticamente defensáveis. De qualquer modo, são os que fazem alguma coisa. O Estado assiste. Nos presídios, dizem que é melhor isso do que nada.

A redução da faixa etária entre os presos é grande. Cabelos cortados, quando se aglomeram no pátio parecem um bando de meninos, alguns assustados, outros andando com um gingar característico da marginalidade e pronunciando palavras em tom afetado, como se criminoso tivesse dicção própria e existisse fonação criminal.

As regras entre eles fabricam um código que pretende estabelecer uma ética particular, intramuros, que se entrecruza externamente, num vaivém incessante. Os policiais, de tanto tratar com eles, tendem a assumir parte dessa linguagem – e novos sentidos passam a vigorar: *vazar* é fugir, *lança* é uma investida criminosa, "gambé" é polícia (os policiais odeiam a expressão, gostam mais de "os homens"), "mala" é bandido de qualquer espécie, "vagabundo" é personagem criminoso, "capa preta" é juiz. E assim vai, com variantes periódicas, de tal forma que para neófitos as expressões são totalmente incompreensíveis.

Lúcio Flávio Vilar Lírio, assaltante de bancos nos anos sessenta, no Rio de Janeiro, ensinou que "polícia e bandido são como água e azeite: não podem se misturar". Mas não seguiu seu próprio conselho, associou-se ao detetive Mariel Maryscott. Ambos acabaram mortos: Lúcio, esfaqueado na prisão; Mariel, metralhado numa emboscada. Mais direto, o matador Pedro Belegi, o Galinha, dizia na Casa de Detenção que "mais vale um 22 nas mãos do que duas 45 voando".

Se fosse verdade o que o PCC diz dentro das prisões, os presos seriam protegidos dos ataques de próprios companheiros e o Estado se veria forçado a tomar uma atitude concreta e realista. Fala-se que a prisão poderia ser reservada apenas para presos perigosos e os demais deveriam ser condenados a prestar serviços comunitários, de natureza educativa e pedagógica. Prisão, dizem, só para quem fosse portador de "maior potencial ofensivo" – expressão que não resiste a nenhuma análise porque homicídios, roubos e furtos qualificados, que recebem condenações mais severas, são crimes que – ao lado do tráfico de drogas – recebem as doses mais elevadas de penas. O discurso do PCC poderia até ser legítimo, se circunscrito aos fatos e à realidade, porque de fato a sociedade perde muito com tanta indiferença, tanto descaso, tanto abuso, tanta omissão. Isso é fato. Mas nunca foi verdade que reverter o sentido do laboratório de comportamento humano que é a prisão, para tirar lições dos crimes praticados para criar ações preventivas, queira dizer tolerância, condescendência e apoio aos criminosos.

A sociedade quer paz, mas paz não é apenas vestir-se de branco e fazer caminhadas de curta duração, estilo *self promotion*.

O Governo ainda não aprendeu que se trata de uma sincronia de ações. A maior parte dos chamados que o centro de comunicações da polícia recebe são de natureza social. Periferia liga pedindo viatura porque ambulância não vai buscar doente. Mulheres dão à luz no carro da polícia, que em alguns bairros só aparece depois que um fato grave aconteceu. É a ausência do Estado.

A grande cidade reúne muitas cidades numa só. São Paulo tem um lado como Nova Iorque, a sua faixa de Chicago, bairros formados por migrantes e a sua versão de Johanesburgo. Os criminosos se espalham, acompanham a tecnologia, conseguem em algumas especialidades ficar passos adiantes da polícia e a sociedade só tem conhecimento daquilo que deu errado para eles. O que deu certo, é um mistério. Planeja-se em cima dos acertos do crime.

O PCC é a versão de um outro lado do Esquadrão da Morte, bando de extermínio que agiu entre os anos 1960 e 1970, formado por policiais que saíam em expedições punitivas pela cidade, matando culpados e inocentes, procurando apresentar-se com a falsa capa de promotores da profilaxia social. Na ocasião, cansada de muitos crimes violentos, a sociedade tendeu a apoiar o Esquadrão, descrente dos formalismos distantes da lei, aplaudindo a carnificina que tinha até "relações públicas" – o Lírio Branco, porta-voz do bando que telefonava para a sala de imprensa da polícia para fornecer a indicação dos locais onde haviam sido abandonados os "presuntos", os cadáveres do dia.

O PCC se deu ao direito de ser o outro lado da moeda: criou seus bandos matadores, saiu matando a esmo (também achando que derramar sangue fosse profilático), atacou, depredou, incendiou e aterrorizou, e ganhou adeptos, em escala menor do que o Esquadrão, mas de gente que entre a repressão e o crime prefere a anomia, a instabilidade da ausência de regras e normas.

Intolerável o Esquadrão, sob pena de retorno às cavernas medievais. Nenhum policial tem o direito de matar, ressalvada a hipótese, prevista em lei, do estrito cumprimento do dever legal, em defesa própria ou de terceiros. A lei tornando-se criminosa.

Intolerável o PCC, abertamente representante oficial do crime pretendendo impor supremacia, dar ordens, exigir respeito e conferir-se poderes de vida ou morte, dentro e fora dos presídios. O crime pretendendo ser lei.

Intolerável a cadeia, que deixando de cumprir o seu papel torna-se inútil.

Intolerável legislação, distante do cidadão que não consegue compreendê-la e constrangendo juízes a decidir como não gostariam. Manietados. Escravizados. Certos de que é preciso mudar, mas princípios penais básicos vigoram intocáveis no Brasil desde a era da ditadura Getúlio Vargas.

O festival de incongruências obriga a perguntar o que fazer.

A polícia ainda precisa libertar-se das últimas amarras que não permitem apurar, investigar, descobrir sem abusos, não confundindo cidadão com bandido, não incriminando primeiro (e nem atirando também) para saber do que se trata depois. Na própria polícia se diz: "não confundir focinho de porco com tomada", porque as aparências enganam e as teses lombrosianas sobre características físicas do criminoso não fazem mais sentido. O crime organizado possui setores em que os militantes precisam vestir-se bem, manter os dentes bem alinhados e possuir um vocabulário despido de gírias e erros de concordância. O "Doutor Acaso" deveria ser expulso.

O sistema penitenciário precisa definir o que quer. É necessário uma política penitenciária, que não pode resumir-se a pensar em abrir novas vagas a qualquer custo. Sim, tem gente que pode sair. Mas tem gente que não tem a menor condição de ser solta. Tratamento é uma coisa, vaga é outra.

Juízes e promotores deveriam visitar os presídios, obrigatoriamente, como está previsto na Lei de Execuções Penais. Para saber como as coisas estão funcionando, ou não, e tomar medidas cabíveis. Deveria haver até um livro de registro para isso. Hoje, há promotores, odiados pelos presos porque apresentam as denúncias criminais e podem fazer restrições a concessões de liberdade, que se trancam em seus gabinetes por segurança. Na magistratura, há tendência de interrogar réus a distância, pelo sistema de teleconferência. É a insegurança que provoca essa situação. O PCC chegou a impor a presos que se recusassem a comparecer a audiências, como marca de desafio frontal. Há juízes com medo, que prefeririam não ser identificados nem na hora de promulgar as sentenças. A lei não os ajuda.

Advogados não podem confundir a opção lastimável daqueles que passaram a fazer parte das organizações criminosas com o exercício da profissão. O direito de defesa é sagrado e a advocacia legítima é instrumental indispensável para a distribuição da Justiça e a vigência do Estado de Direito. Os maus, que nem podem ser chamados de advogados, porque nunca foram presos ou processados porque desenvolviam seu trabalho em processos, mas sim em atividades paralelas, viciadas e criminosas, precisam ser extirpados da classe, sem nenhuma complacência.

O preso que não quer ser intimado pelo PCC para fazer o que não quer tem o direito de desfrutar da laborterapia, que nada mais é do que a recuperação pelo trabalho. Não podem ficar à mercê de sanguinários que fazem do presídio um jogo de loteria, em que continuar vivo pode ser uma questão de sorte. Uma palavra, um gesto, um olhar podem desencadear a ira do opressor, que fará prevalecer a lei do mais forte. O presídio é um lugar de cumprir pena, pagar a conta imposta pelo Estado, e dele sair no mínimo um pouco melhor do que entrou. Para todos, deve haver uma perspectiva, uma possibilidade, por mais remota que seja. Se não for assim, tanto faz como tanto fez. Quando nada se tem a perder, ou a ganhar, o jogo do vale-tudo é vencedor.

O PCC é mais um sintoma da violência, que habita nas ruas e nas prisões. Esse agrupamento para buscar saídas, conquistas, desafiar e consolidar posições, sempre acompanha a sociedade. Esquadrões. Grupos de extermínios. Scuderies. Máfia. O bando dos Crioulos Doidos, atacando em vários lugares, mesmo dia e hora, como *blitzkrieg*, confundindo porque todos os assaltantes eram negros parecidos uns com os outros. Cangaceiros. Para combatê-los, grupos de agentes da lei, corregedorias, brigadas, rondas unificadas, volantes.

São cíclicos. Mutantes. Passageiros, se confrontados com grupos tão sistematizados quanto eles. Duradouros, quando se beneficiam da complacência e da incompetência.

São Paulo, outubro de 2006: tempo de contagem regressiva.

O cronômetro está ligado.

Apêndice – Fotos e Documentos

Foto do autor

Jaulas: as celas fortes mudaram só de nome.

Foto do autor

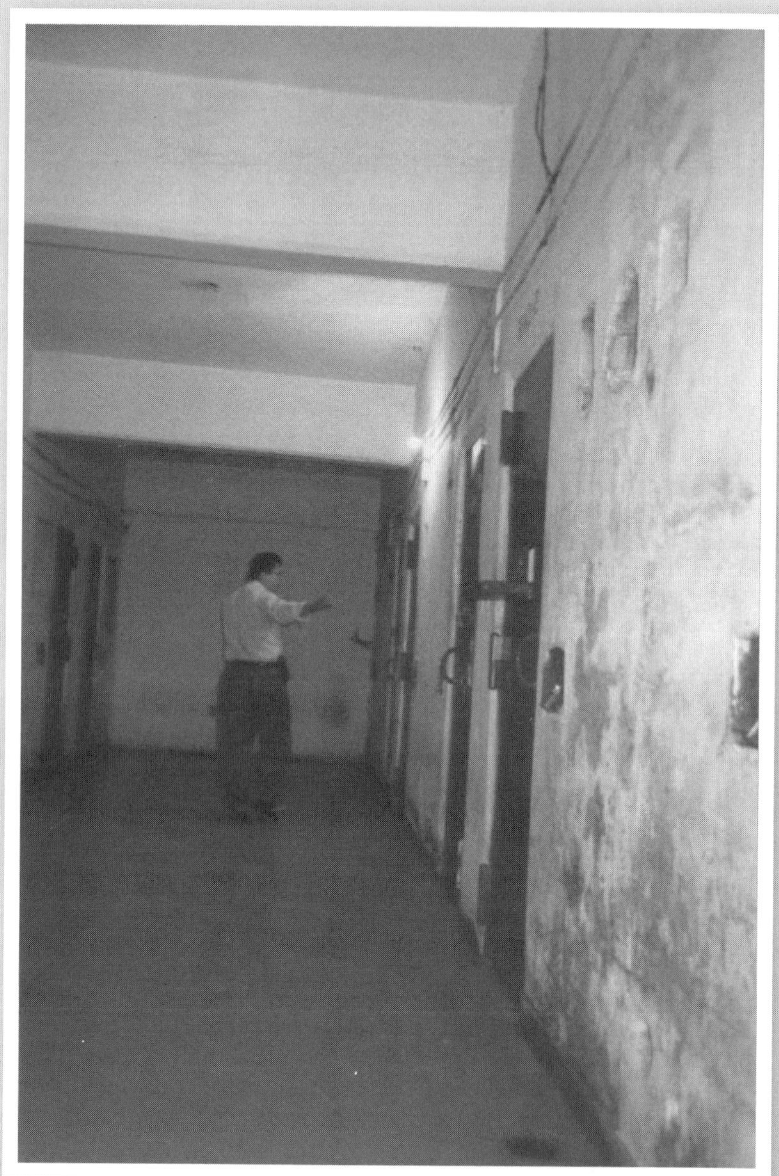

O isolamento absoluto é humanamente cruel.

Foto do autor

Tranca dura, pulverização psicológica.

MINISTÉRIO DA JUSTIÇA
DEPARTAMENTO DE POLÍCIA FEDERAL
SUPERINTENDÊNCIA REGIONAL NO MATO GROSSO DO SUL
DELEGACIA DE POLÍCIA FEDERAL EM PONTA PORÃ/MS
Rua Presidente Vargas, 70, centro, Ponta Porã/MS- CEP 79900-000 - tel.(067)431-1428 e 431-1722

TERMO DE DEPOIMENTO que presta:

ODILON DE OLIVEIRA

Aos **VINTE E UM** dias do mês de **OUTUBRO** do ano de ano **DOIS MIL E CINCO**, nesta cidade de Campo Grande/MS, nas dependências do Fórum da Justiça Federal em Campo Grande-MS, onde presente se encontrava o Delegado de Polícia Federal **GILBERTO ANTÔNIO DE CASTRO JÚNIOR**, Delegado de Polícia Federal, matrícula 11.165 comigo, Escrivão ao final declarado e assinado, aí compareceu **ODILON DE OLIVEIRA**, Juiz federal, titular da 3ª Vara da Justiça Federal em Campo Grande-MS. Deixa de prestar compromisso por ser vítima e inquirido pela autoridade sobre os fatos ora em apuração **RESPONDEU: QUE** o depoente foi designado para a vara federal de Ponta Porã em 01 de junho de 2004, passando a residir no Hotel de Trânsito de Oficiais do Exército logo em seguida, por questões de segurança; permaneceu residindo no hotel de trânsito por um ano; aproximadamente por volta de uma hora da madrugada do dia 12 de abril de 2005, o depoente foi acordado por disparos de arma de fogo vindos do fundo do hotel; o depoente ocupava um apartamento que fica no pavimento superior, exatamente na parte de trás do hotel; o depoente calcula que houve uns cinco disparos seguidos, parecendo ao declarante que partiu do mesmo atirador; o declarante permaneceu por alguns minutos e só desceu para a portaria do hotel depois que o Comandante do Quartel, Coronel Gomes, havia descido e assumido o comando da guarda; o Coronel Gomes estava hospedado no apartamento ao lado do apartamento ocupado pelo depoente; dois agentes federais faziam a escolta do depoente, dentre eles Loumar, e estavam hospedados num apartamento térreo; além dos dois agentes federais, em razão das ameaças de que estava sendo vítima o declarante, o Comandante havia colocado uma guarda de mais ou menos cinco militares; além dos disparos, o declarante nada mais ouviu, a não ser um ou dois gritos, provavelmente partido de um dos militares, isto após o início dos tiros; o depoente, ao descer, conversando com o Comandante, tomou conhecimento dos fatos. Segundo ficou sabendo, teria se aproximado pelos fundos do hotel, por um terreno baldio, na direção do muro, como se este fosse transpor, um desconhecido; essa pessoa, segundo o soldado que estava de plantão, estaria usando uma lanterna e com ela focando a baixa altura, à proporção em que caminhava; focava o chão, desligava a lanterna e progredia seus passos, e assim por diante; o soldado comunicou o fato ao Sargento da guarda e os dois teriam ido para perto do muro que separa o fundo do hotel do terreno baldio; o Sargento teria dado voz de comando ao estranho e este, segundo o depoente ficou sabendo, teria respondido com um disparo de arma de fogo; os militares revidaram ao disparo; o depoente acordou-se por ocasião do primeiro estampido e não tem dúvida de que não foram somente dois ou três tiros, mas em torno de cinco; o declarante não sabe se efetivamente o estranho pretendia agredir fisicamente o depoente; todavia, pelo clima reinante na fronteira em relação ao trabalho do depoente, este quer entender que aquela pessoa tinha uma missão específica, qual seja a de verificar o comportamento da guarda militar que prestava segurança ao declarante ou ali se acomodar, no matagal então existente, na esperança de espreitar o depoente na manhã seguinte; quase que diariamente, ainda escuro, o depoente deixava o hotel para fazer

Na Polícia Federal, o juiz revela ameaças.

PODER JUDICIÁRIO
São Paulo

9

Proc.574/06

J: Estão esperando essa fuga para o dia das crianças?

D: Ali é uma torre, é líder, nunca vi um lugar para ter tanto irmão, só no meu raio são sessenta e oito, ali é líder, só chega líder, todos que estão sendo resgatados são os lideres, já passaram pelo sistema, estavam na rua, fugiram de Franco da Rocha, todos os recapturados agora que participaram do atentado a maioria era da Colônia, era onde as coisas estavam porque se acabando voltam para a cadeia de origem, ali em Franco da Rocha, é semi aberto, eles voltam para o fechado, é a P-2, é um barril de pólvora, literalmente mandam os funcionários chamar de senhor, pede licença, lógico, morre de medo de morrer a família, de matar. Transita na cadeia. fazem reuniões, mas a gente entende, não estou criticando o diretor porque ele sabe, se não fizer assim arranca o pescoço de meia dúzia lá dentro. O senhor vê que não acontece nada com o diretor, dois ficaram, esse que trabalha, o Dr. Eduardo, cozinham para ele, deram o celular para ele falar com a família dentro do presídio, não acontece nada com eles, eles sabem se quiser ficar vivo com a família viva tem que continuar. Os agentes policiais tentam impor rigidez, acabam

Depoimento sigiloso na Justiça.

ESTADO DE MATO GROSSO DO SUL
UNIDADE INTEGRADA DE COMBATE ÀS ORGANIZAÇÕES CRIMINOSAS
U.N.I.C.O.C.
Ministério Público Polícia Civil Polícia Militar

Fernandes Lopes, RG 895.253 SSP/MS, residente na rua Dona Ziza, 19, Bairro Tiradentes, Campo Grande, MS;

14. **WILLIAN GUIMARÃES DA CRUZ**, brasileiro, casado, comerciante, nascido em 01.02.1977, na cidade de Campo Grande, MS, filho de Pedro Santos da Cruz e de Vilma Guimarães da Cruz, RG 762.618 SSP/MS, atualmente preso no GARRAS;

15. **OTNIEL BERNARDINO COSTA ARAUJO**, brasileiro, convivente, lavador de carros, nascido em 01.03.1983, na cidade de Santa Rita do Vitermo, SP, filho de Fortunato Rodrigues Araújo e de Maria José Costa Araújo, RG..., residente na rua Dona Ziza, 81, bairro Tiradentes, Campo Grande, MS, atualmente preso no GARRAS;

16. **XENIA CRISTINA DUTRA DIMOV**, brasileira, solteira, operadora de marketing, nascida em 11.06.1977, na cidade de São Paulo, SP, filha de Salvador Dimov e de Tereza Cristina Dutra de Moraes, RG 1.183.142 SSP/MS, residente na rua Santa Helena, 557, fundos, bairro Vila Jaci, Campo Grande, MS, atualmente presa no GARRAS; e,

17. **FLÁVIO LUCIANO SOARES**, brasileiro, solteiro, vigilante, nascido em 05.01.1975, na cidade de Cuiabá, MT, filho de Maria Nunes Soares, RG 659.893 SSP/MS, residente na rua Caiobá, 1768, bairro Aerorural, Campo Grande, MS.

CONSIDERAÇÕES INICIAIS

As investigações realizadas no âmbito do caderno inquisitório demonstram que atualmente existem três facções criminosas no âmbito dos internos do EPSM - Estabelecimento Penal de Segurança Máxima de Campo Grande: (1) o PCC – Primeiro Comando da Capital, que tem como epicentro o Estado de São Paulo; (2) o PC/MS – Primeiro Comando de Mato Grosso do Sul, que foi montado para afrontar a presença do PCC neste Estado; e, (3) o PCL – Primeiro Comando da Liberdade, que é patrocinada pelo Comando Vermelho.

O EPSM é composto arquitetonicamente de três pavilhões, denominados Pavilhão 1, Pavilhão 2 e Pavilhão 3, sendo que no Pavilhão 2 são alojados os integrantes das facções PCC e PC/MS e no Pavilhão 3, os integrantes do PCL.

Apurou-se que, dentre os mais de 1.000 internos do EPSM, uns dos que apresentam maior potencial ofensivo negativo são os denunciados **ANTONIO JULIO DA SILVA, vulgo "ANDORINHA", LINDOMAR DA SILVA ALVES, vulgo "MARUJO", CARLOS HENRIQUE DA SILVA, vulgo "DANONE" e FÁBIO ARCE DE MOURA, todos integrantes do PCC – Primeiro Comando da Capital, que são conhecidos pela alcunha** de "GENERAIS", um das patentes mais altas dentro da facção criminosa, que ocupam as posições de mandantes.

Rua Joaquim Murtinho, n. 1313, bairro Itanhangá, Campo Grande/MS, CEP 79.003-020. Fone (67) 312.7050 / 384.1160, Fax (67) 312.7052. 3

CÓPIA

ESTADO DE MATO GROSSO DO SUL
UNIDADE INTEGRADA DE COMBATE ÀS ORGANIZAÇÕES CRIMINOSAS
U.N.I.C.O.C.
Ministério Público Polícia Civil Polícia Militar

Apurou-se também que os denunciados **SILVANIO BRUNO PEDROSO, vulgo "Lagartixa" ou "Silvaninho da Naval", e ELISEU CRISTIANO DA ROCHA, conhecido por "Elízeu", "Cristiano" ou "Cris", e ANDRÉ MOLNAR, vulgo "Carneiro"**, são também integrantes do PCC – Primeiro Comando da Capital, ocupam posições inferiores às ocupadas pelos "generais" "ANDORINHA", "MARUJO" e "DANONE".

O PCC – Primeiro Comando da Capital, assim como as outras facções criminosas, para a sua manutenção, dependem de recursos oriundos de pessoas que estejam em liberdade, onde ex-internos, ou amigos, os outras pessoas que são cooptadas, realizam crimes e as mais diversas atividades para a sua manutenção e para o sustento dos familiares dos internos.

A comunicação entre os internos e seus colabores é feita nos dias de visitas ou por intermédio de comunicação via telefones celulares, em sua maioria aparelhos que funcionam por *chips*, devido o seu pequeno tamanho e facilidade de serem introduzidos no presídio e escondidos quando das revistas feitas nas celas (vide relatório de inteligência de fls.16-21).

Para o realização de seus intentos os internos/denunciados mantinham extra-muros os demais denunciados, cada um com funções específicas no âmbito das atividades ilícitas da facção, conforme se verá abaixo.

No período de 12/abril/2005 a 05/maio/2005, foram identificados os denunciados, os quais, associados em quadrilha para o fim de praticarem diversos tipos de crimes para a manutenção dos fins da facção criminosa PCC, em especial, para o fim de praticarem crimes de tráfico de entorpecentes, seja adquirindo, seja vendendo, seja oferecendo, seja transportando, seja trazendo consigo, seja entregando, a consumo substância entorpecente ou que determine dependência física ou psíquica, sem autorização ou em desacordo com determinação legal ou regulamentar.

A associação entre os denunciados ocorreu, ora por documentos que demonstram a existência da facção criminosa "PCC" e seus respectivos integrantes (conf. Estatuto do PCC e caderno de "cadastro" dos integrantes, apreendidos nos autos), ora por documentos que demonstram a ligação entre os integrantes intra-muros com os extra-muros (apreendidos nos autos), ora por conversas havidas entre eles no ambiente prisional, seja pessoalmente, seja por ligações telefônicas interceptadas com autorização judicial.

No período do cometimento do crimes (que coincide com o período das investigações) os denunciados **ANTONIO JULIO DA SILVA, vulgo "Andorinha", LINDOMAR DA SILVA ALVES, vulgo "Marujo", CARLOS HENRIQUE DA SILVA, vulgo "Danone", FABIO ARCE DE MOURA, vulgo "Fabão", SILVANIO BRUNO PEDROSO, vulgo "Lagartixa" ou "Silvaninho da Naval", ELISEU CRISTIANO DA RICHA, vulgo "Eliseu" ou "Cristiano", ou "Cris" e ANDRÉ MOLNAR, vulgo "Carneiro"** estavam presos no Estabelecimento Penal de Segurança

Rua Joaquim Murtinho, n. 1313, bairro Itanhangá, Campo Grande/MS, CEP 79.003-020. Fone (67) 312.7050 / 384.1160. Fax (67) 312.7052. 4

... e criou raízes locais, vinculadas a São Paulo.

MINISTÉRIO PÚBLICO DO ESTADO DE MATO GROSSO DO SUL
6ª PROMOTORIA DE JUSTIÇA DE DOURADOS

Consta do inquérito policial em anexo, que em investigações realizadas até o dia **26 de agosto de 2005**, pelo Departamento de Operações de Fronteira (DOF), com sede nesta cidade, ficou constatado que os denunciados, na condição de integrantes do **PCC (Primeiro Comando da Capital)**, que tem como epicentro o Estado de São Paulo **e PC MS (Primeiro Comando de Mato Grosso do Sul)**, que foi criado neste Estado, estavam associados em quadrilha para o fim de cometer diversos crimes nesta região, tais como roubos e seqüestros, bem como tráfico ilícito de entorpecentes, com o objetivo de arrecadar fundos para a manutenção das aludidas facções criminosas, e para promover o resgate de seus membros que se encontravam presos, estando ainda associados para o fim de assassinar o Dr. ***Celso Antonio Schuch Santos,*** Juiz de Direito, e o Dr. ***Renzo Siufi,*** Promotor de Justiça, ambos com atuação perante a Vara da Execução Penal local, e o Sr. ***Joel Rodrigues Pereira,*** Diretor da Penitenciária Harry Amorim Costa, deste município, em represália às várias transferências de presos para outras localidades, inclusive para o Regime Disciplinar Diferenciado (RDD), e pelas constantes revistas que estavam sendo realizadas no interior da penitenciária.

Apurou-se, que alguns anos atrás houve um grande confronto nesta cidade entre policiais e membros das facções criminosas conhecidas como PCC (Primeiro Comando da Capital), que resultaram diversas mortes, inclusive de um Sargento da Polícia Militar.

A partir daquele confronto o Departamento de Operações de Fronteira (DOF), com sede nesta cidade, passou a manter um constante monitoramento das atividades desenvolvidas pelo PCC nesta região.

Durante esse monitoramento, no dia 20 de junho de 2005, foi apresentado um relatório das investigações desenvolvidas, dando conta de que na Rua São Salvador, nº 280, nesta cidade, funcionava um ponto de distribuição de drogas da quadrilha, e servia de esconderijo para foragidos, onde inclusive estavam dois fugitivos da Cadeia Pública de Rio Brilhante(MS).

Segundo se apurou ainda, numa casa situada à Rua Eulália Pires, nº 1.454, nesta cidade, morava uma mulher identificada como ANDREIA, esposa de Edmilson Santos Pires, o ***Pato Roco,*** um dos generais do PCC na penitenciária local, e ela seria o contato com Luiz Marcos da Silva dos Santos, o ***Francês,*** considerado o braço forte do PCC no país, e que havia cumprido pena recentemente nesta comarca.

Apurou-se, ainda, que a facção criminosa estava descapitalizada e pretendia realizar roubos ou seqüestros nesta região, visando arrecadar fundos para promover o resgate de detentos, pretendendo ainda desenvolver ações ligadas ao tráfico ilícito de entorpecentes.

CÓPIA

Ministério Público/MS denuncia: crime organizado é realidade concreta.

MINISTÉRIO PÚBLICO DO ESTADO DE SÃO PAULO

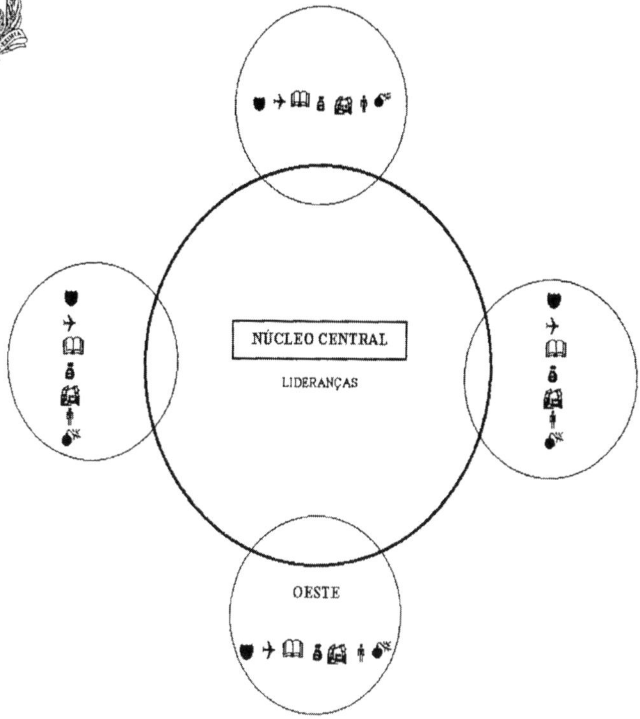

- Torre
- Piloto
- Disciplina
- Recolhe
- Bicho Papão
- Soldado
- Armas

Ministério Público/SP revela o cronograma do PCC.

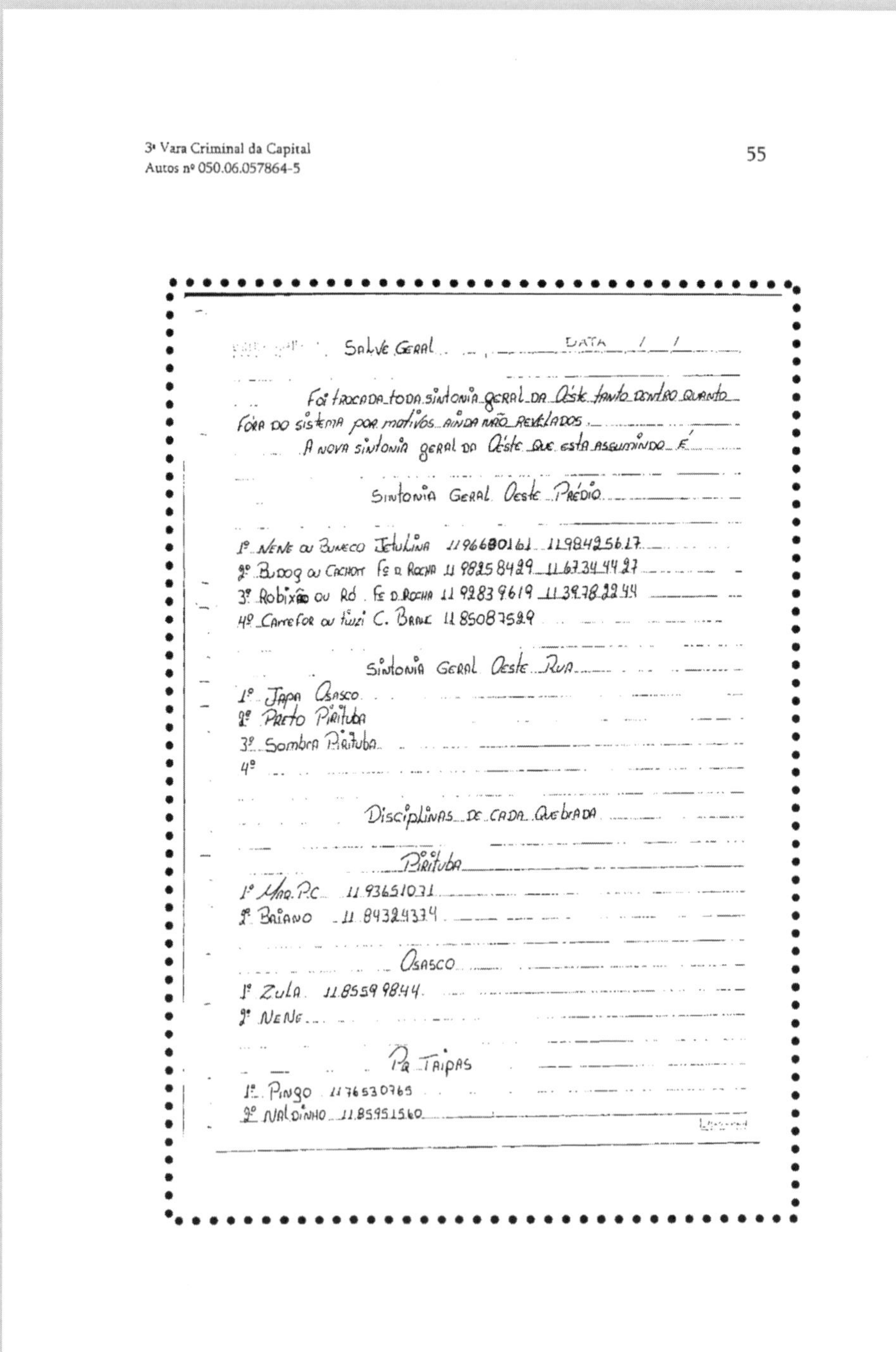

3ª Vara Criminal da Capital
Autos nº 050.06.057864-5

55

Salve Geral DATA / /

Foi trocada toda sintonia geral da Oéste tanto dentro quanto fóra do sistema por motivos ainda não revelados.
A nova sintonia geral da Oéste que esta assumindo é

Sintonia Geral Oeste Prédio

1º Nene ou Buneco Jetulina 1196680161 1198425617
2º Budog ou Cachorr Fe D. Rocha 11 98258429 11 67344427
3º Robixão ou Rô Fe D. Rocha 11 92839619 11 39782244
4º Carrefor ou tuzi C. Branc 11 85087529

Sintonia Geral Oeste Rua

1º Japa Osasco
2º Preto Pirituba
3º Sombra Pirituba
4º

Disciplinas de cada Quebrada

Pirituba

1º Mao P.C 11 93651031
2º Baiano 11 84324374

Osasco

1º Zula 11 85599844
2º Nene

Pq Taipas

1º Pingo 1176530765
2º Naldinho 11 85951560

A nova linguagem do crime organizado.

3ª Vara Criminal da Capital
Autos nº 050.06.057864-5

53

GRITOS DOS OPRIMIDOS ENCARCERADOS

Sociedade brasileira, donos da opinião pública, vocês sabem criticar os já oprimidos, mas não procuram saber as razões pelas quais eles se rebelam contra os seus algozes.

Muitos de nós, serem recuperáveis, esquecidos pelo judiciário, por tudo e por todos, pagamos caro o preço do descaso. A única palavra que escutam é a dos Governantes, que usam a máquina pública para bens pessoais, que manipulam a Sociedade Paulista, por meio da imprensa e todos os órgãos de comunicação para divulgar somente o que é de seu interesse.

Somos presos oprimidos pagando por algum tipo de erro cometido perante a sociedade, alguns nem mesmo erraram, mas sofrem as injustiças do ser humano. Mas, pior do que nossos erros é ver diversos homens públicos do nosso Brasil, que milhões de vocês votam, roubando a nação. Perante a mídia assumem claramente a todos, seus roubos, suas mentiras e suas verdadeiras personalidades. Então, tanto de um lado como de outro existem erros, mas o mais fraco pago pelo mais forte.

O partido do PSDB, pensando na sua trilha politica, só tem uma direção: passar por cima de tudo para alcançar a sua meta, que é o poder do Governo de São Paulo. Sempre nos usando de alguma forma e assim forçando os presos do sistema carcerário a soltarem seus gritos de oprimidos que saem sem direito a defesa.

O povo tem memória curta. Em 2003, o partido do PSDB usou das mesmas formas para alcançar o Governo de São Paulo, citando tais situações, criando dentro dos cárceres paulistas, todos os tipos de injustiças e abusos, e em seguida usando o seu plano de segurança.

Vejam que em 2006 será da mesma forma! Para aqueles que não sabem, o Sistema Carcerário Paulista é uma máquina de dinheiro para o Governo Estadual!

Fica uma pergunta a toda Sociedade Paulista, será que é verdade tudo que os Governantes Estaduais de São Paulo falam dos presos, das regalias, do gastos?

Foram construídas diversas Penitenciárias no Estado, todas sem condições mínimas possíveis de sobrevivência, nada existe, nada funciona.

O Estado tem uma dívida com a Sociedade Paulista que é a Readaptação e Re-socialização do interno que seja: entregar a Sociedade o preso recuperado. Mas isso não ocorre e da forma que o Sistema Carcerário Paulista vêem sendo administrado está impossível de sobreviver. Somos jogados dentro dos Presídios sem direito algum ou acompanhamentos que nos dêem perspectivas de vida. Completamente abandonados ao descaso, e entregues as injustiças e violências que somos tratados.

A imprensa paulista está deduzindo quais foram nossos motivos para acontecerem os ocorridos de 11 de 12 de maio, mas não vão aos presídios saber quais os verdadeiros motivos.

Existem vários fatos, como exemplo, a superlotação, o descaso judiciário, omissão de socorro, espancamentos graves e freqüentes, perseguições constantes, abusos de poder, enfim, vários fatores que, se não forem vistos com atenção, não preservam os direitos mínimos do ser humano. E um ser humano sem expectativa se torna um animal irracional.

Tudo o que ocorreu, não foram rebeliões, nem badernas e sim uma revolução de todos os presos, para que sejam revistos nossos direitos de internos e seres humanos. Se houve erros, assumimos e pagaremos por eles! Mas tem sido assim a única forma de sermos vistos ou causar debates referentes a nós. Muitos não sabem o que dizem e nem imaginam o que Estado tem feito conosco, não queremos ser tratados com regalias, mas sim com dignidade. Hoje estamos sem condições mínimas de sobrevivência neste Sistema falido e arcaico que é o Sistema Paulista!

Está aqui o **GRITO DOS OPRIMIDOS**, que busca mostrar a Sociedade Paulista a realidade do Cárcere no estado de São Paulo, a opressão insuportável que extrapola e muito, os erros por nós cometidos. Embora excluídos, somos parte das conseqüências de um sistema desumano que está sendo sedimentado por Governantes como estes nas mais várias áreas da sociedade.

A politização do crime.

MINISTÉRIO DA JUSTIÇA
DEPARTAMENTO DE POLÍCIA FEDERAL
SUPERINTENDÊNCIA REGIONAL EM MATO GROSSO DO SUL

TERMO DE DECLARAÇÕES que presta
LUCILA MOREL DE SOUZA

Aos **DOIS (2)** dias do mês de **JUNHO** do ano **DOIS MIL E QUATRO**, nesta cidade de Campo Grande, Estado de Mato Grosso do Sul, na Superintendência Regional do Departamento de Polícia Federal, onde presente se encontrava o Delegado de Polícia Federal **ALCIR AMARAL TEIXEIRA**, comigo Escrivão, ao final declarado e assinado, presente, **LUCILA MOREL DE SOUZA, brasileira, separada judicialmente, do lar, instrução 2º grau incompleto, RG n.º 273.910-SSP/MS, nascida aos 06/07/52, na cidade de Caarapó/MS, filha de Modesto Morel e Higinia Jara, residente na Rua Marques de Pombal, 536, B. Tiradentes, Campo Grande/MS – Fone: (67) 341-1841 (residencial)**. Inquirida pela Autoridade sobre os fatos em apuração, na presença de seu Advogado, Dr. LUIZ CARLOS DE OLIVEIRA BUENO, OAB/MS 5315, com escritório profissional na Rua Brasil, 488, Vila Rosa, nesta Capital, Fone: (67) 321-0336, às perguntas da autoridade **RESPONDEU**: **QUE**, a declarante encontra-se cumprindo pena por tráfico de drogas no presídio feminino desta Capital; **QUE**, a partir de 27/02/2004 passou ao regime semi-aberto, estando atualmente residindo na casa de sua irmã no endereço acima; **QUE**, na semana santa esteve na cidade de Dourados/MS, onde permaneceu apenas por um dia, com o intuito de visitar sua filha ANA SILVIA DE SOUZA e seu irmão ISRAEL MOREL; **QUE**, indagada sobre os fatos narrados em uma carta anônima que denuncia que a declarante, em conluio com outros traficantes condenados pelo Juiz Federal ODILON DE OLIVEIRA, estaria contratando pistoleiros para matá-lo, tem a dizer que em momento algum manteve contato com qualquer pessoa, com a intenção de contratar pistoleiros; **QUE**, esclarece a declarante que está cumprindo pena há oito anos por um delito cometido no passado, e que foi julgada e condenada pelo Dr. ODILON DE OLIVEIRA, porém, quer deixar bem claro que não tem nada contra a pessoa do referido Juiz e em momento algum tentou contratar pistoleiros para matá-lo; **QUE**, a declarante está terminando de

O plano para matar o juiz.

RESERVADO 1

MJ - DEPARTAMENTO DE POLÍCIA FEDERAL
DPJ-COORDENÇÃO GERAL DE PREVENÇÃO E REPRESSÃO A ENTORPECENTES

DO: BASE GUAYCURUS – PONTA PORÃ – MS – Tel/Fax 67. 432 – 0359
AO: CHEFE DA DPF.B/PPA/MS
DATA: 12/01/05

RELATÓRIO DE INTELIÊNCIA POLICIAL Nº 001.05

Senhor Delegado,

Informo a V.Sª. que esta Base de Inteligência policial vem recebendo e coletando, já há alguns meses e de diversas fontes, várias informações dando conta de que as principais quadrilhas de traficantes da área de fronteira Ponta Porã / Pedro Juan Caballero estão se consorciando com o objetivo de ASSASSINAR O JUIZ FEDERAL ODILON DE OLIVEIRA.

Tal assassinato se deveria ao fato de as quadrilhas estarem insatisfeitas e incomodadas com o aumento da repressão policial tanto no Brasil quanto no Paraguai e, principalmente, com a forma de atuação do referido juiz que já resultou em inúmeras condenações e extradições de traficantes atuantes na área de fronteira.

Segundo as informações que dispomos, os traficantes Luís Carlos da Rocha vulgo "Cabeça Branca", Irineu Soligo vulgo "Pingo", Ivan Mesquita (preso recentemente no Paraguai quando recebia 262 k de COCAÍNA), Jarvis Chimenes Pavão, Carlos Alberto da Silva Duro (preso em assunção – PY) e Newton Cezar Antunes Veron vulgo "Cézinha", entre outros, decidiram pela morte do Juiz Federal Odilon de Oliveira, a qual ficaria a cargo de Newton Cezar Antunes Veron e seus homens.

Ainda de acordo com as informações desta base, Cézinha é um

ATENÇÃO: INFORMAÇÕES PARA USO ESTRITAMENTE POLICIAL
RESERVADO

Brasil

Inteligência descobre consórcio da morte.

CONFIDENCIAL

SERVIÇO PÚBLICO FEDERAL
MJ - DEPARTAMENTO DE POLÍCIA FEDERAL
SUPERINTENDÊNCIA REGIONAL DE POLÍCIA FEDERAL NO MATO GROSSO DO SUL

OFÍCIO Nº2039/05-GAB/SR/DPF/MS.

Campo Grande/MS, 14 de março de 2005.

À Sua Senhoria, o Senhor
ODILON DE OLIVEIRA
Exmo. Juiz Federal da 3a. Vara da Justiça Federal
Campo Grande/MS

ASSUNTO: medidas para a preservação da vida de Vossa Excelência e da Equipe de Policiais Federais que realizam a sua segurança.

Senhor Juiz,

Tendo em vista as informações que vêm chegando a esta Superintendência de Polícia Federal a respeito das ameaças realizadas contra a vida de Vossa Excelência, bem como considerando todas as gestões realizadas por Policiais Federais desta descentralizada, seja no sentido de operações de inteligência referentes ao caso, seja no sentido de operacionalizar a sua segurança, temos a solicitar o que se segue.

É imprescindível a cooperação de Vossa Excelência no cumprimento de algumas recomendações, as quais permitem à equipe de Policiais Federais que o acompanha um perfeito controle sobre as situações de risco que podem ameaçá-lo. São essas recomendações:

1. evitar a prática de atividades físicas em vias públicas e/ou lugares abertos tais como ruas, praças; avenidas, ou pátios, bem como procurar realizar tal prática em horários inopinados;

CONFIDENCIAL

1

Querem assassinar Vossa Excelência.

JUSTIÇA FEDERAL

3ª Vara Federal Criminal de Campo Grande/MS

Especializada em crimes contra o sistema financeiro nacional e em crimes de "lavagem" ou ocultação de bens, direitos e valores.

---SIAPRC--- C
SR/DPF/MS
08335.008154/2006-73

Ofício nº 31/2006 - SE03

04 ABR 2006

Campo Grande, 04 de abril de 2006.

Senhor Superintendente,

No dia 21 de abril de 2006, às 10:00 horas, irei me reunir, com autoridades brasileiras, paraguaias e americanas, na cidade de Pedro Juan Caballero, PY, mais precisamente no gabinete do Senhor Governador, Dr. Roberto Acevedo.

Na pauta está a questão de relações internacionais entre Brasil, Paraguai e Estados Unidos, na área do combate ao crime organizado, notadamente o narcotráfico, a lavagem e o terrorismo.

Ilustríssimo Senhor
Luiz Adalberto Philippsen
DD. Superintendente de Polícia Federal
Campo Grande/MS

Rua Del. Carlos Roberto Bastos de Oliveira, 128, Parque dos Poderes, CEP nº 79.037-901 – Campo Grande – MS
PABX: (67) 3320-1100 - Tel. 3ª Vara: (67) 3320-1135 – Fax 3ª Vara: (67) 3327-0163

O crime organizado sem fronteiras.

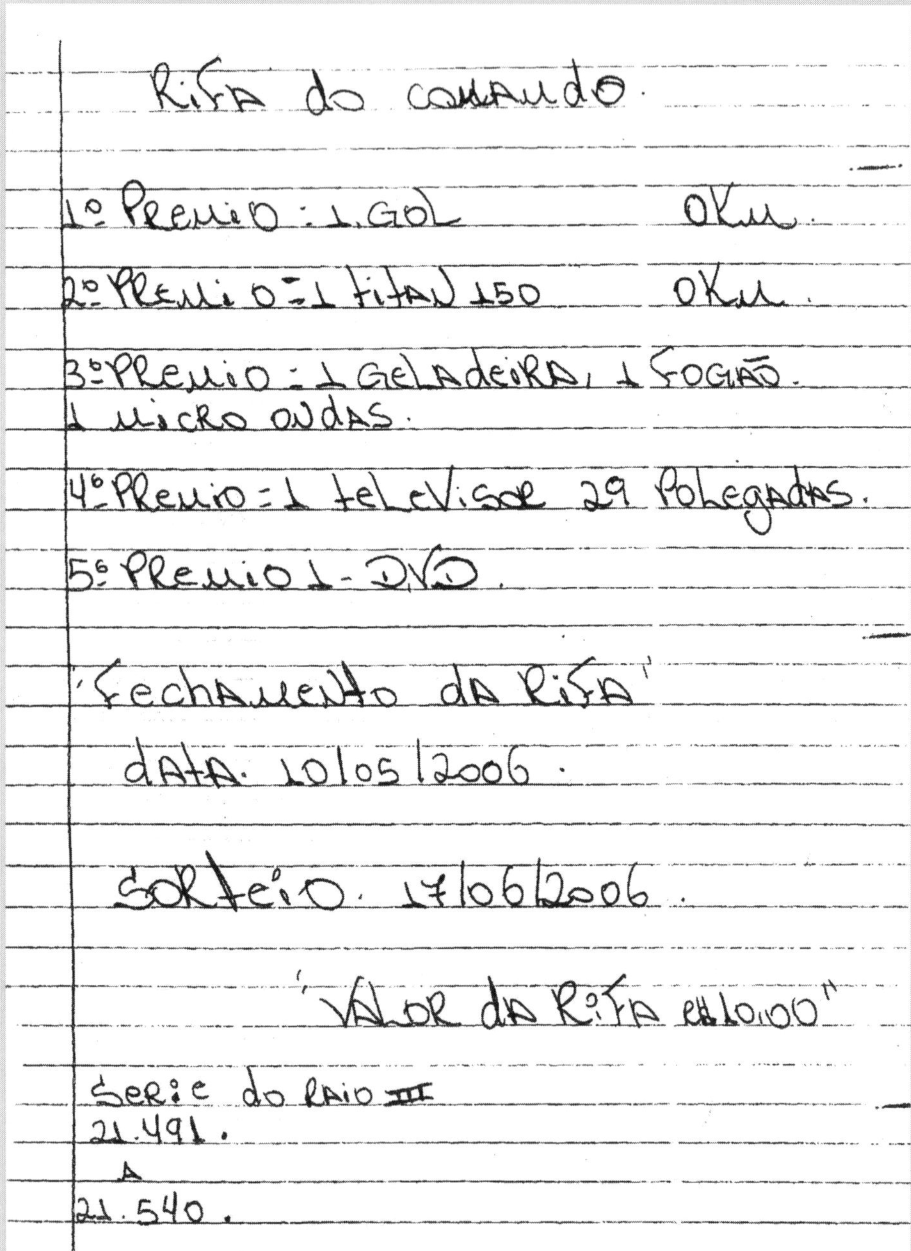

Rifa do comando.

1º Premio: 1 Gol 0Km.

2º Premio: 1 Titan 150 0Km.

3º Premio: 1 Geladeira, 1 Fogão.
1 micro ondas.

4º Premio: 1 televisor 29 Polegadas.

5º Premio 1 - DVD.

"Fechamento da Rifa"
Data. 10/05/2006.

Sorteio. 17/06/2006.

"Valor da Rifa R$10,00"

Serie do Raio III
21.491.
A
21.540.

PCC promove rifas dentro das penitenciárias.

SECRETARIA DE ESTADO DOS NEGÓCIOS DA SEGURANÇA PÚBLICA
POLÍCIA CIVIL DO ESTADO DE SÃO PAULO

PLANO DE CONTIGENCIA

VISANDO DAR ATENDIMENTO A ORDENS SUPERIORES, CONVOCO **TODOS** OS FUNCIONÁRIOS A PERMANECEREM **EM ESTADO DE ALERTA**, SEM DISTINÇÃO DE CARREIRA, NO AGUARDO DE EVENTUAL CONVOCAÇÃO EXTRAORDINÁRIA DE APRESENTAÇÃO IMEDIATA.

DENTRO DO PLANO DE CONTINGÊNCIA – FORAM CRIADOS CINCO ESTADOS DE ALERTAS, A SABER:

ALERTA VERMELHO: TRÊS VIATURAS POLICIAIS – BASEADAS NA UNIDADE; EQUIPES CONTANDO COM DOIS POLICIAIS EQUIPADOS; AGUARDANDO ORDENS.

ALERTA LARANJA: DUAS VIATURAS POLICIAIS – BASEADAS NA UNIDADE; EQUIPES CONTANDO COM DOIS POLICIAIS EQUIPADOS; AGUARDANDO ORDENS.

ALERTA AMARELO: UMA VIATURA POLICIAL – PRONTIDÃO PARA IMEDIATO ATENDIMENTO; EQUIPE CONTANDO COM DOIS POLICIAIS EQUIPADOS; AGUARDANDO ORDENS.

ALERTA VERDE: ATENÇÃO E PRONTIDÃO MÁXIMA PARA A EQUIPE DE PLANTÃO.

ALERTA BRANCO: SITUAÇÃO NORMALIZADA NÃO REGISTRANDO INCIDENTES.

DIANTE DA SITUAÇÃO GRAVE QUE ORA VIVENCIAMOS, NÃO SERÁ ADMITIDA QUALQUER ATO DE ESCUSA NO ATENDIMENTO AO CHAMADO, QUER POR TELEFONE RESIDENCIAL, QUER AO TELEFONE CELULAR, DEVENDO VOSSAS SENHORIAS, PROVIDENCIAREM PARA QUE SEUS APARELHOS ESTEJAM EM CONDIÇÕES OPERACIONAIS, BEM COMO SEUS FAMILIARES DEVERÃO SER INSTADOS A AVISÁ-LOS QUANDO NECESSÁRIO.

OS CONVOCADOS DEVERÃO APRESENTAR-SE NO PRAZO MÁXIMO DE UMA <01> HORA EM LOCAL A SER DESIGNADO PELO DIRETOR DO DEPARTAMENTO OU PELA U.I.P., POR ORDEM DO PRIMEIRO.

O DESCUMPRIMENTO DE QUALQUER ITEM DESTA DETERMINAÇÃO, ACARRETARÁ AO SERVIDOR FALTOSO, RESPONSABILIDADE FUNCIONAL.

Confidencial: diante da iminência de novos ataques do PCC...

SECRETARIA DE ESTADO DOS NEGÓCIOS DA SEGURANÇA PÚBLICA
POLÍCIA CIVIL DO ESTADO DE SÃO PAULO

ABAIXO, ESCALA ELABORADA PELA CHEFIA DOS INVESTIGADORES.

ALERTA VERMELHO:

ALERTA LARANHA: SEGUNDA

TERÇA

QUARTA

QUINTA :

SEXTA:

SÁBADO:

DOMINGO

ALERTA AMARELO: SEGUNDA

TERÇA

QUARTA

QUINTA :

SEXTA:

SÁBADO:

DOMINGO

A ESCALA ACIMA SERVIRÁ APENAS COMO NORTE, NÃO PODENDO SER USADA COMO DESCULPA PARA O NÃO

fotolito, impressão e acabamento | imprensaoficial

Polícia organizou plano com códigos de "alertas"...

SECRETARIA DE ESTADO DOS NEGÓCIOS DA SEGURANÇA PÚBLICA
POLÍCIA CIVIL DO ESTADO DE SÃO PAULO

ATENDIMENTO A QUALQUER OUTRA CONVOCAÇÃO, BEM COMO, NÃO HAVERÁ PREJUÍZO AO EXPEDIENTE NORMAL.

SALIENTO QUE ESTA CONVOCAÇÃO E DEMAIS MEDIDAS SÃO DE CARÁTER CONFIDENCIAL.

... para não ser surpreendida novamente.

SECRETARIA DE ESTADO DOS NEGÓCIOS DA SEGURANÇA PÚBLICA

POLÍCIA CIVIL DO ESTADO DE SÃO PAULO

Dependência: 5ºDEL./DISECPO [illegible] BANCOS [illegible]
Boletim Número : 000193/99 Emitido em : [illegible]

BOLETIM DE OCORRENCIA DE AUTORIA CONHECIDA

NATUREZA : CAPTURA DE PRESO
Local : MARGINAL TIETE — CIRCUNSCRICAO : 13º D.P./ DECAP
DATA OCORRENCIA : 19/07/99 HORA: 17:15
DATA COMUNICACAO : 19/07/99 HORA: 19:19
ELABORADO EM : 19/07/99 HORA: 19:22

Indiciados:
- MARCO WILLIANS HERBAS CAMACHO — Vulgo (MARCOLA — Presente ao Plantao — Documento : RG 11.[illegible]
Pai : ALEJANDRO JUVENAL HERBAS CAMACHO — Mae : ROSITA SERAFIM DE OLIVEIRA — Natural de : OSASCO - SP
Nacionalidade : BRASILEIRA — Sexo : M — Cor da Pele : Branca — Nascimento : 25/01/58 31 Anos
Estado Civil : Solteiro — Profissao : NIHIL — Instrucao : Primeiro Grau Completo — Endereco Residencial :
R. ESTRADA DO GOVERNO S/N — CENTRO — FRANCO DA ROCHA - SP

Condutores:
- APOLO 115/ 119 — Presente ao Plantao — Natural de : SP — Nacionalidade : BRASILEIRA — Sexo : M
Cor da Pele : Branca — Estado Civil : Casado — Instrucao : Segundo Grau Completo

HISTORICO

Policiais integrantes das Apolo 115 e 119, efetuavam diligências de rotina e ao passarem pela Marginal do Tiete, sentido [illegible]/ Penha, encontraram o indiciado retro qualificado, fugitivo do sistema prisional, desde 19/12/98, quando o mesmo estava fazendo uso de um telefone público. O individuo o acompanhava em um veiculo [illegible] perceber a aproximação dos policiais evadiram-se.

Providências Tomadas : OFICIO RECOLHA
Exames Requisitados : NIHIL
Provas Colhidas : NIHIL
SOLTO : RECOLHA CARCERAGEM

ODILCE MODESTO [illegible]
ESCRIVÃO DE POLICIA

ALBERTO PEREIRA MATHEUS JUNIOR
DELEGADO DE POLICIA

Registro oficial da última prisão de Marcola

SECRETARIA DE ESTADO DOS NEGÓCIOS DA SEGURANÇA PÚBLICA

POLÍCIA CIVIL DO ESTADO DE SÃO PAULO

Dependência: 5ºDEL [illegible] ROUBO A BANCOS [illegible]

Boletim Número : 000193-99 Emitido em : [illegible]

BOLETIM DE OCORRENCIA DE AUTORIA CONHECIDA

NATUREZA : CAPTURA DE PRESO

Local : MARGINAL TIETE — CIRCUNSCRICAO : 13º D.P./ DECAP

DATA OCORRENCIA : 19/07/99 HORA: 17:15

DATA COMUNICACAO : 19/07/99 HORA: 19:19

ELABORADO EM : 19/07/99 HORA: 19:22

Indiciados:

- MARCO WILLIANS HERBAS CAMACHO — Vulgo : MARCOLA — Presente ao Plantao — Documento : RG 11.114.715-5
  Pai : ALEJANDRO JUVENAL HERBAS CAMACHO — Mae : ROSITA SERAFIM DE OLIVEIRA — Natural de : OSASCO - SP
  Nacionalidade : BRASILEIRA — Sexo : M — Cor da Pele : Branca — Nascimento : 25/01/68 31 Anos
  Estado Civil : Solteiro — Profissao : NIHIL — Instrucao : Primeiro Grau Completo — Endereco Residencial
  R. ESTRADA DO GOVERNO S/N — CENTRO — FRANCO DA ROCHA - SP

Condutores:

- APOLO 115/ 119 — Presente ao Plantao — Natural de : SP — Nacionalidade : BRASILEIRA — Sexo : M
  Cor da Pele : Branca — Estado Civil : Casado — Instrucao : Segundo Grau Completo

HISTORICO

Policiais integrantes das Apolo 115 e 119, efetuando diligencias de rotina e ao passarem pela Marginal do Tiete, sent. Olapa/ Penha, encontraram o indiciado retro qualificado, foragido do sistema prisional, desde 19/12/98, quando o mesmo estava fazendo uso de um telefone público. O individuo o acompanhava em um [illegible] ao perceber a aproximação dos policiais evadiram-se.

Providências Tomadas : OFICIO RECOLHA

Exames Requisitados : NIHIL

Provas Colhidas : NIHIL

SOLTO : RECOLHA CARCERAGEM

ODILCE MODESTO — ESCRIVAO DE POLICIA

ALBERTO PEREIRA MATHEUS JUNIOR — DELEGADO DE POLICIA

1

Registro oficial da última prisão de Marcola.

SECRETARIA DE ESTADO DOS NEGÓCIOS DA SEGURANÇA PÚBLICA
POLÍCIA CIVIL DO ESTADO DE SÃO PAULO

Dependência: 5oDEL./DISCCPo RODOLFO BANDOS [illegible]
Boletim Número : 000193/99 Emitido em : [illegible]

BOLETIM DE OCORRENCIA DE AUTORIA CONHECIDA

NATUREZA : CAPTURA DE PRESO
Local : MARGINAL TIETE -- CIRCUNSCRICAO : 13o D.P./ DECAP
DATA OCORRENCIA : 19/07/99 HORA: 17:15
DATA COMUNICACAO : 19/07/99 HORA: 19:19
ELABORADO EM : 19/07/99 HORA: 19:22

Indiciados:
- MARCO WILLIANS HERBAS CAMACHO — Vulgo MARCOLA — Presente ao Plantao — Documento : RG 11.119.715-5
Pai : ALEJANDRO JUVENAL HERBAS CAMACHO — Mae : ROSITA SERAFIM DE OLIVEIRA — Natural de : OSASCO - SP
Nacionalidade : BRASILEIRA — Sexo : M — Cor da Pele : Branca — Nascimento : 25/01/68 31 Anos
Estado Civil : Solteiro — Profissao : NIHIL — Instrucao : Primeiro Grau Completo — Endereco Residencial :
R. ESTRADA DO GOVERNO S/N — CENTRO — FRANCO DA ROCHA - SP

Condutores:
- APOLO 115/ 119 — Presente ao Plantao — Natural de : SP — Nacionalidade : BRASILEIRA sexo : M
Cor da Pele : Branca — Estado Civil : Casado — Instrucao : Segundo Grau Completo

HISTORICO

Policiais integrantes das Apolo 115 e 119, efetuavam diligências de rotina e ao passarem pela Marginal do Tiete, sentido Lapa/ Penha , encontraram o indiciado retro qualificado, fugitivo do sistema prisional, desde 19/12/98, quando o mesmo estava fazendo uso de um telefone público. O individuo o acompanhava em um veiculo ao perceber a aproximação dos policiais evadiram-se.

Providências Tomadas : OFICIO RECOLHA
Exames Requisitados : NIHIL
Provas Colhidas : NIHIL
SOLTO : RECOLHA CARCERAGEM

ODILCE MODESTO — ESCRIVÃ DE POLICIA

ALBERTO PEREIRA MATHEUS JUNIOR — DELEGADO DE POLICIA

Registro oficial da última prisão de Marco.

Este livro foi composto em Minion 10,5/16,7
e impresso pela Ediouro Gráfica sobre
papel offset 75g para a Ediouro em 2006.